HASSTAMENT

Serdar Somuncu

HASSTAMENT

Sämtliche Folgen der *Hatenight-Show* in Schriftform

WortArt

Die rohe Botschaft

© 2013 WortArtisten GmbH, Köln
2. Auflage 2013

Druck und Bindung: CPI books GmbH, Ulm
Lektorat: Dr. Birgit Wüller
Layout und Satz: Friedemann Weise, inbeige
Umschlaggestaltung: Friedemann Weise, inbeige
Projektkoordination: Judith Ngo

Auszug des Interviews auf S. 329 ff. erfolgt mit freundlicher Genehmigung
der Heinrich Böll Stiftung.

Printed in Germany
ISBN: 978-3-942454-02-5

Inhalt

Buch 2, *Serdars Mega Hatenight*, Kapitel 1–26 (2010–2012)   200

Prolog

Im Juni 2008 treffen sich der Schauspieler und Kabarettist Serdar Somuncu und der TV-Produzent Ulrich Otto, um an einem Konzept für eine neuartige Internetshow zu arbeiten. Das Besondere an der dabei entstandenen Idee ist, dass anders als bei bisherigen Internetformaten Fernsehen nicht reproduziert und imitiert wird, sondern das Internet als Raum scheinbar grenzenloser Freiheit genutzt und somit dem Medium eine eigene Bedeutung und Qualität verliehen werden soll.

Schon bald steht *Hatenight* als Titel fest, steht doch die Umkehrung des klassischen Begriffs der Latenight in *Hatenight* für die besondere Idee und die ungewohnte Perspektive, die in der Internetshow enthalten sein soll.

Tatsächlich betrachten Somuncu und Otto die *Hatenight* von Anfang an als eine Art Gegenöffentlichkeit, in der Meinung gemacht, kommentiert und hinterfragt wird. Ein wiederkehrendes Thema in Somuncus bisherigen Bühnenarbeiten ist der Umgang der Menschen mit den zunehmenden Möglichkeiten der Massenmedien, ihre Überforderung und der Missbrauch. Fragen hierzu tauchen auch in der *Hatenight* immer wieder auf und werden hier ungefiltert aus den verschiedensten Perspektiven bearbeitet.

Die Show baut sich anfangs noch aus einem Studiopart auf, in dem Fragen an Somuncu formuliert werden, verändert sich aber zunehmend zu einer Collage, bestehend aus Einspielern und Monologen, bis hin zur vollkommenen Umkehrung des gängigen Showbegriffs, in der sich das Gezeigte nicht mehr an einen Rezipienten zu richten scheint, sondern zunehmend unabhängig von der Sichtweise und Einflussnahme der Zuschauer präsentiert wird. Wie zum Beispiel in Folge 8, in der der Zuschauer aufgrund einer angeblichen Selbstzensur nur ein verschlüsseltes Bild zu sehen bekommt.

Ebenso entstehen bewusst herbeigeführte Interaktionen zwischen Zuschauern und Produzenten so wie in Folge 26, die live vor eigens dazu eingeladenen Zuschauern stattfindet und durch animierte Störungen und Buhrufe den konventionellen Showbegriff erneut ad absurdum führt.

Die *Hatenight* entwickelt sich so unter Anteilnahme einer immer größer werdenden Zuschauerschar zu einem spannenden Medienexperiment und verändert weiter ihr Gesicht.

Zu der sich immer weiter veränderten Form der Sendung kommen improvisierte Stand-ups hinzu, die Somuncu im Auto fahrend zeigen und in denen er spontan seine Wut über Ungerechtigkeiten, die Absurditäten des Boulevards und politisch überkorrekte Denkweisen formuliert.

Im Gegensatz zu den vorher eindeutigeren Positionen des Moderators lockt er dabei nun immer wieder den Blickwinkel des Zuschauers in Fallen und treibt den Begriff der Satire auf die Spitze, indem er ohne Rücksicht auf eventuelle Befindlichkeiten drastische Meinung äußert, formuliert und greifbar macht, sei es auch, um dadurch das Gegenteil seiner Haltung kenntlich zu machen und Widerstand zu erzeugen. Die zunehmenden Debatten, die mit dem steigenden Bekanntheitsgrad der Show entstehen, bestätigen diesen Ansatz und machen die *Hatenight* nebenbei auch zu einem Mittel der Entlarvung. Indem sie vor allem eine meist oberflächliche Empörung der Betroffenen hervorruft, zeigt sie zugleich in der Differenz und Variabilität der wechselnden Ansichten und Angriffe die unmittelbare Vergänglichkeit der Haltung, die nur solange zu existieren scheint, wie das Gesagte den eigenen Lebensbereich betrifft. Vor allem aber entlarvt sie auch die Ignoranz der nicht Betroffenen.

»Bei mir hat sich noch kein Schwuler darüber beschwert, dass ich Judenwitze mache!« (Serdar Somuncu).

Dass diese Herangehensweise Schwierigkeiten im Verständnis, aber auch den Versuch einer Sanktionierung mit sich bringen würde, scheint logisch, und so wurde die *Hatenight* immer wieder zensiert und verboten. Zunächst vom Internet-Videoportal YouTube, das ohne Ankündigung den mittlerweile über 10 000 Abonnenten umfassenden Kanal sperrte und sämtliche Videos löschte, später von anderen Portalen bis hin zur Abmahnung durch den Jugendschutz, der immer wieder beklagte, dass die *Hatenight* jugendgefährdende Inhalte verwendet, obwohl sämtliche gezeigten Ausschnitte aus öffentlich zugänglichen Quellen stammen und dort nicht verboten wurden.

Die folgenden Proteste der Zuschauer über die Einseitigkeit der gesetzlichen Auffassung von Meinungsfreiheit machen die *Hatenight* somit auch zu einem spannenden Diskurs um den Umgang mit prekären Inhalten im öffentlichen Raum.

Mittlerweile läuft die *Hatenight* in der dritten Staffel und die Zahl der Zuschauer hat sich weiter gesteigert. Pro Folge klicken ca. 150 000 Menschen die Sendung an und bestätigen somit die anfängliche Idee einer Gegenöffentlichkeit, die sich nicht an der imaginären Quote einer erreichten relevanten Zielgruppe messen lässt, sondern einzig und allein an der Gültigkeit und dem Wert ihrer kontroversen Inhalte.

Die vorliegende Schriftfassung gibt erstmalig einen vollständigen Überblick aller bisherigen Folgen sowie der nicht gesendeten oder zensierten Episoden.

Das daraus entstandene Werk dokumentiert eine einzigartige Vielfalt an Themen und sprachlicher Auseinandersetzung, die auch denjenigen einen Zugang gewährt, die die *Hatenight* bisher nicht kannten oder sie in der Unübersichtlichkeit des Internets verpasst oder verloren haben.

Vorwort

Meine Name ist Spikester und ich bin überzeugter Hassist. Nicht allein deshalb wurde ich vom Hassias zum ersten Hasstor der hassistischen Gemeinde ernannt. Im Folgenden möchte ich euch meinen Werdegang zum Hasstor schildern und einen kurzen Einblick in die Grundlagen des Hassismus geben, um so einen Zugang zur hassistischen Glaubensgemeinschaft zu schaffen.

Ich bin im Sommer 2010 zur *Hatenight* gekommen. Zuvor war mir Serdar Somuncu schon durch seine Lesereise mit Hitlers *Mein Kampf* aufgefallen, mit der er für viel Wirbel sorgte. Außerdem kannte ich seine Bühnenperformance, die sich weder in das Genre der Comedy noch des klassischen Kabaretts einordnen lässt und mich besonders durch seine alternativen Stand-up-Nummern ansprach.

Ich registrierte mich schon bald auf der *Hatenight*-Seite (www.hatenight.com) und war gleich fasziniert von dem sich mir öffnenden Konzept, entrichtete meine »Abhassgebühr« und kaufte mir damit eine zertifizierte Identität als Hassist. Die ersten beiden Monate schaute ich mich quer durch die vorhandenen Videos im Archiv. Parallel begann ich im Internet zu recherchieren, was genau es mit diesem aggressiven Ansatz – Hassismus – auf sich hat. Ich las dazu viele Interviews und schaute mir einige der Auftritte von Serdar Somuncu in Talkshows und auf der Bühne an.

Ich erkannte damals – es ist auch allzu offensichtlich –, dass hinter den Schimpftiraden eine grandiose darstellerische Qualität und ein wohl durchdachtes und perfekt umgesetztes künstlerisches Konzept stecken müsse. Dieses Konzept – den Hassismus – vollkommen zu erfassen, es bis in seine letzte Konsequenz zu erforschen, daran arbeite ich im ständigen Selbstbezug bis heute.

Von Hitler bis Hassias – laut unseres Propheten eigener Aussage waren es die Erfahrungen seiner Lesereise mit Hitlers *Mein Kampf*, die den Grundstein zur Idee des Hassismus und zur Figur des Hassias legten. Somuncu war zuvor nämlich sechs Jahre lang in 1428 Lesungen auf Lesereise mit dem bis heute wohl am meisten mystifizierten Buch der deutschen Geschichte. Während der intensiven Beschäftigung Serdar Somuncus mit dem »deutschen Trauma« entstand die Idee zu einem satirischen Gegenentwurf einer pseudodemokratischen Diktatur mit humoristischem Dogma und selbstironischem Welteroberungsanspruch. Die gleichzeitige Konfrontation mit Neonazis, die dieser Ideologie heute weiter anhängen und sogar so weit gehen, Serdar Somuncu Gewalt anzudrohen, so dass er auf seiner Lesereise oftmals nur mit kugelsicherer Weste und unter Polizeischutz auftreten konnte, setzten in ihm die Saat zu dem Konzept eines kreativen Widerstandes in Form des Hassismus.

Dabei war die Lesereise mit *Mein Kampf* nur der Beginn einer intensiven Auseinandersetzung mit Meinung, ihren Machern, ihrer Korru(m)ption und ihrem Missbrauch. Die folgenden Lesungen von Goebbels *Sportpalastrede* bis zu seinem Bühnenprogramm *BILD* lesen, vertieften diesen Ansatz.

Der rote Faden in seiner Arbeit ist seitdem der Umgang mit Information und ihrer Verarbeitung. Die Frage danach, wo und wer die Verführer sind, damals und heute.

Irgendwann in dieser Zeit muss es »klick« gemacht haben und die Idee Intoleranz, Inkonsequenz und Unmenschlichkeit zu antizipieren, sie vorwegzunehmen und wiederzugeben, muss als künstlerisches Konzept herangereift sein.

Bis zur Geburt der Figur des Hassias gingen noch einige Jahre ins Land, doch in der Zeit der Lesereise mit Hitlers *Mein Kampf* und den Folgeprogrammen muss Serdar Somuncus Gehirn befruchtet worden sein mit der Vorstellung, eine Figur zu erschaffen, die ein besserer Nazi ist als der Nazi auf der Straße und nebenan.

Serdar Somuncu entwickelte so seine Rolle des Hassias. Die Figur eines maßlos aggressiven Hasspredigers fußt dabei auf der Anwendung der »immanenten Dekonstruktion«, einer von Somuncu entwickelten Technik, die darauf basiert, dass sich jede extreme

Kraft nur zerstören lässt von extremeren Kräften, die ihr ohnehin innewohnen. Und so gibt es für ihn auch keine pseudomoralischen Grenzen und für den Zuschauer keine Relativierung. Thematisch bedient sich Somuncu eines breiten Themenspektrums gerade heikler Gegenstandsbereiche, nimmt dabei immer wechselnde Positionen und Perspektiven ein, verschweigt nichts und wechselt so von der Rolle des anklagenden Opfers in die des anklagbaren Täters. Stattdessen agiert und agitiert er, über die bloße Reaktion hinausgehend, antizipierend, wütend und doch zugleich aufklärerisch. Zudem treibt er dieses Spiel eben nicht als Kritiker von außen, sondern schert aus dem Inneren der Herde als hassistischer Wolf im Proletentum-Schafpelz gekleidet aus, um diese von dort her auseinanderzutreiben.

So erlangen er und wir als Zuschauer stellvertretend mit ihm und durch ihn Katharsis und Befreiung von all dem Wahnsinn der Welt, indem er wertfrei und ungerecht um sich schlagend die diffusen Ängste widerspiegelt, sie auflöst und zerstreut und dabei durch seine schauspielerischen Qualitäten authentisch, aufrichtig und wahrhaftig wirkt.

Die Sehnsucht nach Freiheit und Selbstbestimmung, vor allem ausgelöst durch die Ablehnung der Fremdsteuerung durch das Mittel Angst, ist ein weiterer zentraler Gedanke hinter dem Hassismus. Dieser immer gegenwärtige Missbrauch unserer Psyche wird in der ständigen Wiederholung der wiedergebenden Teilnahme, der Ablehnung, der Betroffenheit und Weiterentwicklung eben dieser fremd geschürten Ängste in den Hasspredigen gespiegelt.

Der Hassismus ist aus der Idee entstanden, ein besserer Hassprediger zu sein als die Hassprediger, die man in den Medien vorgesetzt bekommt, um eine bessere, dogmatischere und inkonsequentere Religion zu schaffen als alle Religionen und ihre Dogmen zusammen. Der Hassismus ist als die einzig wahre, alles umfassende Religion gegründet worden, die sämtliche wesentlichen Eigenschaften anderer Religionen aufrichtig und wahrhaftig in sich vereinigt: »Glaube, Gier und Größenwahn« (s. S. 98 ff.).

Der Hassismus soll Denkstrukturen ändern, zu Reflexionen durch das Mittel der Entfremdung anregen, indem Grenzen gesprengt werden durch die vulgäre Sprache und indem der alltägliche Wahnsinn widergespiegelt wird, mit dem wir medial in Kontakt geraten.

»Sie müssen unterscheiden, was ich meine und was nicht! Das ist eine leichte Übung für Demokraten« (Serdar Somuncu).

Hassismus ist somit die Reaktion auf die Abstumpfung, den schon immer latent vorhandenen und immer mal wieder aufkeimenden Faschismus, den Rassismus, die Intoleranz und die Ignoranz im Alltag. Er nimmt diese Dinge vorweg, spiegelt sie wider und dieses besser und radikaler als ihre eigentlichen Protagonisten. Der abgestumpfte Mitläufer bei alledem wird durch die hassistische Ansprache mit höherer Wahrscheinlichkeit mitgenommen und erreicht, als dieses Zwang oder der erhobene moralische Zeigefinger jemals könnten.

Wir Hassisten und insbesondere der Hassias erzeugen Meinung, indem wir tausendfach wiedergekäute Einstellungen aufgreifen und so darbieten, dass sie mit den Empfindlichkeiten und Befindlichkeiten der Konsumenten spielen und so zum Nachdenken anregen können.

»Seid aufgeklärt und haltet es aus, eine eigene Meinung zu haben!« (Serdar Somuncu).

Der Rezipient sollte vor allem in der Lage sein, zu verstehen, was ernst gemeint ist, was ernst gemeint sein könnte und was nicht ernst gemeint sein kann. Er sollte fähig sein, sich seines Verstandes zu bedienen, indem er sich Gedanken darüber macht, ob die präsentierten Inhalte mit seinen eigenen Werten wie die der Würde des Menschen, Toleranz, Freiheit, Gerechtigkeit und Gleichheit zu vereinbaren sind. Und selbst wenn der Rezipient von sich selbst und seinem Menschsein insofern entfremdet ist, dass er mit diesen Werten nichts anzufangen weiß, so sollte er Widersprüchlichkeiten und Inkonsistenzen im Dargebotenen erkennen, sich Gedanken machen und eine Meinung bilden, denn in dem Dargebotenen stecken sowohl Rolle als auch Selbst und beide Ebenen sind sehr stark miteinander verwoben – diese zu beurteilen, einzuordnen und im Selbstbezug zu bewerten liegt am Empfänger selbst.

Diese Herangehensweise ist ungewöhnlich und nicht für jedermann zu begreifen. Vor allem aber ist sie erfolgreich. Einerseits wird Serdar Somuncu bewundert und gefeiert, oft genug – allzu oft leider – erfolgen jedoch unreflektiert reflexartige Reaktionen. Einerseits stehende Ovationen bei den Vorstellungen der Hassprediger-Tournee(n). Tausende, die sich vom Werk Serdar Somuncus, seinen Auftritten, Büchern und Videos inspiriert fühlen, die sich tiefergehende Gedanken machen, Hoffnung und Kraft schöpfen, wie unzählige Zuschriften belegen. Andererseits existieren haufenweise Fans, die unreflektiert alles Gesagte für bare Münze nehmen und sich in ihren Vorurteilen bestätigt fühlen, und andere, die Ansprüche stellen und überzogene Erwartungen hegen wie zum Beispiel viele Einträge auf der Facebook-Seite Serdar Somuncus und Einträge auf der Klagemauer seiner Internet-Repräsentanz aufzeigen (s. S. 312 ff.)

Serdar Somuncu und seine Arbeit werden mit Beschimpfungen und Drohungen aus allen Lagern konfrontiert: Linke bezeichnen ihn als »homophob, frauenfeindlich, rassistisch und rechts«. Rechte diffamieren ihn als »Kanaken, undeutsch und links«. Türken beschimpfen ihn als »einen sich bei den Deutschen einschleimenden Kuffar«, übereifrige Muslime (und auch Christen) verdammen ihn als »Ausgeburt des Teufels«.

Verleger, Redakteure, Veranstalter und Videohoster, wie YouTube oder MyVideo, die Serdar Somuncu in vorauseilendem Gehorsam zensieren, machen deutlich, dass das Recht der flächendeckenden Diskriminierung als Mittel zum aufklärenden Zweck noch nicht auf allen Ebenen angekommen ist.

So ist zwar Serdar Somuncu der wohl am meisten eingeladene und dabei am wenigsten gesendeste Künstler im deutschen Fernsehen, aber besonders staatliche Zensur schafft zusätzliche Nachfrage, die Ignoranz der Redakteure und Sender bleibt wirkungslos, da er weiterhin eine breite Öffentlichkeit erreicht.

So wie der Hassias befinden sich alle, die Satire betreiben und sich der Stilmittel Ironie, Zynismus und Sarkasmus bedienen, im ständigen Spannungsfeld von missverstanden und bewundert werden, gelobt und verachtet werden, wobei es jedoch nicht die Aufgabe eines Künstlers sein kann – auf gar keinen Fall sein darf –, sich ständig zu erklären, weder den Bewunderern oder Verächtern noch den staatlichen Instanzen gegenüber, da sonst jede Kunst zu administrativer Tätigkeit verkäme, man deswegen als Kreativer in ständigem Rechtfertigungszwang lebte und dies den ersten Schritt darstellte, die künstlerische Freiheit aufzugeben, da man in Versuchung geriete, in vorauseilendem Gehorsam die »Schere im Kopf« zu betätigen, und letztendlich Selbstzensur betriebe. Kunst muss laut Somuncu kompromisslos, konsequent und extrem sein, denn sonst verfiele sie in Beliebigkeit.

Auch der Hassismus ist wie das Leben es viel zu oft ist: dreckig, gemein, ungerecht, wechselhaft, launisch, erbarmungslos, unberechenbar, verlogen, bigott, verbittert und entfesselt und all dies noch bis in die Superlative gesteigert.

Die Herausforderung, Dargestelltes vom Darstellenden zu unterscheiden, stellt sich insbesondere bei der Technik der »immanenten Dekonstruktion«, denn es wird nicht mehr nur von außen kritisiert und dargestellt, sondern der Hassias geht da hin, »wo es weh tut«: Unser Hassias greift aus der Mitte der Zielgruppe heraus Zustände an, indem er den »hassistischen Wolf im Proletentum-Schafpelz« spielt, wenn er mit Duktus und Verhalten der Zielgruppe in dieselbe eintaucht, von innen heraus Widersprüche aufdeckt und so zum Reflektieren oder zu entlarvenden, reflexhaften und unreflektierten Reaktionen anregt. Indem er provoziert und polarisiert und sich dadurch Angriffen aussetzt, opfert sich unser Hassias, Serdar Somuncu, in geradezu heldenhafter Manier für den Erhalt und den

Ausbau der humanistischen Werte auf, denn die Zügellosigkeit, Ziellosigkeit und das Zerstörerisch-Rücksichtslose sollen im Endeffekt konstruktiv wirken, indem sie beim Rezipienten Reflexionen auslösen oder auch nur eben angesprochene entlarvende reflexartig unreflektierte Reaktionen provozieren und – so oder so – zu Diskussionen zwischen den Einzelnen und zum Nachdenken beim Individuum führen.

Hassismus ist so als Essenz unserer nichtigen Existenzen, als Signatur und Signalfeuer unseres Wirkens in dieser Welt zu verstehen, nicht verzweifelt und zweifelnd, sondern anzweifelnd.

Was dürfen wir vom Hassismus in Zukunft erwarten? Die absolute Weltherrschaft! Meines Erachtens ist es nicht die Frage ob, sondern wann und wie wir die Welt erobern und wann und wie wir alle Religionen, jedwede Ideologie und sämtliche menschliche Empfindlichkeiten und Befindlichkeiten überflüssig machen, da wir sie unter dem Dach unseres heiligen Tempels der *Hatenight* vereinigt haben.

Weniger darf nicht unser Anspruch sein als Hassisten, denn dies wäre Verrat an der Idee des Hassismus, dem geheiligtem Hassias, dem künstlerischen Konzept und Serdar Somuncu, der sich dafür mit Leib und Leben einsetzt. Aufgrund der Auslegung des Hassismus und seines Anspruches »Hass ist unsere Leidenschaft, weil unser Hass dem Leid der Welt Abhilfe schafft« kann nur die absolute und uneingeschränkte Weltherrschaft das Ziel sein ... oder meinetwegen zunächst einmal Deutschland ... oder auch nur als mittelfristiges Mindestziel die Besetzung Helgolands durch die hassistisch-revolutionären Garden und die Umbenennung der Sprit-Insel in »Hassoland«, um dann von dort aus Deutschland und die Welt zu missionieren, denn schließlich werden wir immer mehr Hassisten, von Tag zu Tag, da es bei jeder Predigt unseres Hassias, geschickt getarnt als Bühnenprogramme und spaßige Videos, zu Massenbekehrungen Ungläubiger kommt.

Des Weiteren erfolgt die Verbreitung des Hassismus nicht nur durch die Predigten des Hassias auf der Bühne und in Videos, sondern auch wir Hassisten wirken als Multiplikatoren im Privaten oder auf der

Arbeit. So ist zu erwarten, dass bis spätestens 2050 die Mehrheit aller Deutschen bekehrte Hassisten sein wird. Um dies zu ermitteln, hatten wir Sarrazin 2010 unsere Zahlen untergeschmuggelt, weil wir zu faul zum Rechnen sind, und er hat diese zur Berechnung der Entwicklung des Bevölkerungsanteils mit Migrationshintergrund in seinem Comedy-Kracher »Deutschland lacht sich schlapp« oder wie das Teil hieß verwendet – danke Thilo noch mal für die Rechenarbeit!

Darum: Heiligt den Exzess, geheiligt sei der Hassias!

Zu guter Letzt – fast geschafft: Ich wünsche allen nun viel Vergnügen und ein ausreichendes Reflexionsvermögen beim Lesen dieses Buches. Darüber hinaus möchte ich euch alle noch herzlich einladen, an der *Hatenight* (unter http://www.hatenight.com) teilzuhaben sowohl lesend als auch schreibend.

Zuletzt geht mein Dank an den geheiligten Hassias, Serdar Somuncu, ihm sei besonders gedankt für sein Schaffen im Bereich Kunst und Kultur in den letzten mehr als 25 Jahren, in denen er sich unermüdlich für Werte wie Solidarität, Toleranz und Menschlichkeit – um nur einige wenige stellvertretende zu nennen – eingesetzt hat.

Es gilt, dass die hier abgedruckten Texte grundsätzlich als Satire zu betrachten sind. Wie offen man für diesen Ansatz ist, wie bereit im Selbstbezug zu analysieren und eigene Denkstrukturen und -muster zu ergründen, bleibt jedem selbst überlassen.

Der Hassismus ist ein existierendes Mittel, ein Angebot, die eigene Ohnmacht gegenüber der postmodernen Ambivalenz zu erforschen, zu hinterfragen und zu überwinden.

HEIL HASSIAS, GEHEILIGT SEI SEIN SAMEN IN UND AUF DEN DAMEN!

Spikester, Hasstor im Mai 2012

Buch 1:
Serdars Hatenight, Kapitel 1–83
(2008–2010)

.

Die Bourgeoisie entdeckt die Fotze

Serdar zuhause hinter seinem Schreibtisch: »23.00 Uhr. Herzlich willkommen zur *Hatenight-Show* hier im Internet im neuen Führerhauptquartier in Köln!
Ich begrüße recht herzlich all die Verstoßenen hier bei uns, die sich im Öffentlich-Rechtlichen nicht mehr wohl fühlen!
Unter www.hatenight.com kann man alles sagen, alles hören, was es sonst nur käuflich zu erwerben gibt. Manchmal machen auch wir 'nen Piep drunter, ich mein', wir müssen auch ein bisschen was verdienen. Man kann es sich dann in der zensierten oder zensurfreien oder je nachdem halbzensierten, viertelzensierten Fassung, kommt drauf an, wie viel man bezahlt, käuflich erwerben.
Jetzt aber zum Thema der ersten Sendung: Mein Kollege hat wunderbare Fragen vorbereitet zu meinem Lieblingsthema, das aus zwei meiner Fetischwörtern besteht, nämlich Bourgeoisie und Fotze, und demzufolge heißt unser heutiges Thema: ›Die Bourgeoisie entdeckt die Fotze‹. Erste Frage bitte.«

Männliche Off-Stimme: »Ja, also, du als Fotzenexperte, können Fotzen ihre innersten Zustände vermitteln und wenn ja, wer will das wissen?«

Serdar: »Hahah, ähm, ich als Fotzenexperte würde sagen, den inneren Zustand, also die Konsistenz einer Muschi, Prunz, Pflaume, Hafen kann man erst dann erkennen, wenn man sie wirklich auch gefunden hat.
Ich erinnere mich da an ein Erlebnis aus meiner Jugend, da hab' ich als Gegenleistung zu einem ordentlichen Blaskonzert, also Fellatio (piep), wie die Älteren sagen würden, gedacht, ich wage mich mal in das Gestrüpp südlich des Äquators, und tatsächlich, was hab' ich dort gefunden, als ich verklebte Schamdrähte auseinandergezerrt habe?

Gallertartige Zustände, schmelzkäseüberströmt, eine Muschi, die aber so aussah wie eine Makrele, wie eine ausgewachsene und auch so roch und als ich tatsächlich dachte, jetzt gibt's 'nen Cunnilingus par excellence, da hat's gefunkt und ich hab' gemerkt, die Fotze ist eigentlich super hässlich. Nächste Frage!«

Off-Stimme: »Für uns Unbedarfte: Erläutere doch bitte mal die weibliche Scham.«

Serdar: »Hahah, für uns Unbedarfte, erläutere doch mal die weibliche Scham! Ich erinnere noch mal, das Thema der Sendung war ›Die Bourgeoisie entdeckt die Fotze‹ und ich soll jetzt über die weibliche Scham sprechen. Ich kann den Begriff Scham in diesem Zusammenhang nicht genau einordnen, aber ich vermute, es geht um den physiologisch-physiognomischen Aufbau einer Muschi.«

Männliche Off-Stimme: »Genau, einer Fotze, einer Scheide, einer Punze, einer Pflaume.«

Serdar: »Hahah, wie war das Dritte noch mal? 'Ne Punze?«

Männliche Off-Stimme: »Eine Punze, ja, habt ihr bisher noch nicht gehört von, aber ...«

Serdar: »Man muss aufpassen, also man darf nicht zu oft Fotze sagen, jedenfalls nicht in anderer Gelegenheit, hier darf man's. Komm ruhig rein, ist kein Problem, du störst nicht. Da kommt jemand rein, wir sind dann unter uns Fotzenliebhabern. Ich hab' neulich gesehen, sogar im öffentlich-rechtlichen Fernsehen, dass Lady Bitch-Ray, als sie zu Gast bei Schmidt und Pocher war, ich glaub' über 100 Mal Fotze gesagt hat. Ich hab' aber eine Vermutung. Ich glaube, je hässlicher die Frau ist, desto weniger spürt sie den Zusammenhang zu ihrer eigenen Fotze, wenn sie es sagt. Ich glaube nämlich, dass Lady Bitch-Ray dadurch, dass sie so oft Fotze sagt, versucht, ihre eigene Fotze aufzuwerten. Ich glaube 'ne hübsche Frau sagt: ›Mumu.‹ Haha, oder: ›Ich hab' so 'ne schöne Vulva, willst du mich nicht mal besuchen kommen?‹

Bei Vulva weiß ich übrigens gar nicht genau, wo Vulva liegt, also liegt's jetzt außen oder innen. Ich hab' mal von 'ner Fr... also Freu... Fotz, Freundin gehört, das ist 'ne innere, also klitorale Erregung, hahah und wie war das andere, klitorale und Eierstockorgasmus? Ich weiß es nicht. Ich steck's ja immer nur rein. Entschuldigung also, wenn ich da jetzt zu ordinär bin. Nächste Frage bitte!«

Serdar im Sex-Shop: »Haha, ich traue mich nicht das zu sagen, Gummi-Mu..., haben Sie so was und welche empfehlen Sie mir, Sie als Fachfrau? Saugfunktion? Und was ist Rotation?«

Sex-Shop-Verkäuferin: »Das sind wie so kleine Perlen hintendrin, die sich bewegen und dadurch so 'ne Rotation entsteht. Das soll eine zusätzliche Stimulanz auslösen.«

Serdar: »Aber es gibt keine, wo man so umstellen kann, so auf: ›Ich hab' die Schnauze voll, genug gesaugt, jetzt beweg' dich mal, du ... ‹ «

Sex-Shop-Verkäuferin: »Doch, natürlich, klar ...«

Serdar: »Und so total naiv, dass sie so einen Quietsche-Entchen-Sound macht? Weil das kann ja auch supergeil machen. Und eine, mit der man sprechen kann, so: ›Mach's mir, du Flittchen!‹ oder so. Was Dreckiges fällt mir jetzt nicht ein.«

Sex-Shop-Verkäuferin: »Genau, so was gab's auch ...«

Serdar: »Ach, es reicht 'ne ganz gewöhnliche, wo man zwischendurch, wenn man mal Lust hat, einfach einen Besuch abstatten kann. Was mach' ich, wenn mein Penis 'ne Muschiallergie hat, also, nicht dass dann nachher mein Geschlechtsteil total groß wird. Ich überleg's mir noch mal einen Augenblick.«

Serdar zuhause hinter seinem Schreibtisch.

Männliche Off-Stimme: »Vielleicht sollten wir auch mal klären, was überhaupt in Deutschland Bourgeoisie bedeutet. Eine französische Krankheit?«

Serdar: »Vielleicht sollten wir erstmal klären, was Deutschland bedeutet, bevor wir Bourgeoisie erklären. Bourgeoisie und Deutschland haben nur bedingt etwas miteinander zu tun. Also, Bourgeoisie. Kannst du das buchstabieren?«

Off-Stimme: »Oh, das wird schwer: B – O – U …«

Serdar: »Nein! Nicht auf den Zettel gucken! Kann hier jemand Bourgeoisie buchstabieren? Ja? Mach mal!«

Off-Stimme: »B – O – U – R – G …«

Serdar: »Ja, Moment, ich schreibe mit. Also dein Tipp: B – O – U – R – G … geil, ich hab' jetzt von selbst schneller geschrieben, als du buchstabiert hast. Ja?«

Off-Stimme: »…E…«

Serdar: »E?«

Stimme aus dem Off: »…I…«

Serdar: »Ja?«

Stimme aus dem Off: »…S – I – E.«

Serdar: »Hahaha, stimmt das? Stimmt das: BOURGEOISIE? Ich hätte es so geschrieben: BURGOISIE.«

Stimme aus dem Off: »Tja, das wär' leider falsch gewesen.«

Serdar: »Ist wirklich, ist das E – O – I? Das gibt's ja gar nicht. Wahnsinn! Ja dann kann ich das auch nicht erklären, ehrlich gesagt, hahaha. Nächste Frage bitte. Machen wir mal kurz 'nen Break.«

Im Sex-Shop: »Die kaufen wir jetzt. Herrlich eng, im Durchschnitt dehnbar schlüpfrige 17,8 cm tief. Hahaha, 14,95 Euro, das macht pro Zentimeter, ähm kann ich jetzt nicht ausrechnen.«

Sex-Shop-Verkäuferin: »Gleitmittel?«

Serdar: »Kein Gleitmittel bitte. Eine Quittung wäre schön. Verwendungszweck, was schreiben wir denn da?«

Sex-Shop-Verkäuferin: »Id-Nummer und …«

Serdar: »Aber die wollen doch da immer wissen, was der Verwendungszweck ist. Da schreib' ich drauf: ›Lustgewinn in einsamen Stunden.‹ Ich hab' 'ne Muschi gekauft, huaaha.«

Serdar zuhause hinter seinem Schreibtisch.

Männliche Off-Stimme: »Okay, für die interessierten User: Wie wird die Fotze hygienisch gereinigt für den weiterreichenden Gebrauch?«

Serdar: »Ja meine Damen und Herren! Das war's heute wieder hier bei www.hatenight.com.

Wir haben keine Zeit mehr für weitere Fragen, wir schalten direkt wieder um ins plumpe Internet ohne *Hatenight*.

Nächsten Samstag um 23.00 Uhr sind wir wieder hier. Es gibt brennend heiße Themen, die wir unbedingt besprechen sollten.

Wir sehen uns, bis dann, tschüss.«

Serdar über Pro Köln – Demokratie jetzt

Serdar zuhause hinter seinem Schreibtisch:»Wir haben jetzt 23.00 Uhr, hier ist wieder die *Hatenight-Show*. Unter www.hatenight.com kriegt man alles, aber auch alles, was man will!

Heute geht's um folgendes Thema: ›Demokratie jetzt, alle dürfen nur wir Deutschen nicht.‹ Ja und zu diesem Thema hat mein netter Kollege wieder Fragen vorbereitet, ich warte ganz gespannt auf die erste Frage.«

Männliche Off-Stimme:»Pro Köln, klingt doch erstmal positiv. Für Köln zu sein klingt nicht schlecht. Geht es die Gruppe richtig an?«

Serdar:»Hahaha, also Pro Köln klingt positiv, aber wenn man weiß, dass das alles kleine A. (piep) sind, dann weiß man warum es positiv klingt, nämlich weil's nämlich HIV-positiv ist, uäääää! Pro Köln ist übrigens – das muss ich den Zuschauern im Umfeld Kölns erzählen – nicht eine Organisation von latent schwulen Bankangestellten. Es könnte leicht damit verwechselt werden, es ist eine rechtsradikale Partei, die hauptsächlich in Köln ich glaub' 4,2 % der Stimmen ergattert. Man denkt ja Köln wär so tolerant, aber denkste. 4,2 % der Stimmen in Köln sind so viel wie 89 % der Stimmen in Mecklenburg-Vorpommern. Also ist Pro Köln sozusagen eine Riesenbewegung. Und diese Bewegung, die Bewegung überhaupt, also die Riesenbewegung der latent homosexuellen Rechtsradikalen, die hat sich zum Ziel gemacht, alle, aber auch alle Ausländer aus Deutschland zu vertreiben.«

In einem Textilgeschäft, die Verkäuferin reicht ihm ein T-Shirt mit der Aufschrift »Ich bin ein Fan von dir« in Schwarz-Rot-Gelb.

Serdar: »Ich probier' das mal an. You are a fan of me, so this means: I'm a fan of yours!?«

Verkäuferin: »Of Germany.«

Serdar: »Of Germany?«

Verkäuferin: »Ja.«

Serdar: »Sagt man ›du‹ zu Germany im Englischen? Sie duzt Deutschland!«

Serdar zuhause hinter seinem Schreibtisch am Telefon, ein Telefon-Freizeichen ertönt.

Männliche Stimme am anderen Ende der Leitung: »Pro Köln.«

Serdar: »Ja, guten Tag. Radikalcomedy hier. Ich hab' eine Frage, wir würden gerne einen Interview-Termin mit Ihnen vereinbaren. Haben Sie da jemanden wie einen Pressesprecher, mit dem wir sprechen könnten oder wollten?«

Pro Köln: »Den haben wir zwar, aber der ist in Urlaub.«

Serdar: »Oh, bis wann ist das denn noch, weil die Sendung, die wir planen, ist in zwei Wochen.«

Pro Köln: »Ach so. Da wäre ja noch 'n bisschen Spielraum. Da wäre ich Ihnen dankbar, wenn Sie sich am Montag telefonisch melden. Dann ist der Markus Wiener wieder zurück.«

Serdar: »Ja.«

Pro Köln: »0 – 2 – 2 – 1 für Köln, dann 2 – 2 – 1 für das städtische Netz ...«

Serdar: »Ja.«

Pro Köln: »9 – 15 – 12.«

Serdar: »Ist 2 – 2 – 1 nicht der WDR in Köln? Ne, das ist irgendwie was anderes glaub' ich, ne ...«

Pro Köln: »Die haben eine andere. 2 – 2 – 1 ist das städtische Netz.«

Serdar: »Also, ich wiederhol' noch mal: 0 – 2 – 2 – 1, dann war es 2 – 2 – 1 und ...?«

Pro Köln: »9 – 15 – 12.«

Serdar: »9 – 15 – 12, 0 – 2 – 2 – 1 – 2 – 2 – 1 – 9 – 15 – 12.«

Pro Köln: »Jo.«

Serdar: »Und der Herr heißt Wiener?«

Pro Köln: »Wiener. Wie die Stadt in Österreich.«

Serdar: »Und die Würstchen.«

Pro Köln: »Genau.«

Serdar: »Wunderbar! Dann bis später, ja? Tschüss!«

Pro Köln: »Jo, tschö.«

Im Textilgeschäft. Serdar trägt nun das T-Shirt mit der Aufschrift »Ich bin ein Fan von dir« in Schwarz-Rot-Gelb.

Serdar: »Kann es nicht ein bisschen typisch deutscher sein?«

Verkäuferin: »Deutscher?«

Serdar: »Ja, das ist so wenig deutsch, so ein bisschen deutsch nur, also noch mehr deutsch. Türkisch haben Sie gar nicht, ne?«

Verkäuferin zeigt Serdar ein graues T-Shirt der Designerin Eva Gronbach. Auf diesem steht »Eva Gronbach«, darunter ist ein Adler, das Logo des Modelables zu sehen.

Serdar: »Ist das der deutsche Adler? Nein, ist das ein Adler?«

Männliche Off-Stimme: »Ja, wir hatten noch eine offene Frage: Warum sind die Rechten braun?«

Serdar zuhause hinter seinem Schreibtisch: »Die Rechten sind in der Regel braun, würden jetzt die Antifa-Leute sagen, weil 'se sich mit Kacke eingeschmiert haben. Ich glaube nicht, dass sie sich mit Kacke einschmieren, ich glaube, die kacken gar nicht! Ich glaube, die Rechten kacken in der Regel nicht, denen bleibt der Klumpen sozusagen im Dünndarm stecken und fließt dann wieder direkt nach oben, wo er ihnen aus dem Maul plumpst. Wie sind wir auf dieses fabulöse Thema gekommen? Haha, ist

das Thema rechtsradikal und Verdauungsstörungen? Das wär'
übrigens 'n geiles Thema! Guten Tag, pfffurrrz, Heil! pfffurzrrrr.
Bitte nächste Frage!«

Serdar im Textilgeschäft trägt jetzt ein T-Shirt der Designerin Eva
Gronbach mit der Aufschrift »German jeans«.

Serdar: »Aber warum ist das in Englisch? Warum ist das nicht
›deutsche Jeans‹? 79? Haben Sie auch was für 33? Also zwischen 33
und 45 Euro?«

Vor dem Textilgeschäft, Serdar spricht eine junge Frau an.

Serdar: »Da nebenan ist ein T-Shirt-Shop, wo man Deutschland-T-
Shirts kaufen kann. Hast du das schon gesehen?«

Junge Frau: »Ne.«

Serdar: »Geh' mal gucken, ist Wahnsinn!«

Serdar zuhause hinter seinem Schreibtisch.

Männliche Off-Stimme: »Hm, dann würd' ich einfach mal die
nächste Frage ...«

Serdar: »Nein! Wir haben keine Zeit mehr. Wir müssen sofort aus-
schalten, denn die Sendung ist vorbei. Vielen Dank, dass Sie zuge-
schaut haben. Nächste Woche geht's weiter zu einem Thema, das
ich noch gar nicht kenne!«

Fußball

Serdar zuhause hinter seinem Schreibtisch: »23.00 Uhr, www. hatenight.com, hier sind wir wieder aus dem Internet mit unserer brillanten, aber doch sehr entspannten Show hatenight.com, was den Schluss nahelegt, dass die Sendung com heißt. Nein! Sie heißt *Hatenight*, ja genau!
Heute ist unser Thema ein sehr brisantes Thema, passend zu dem, was gerade auf den Feldern um uns herum passiert, in Bergdeutschland, auch Österreich und Schweiz genannt: Fußball! Fuppes! Thema ›1954, '74, '33‹, denn da waren wir ja schon mal auf dem Weg ins Halbfinale. Wir sind leider aufgehalten worden, aber diesmal bin ich ganz sicher, werden wir es schaffen! Die erste Frage stellt mir mein aparter Helfer, Freund und Kollege.«

Männliche Off-Stimme: »Was hältst du denn eigentlich von der Frauen-Fußball-Weltmeisterschaft?«

Serdar: »Frauenfußball ist besonders geil und zwar find' ich geil, wenn die Birgit Prinz nach Hause kommt, so: ›Schatz, ist das Essen fertig?‹
Haha, Frauenfußball ist geil. Ich find's verlogen. Ich weiß ja nicht, wer Frauenfußball mag, aber wer Frauenfußball mag, müsste sich theoretisch auch für Gewichtheben der Frauen interessieren oder sich als Gewicht von einer Frauenfußballerin heben lassen.«

Männliche Off-Stimme: »Jedes Land hat so seine Lieblingsgegner. Deutschland gegen Holland.«

Serdar: »Ja, das ist ein sehr interessantes Thema, also Deutschland hat ja mit den Holländern eine Intimfeindschaft ausgemacht. Ich find' verständlicherweise, weil diese Schwuchteln in ihren orangefarbenen

Lätzchen, lange waren's ja Negerschwuchteln, jetzt sind sie ja wieder re-hollandisiert worden, die können doch wirklich nicht ernst meinen, was sie da auf dem Platz machen. Deswegen, ich bin zwar kein De... ich bin ... ich bin ... ich bin eigentlich kein Deutschlandfan, aber wenn Deutschland gegen Holland spielt, dann wähle ich das kleinere Übel und bin für Deutschland.«

Männliche Off-Stimme: »Woher kommt Fußball?«

Serdar: »Ähm, ich wusste es nicht. Woher kommt Fußball, aus ...«

Männliche Off-Stimme: »China.«

Serdar: »Aus China? Können wir das noch mal alle zusammen sagen, haha?
Fußball kommt aus ...«

Serdar und Off-Stimme: »China!«

Serdar: »Wir müssen leider Schluss machen, die Sendung ist vorbei! Nächste Woche 23.00 Uhr wird mein Gast hier Stefan Raab sein. Stefan Raab hier nächste Woche zu Gast. Darauf die Woche kommt, Sie werden es nicht glauben, Elton John und in der übernächsten Woche haben wir hier sogar Thomas Gottschalk. Thomas Gottschalk, Stefan Raab und Elton John, unbedingt dabei sein!«

SHN, Kapitel 4:
Serdars Neujahrsansprache als Hassprediger

Serdar zuhause hinter seinem Schreibtisch, er hat sich einen FC-Schal zum Turban auf den Kopf geknotet: »Liebe Mitbürger, liebes

Volk, ein hartes Jahr liegt hinter uns, ein harter Kampf liegt vor uns. Demütigungen, Drogen, Schabernack, Fritzl, Schäuble, Nagellack. Eva Braun, Hermann Göring, Hit-Hitler, Braun, Hitler, Blondie, Markus Küttner, Jörg Pilawa und Schmadtke, Schnappi das Krokodil, sind sie nicht auch Teil einer degenerierten Gesellschaft, in der es nur um die nächste Pointe geht und den Wettbewerb der Ideen, in der der erstbeste Kalauer zum Kult avanciert?

Hä? Hmm, Olympiastadien, ihrer einstigen Funktion, nämlich Heimat zu sein für einen fairen Wettbewerb zwischen Vernichter und zu Vernichtendem beraubt und so zu Kultstätten des hohlen Einverständnisses erklärt und rückwirkend zu Parteistätten des schlechten Geschmacks umfunktioniert werden. Ist es nicht der Hitler in uns, der den Barth des ... den Bart des Propheten lustig findet, und ein Idiamininot, der ihn nicht erkennt?

Oder ist es nur der Laie, der ihn zum Botschafter der Belanglosigkeit erklärt und nicht als Scharlatan entlarvt?

Ein Abbild eines falschen Gottes, eine Götze, eine Fotze, ein Wuzebubbes, ein Kretin, eine gefakte Version eines einst goldenen Pottes. Sind wir nicht alle ein Stück weit mitverantwortlich für die Gülcans dieser Republik, in welcher der Türke, akzeptiert als Ersatzjude, sein Unwesen treibt? Minarette zu Bajonetten umfunktioniert, Zigaretten und Pirouetten dreht und Gazetten zu facettenreich über Nichtigkeiten berichten, uns zugleich verwechseln mit Empfängern niederster Botschaften, sei es aus dem Orbit oder aber auch aus dem Orbit. Schlimm, schlimm, schlimm! Schlimm, schlimm, schlimm, es wird immer schlimmer! Schlimm! Schlimm! Schlimm! Der Russe kommt und nimmt! Der einfachste Lump trägt prunkvoll die Insignien der Macht zur Schau. Der kleine Mann stiehlt seinem Nachbarn die Frau!

Wir müssen elitärer werden. Die Verdummung als Gegenmacht installieren. Dem zu viel Gesprochenen, dem unbedacht Erbrochenen die Interpunktion verweigern und monetäre Gewalt zerbrechen durch unberechenbare Intellektualität. Wir müssen einen

Schutzwall bilden gegen die latente Unterwanderung durch das Profane und Guido Westerwelle, Menschenketten gegen die Diktatur des Trivialen bilden und zugleich eine Eroberung planen, einen Umbruch organisieren, einen Aufmarsch des wahren Geistes, eine Okkupation, einst unsriger Denkgebiete durch die pure Überlegenheit der Mutigen und das Risiko zur falschen Zeit und den Mut, das zu tun, was andere sich niemals zu tun wagen, oder nur gegen Bezahlung oder dann, wenn man es nicht braucht.

In diesem Sinne komme ich zum Schluss und wünsche Ihnen allen, aber auch allen, auch Ihnen ein gesegnetes, gottgesegnetes, verlogenes, ein verfickt, übertriebenes, heiteres und sinnloses, ein geschwollenes und hilfloses, ein behindertes und vorwurfsvolles, ein spritzgeilimpotentnegroidharmlossensationellitalienfreikimmenlutschendes-after-hour-sensibilisiertes Handtrockner Montage, würmer entzaubert, Fußball, ballaballaballa-neues Jahr!«

SHN, Kapitel 5:
Serdar unterwegs im Auto – Auto-asozial

Serdar zuhause hinter seinem Schreibtisch: »23.00 Uhr, herzlich willkommen hier im einsamsten Swinger-Club ganz Kölns, bei unserer *Hatenight-Show*, www.hatenight.com, da kriegen Sie alles, aber auch wirklich alles, wovon Sie nicht zu träumen gewagt haben. Unser Thema heute ist ›Auto-asozial‹ und mein netter Kollege und Freund Uli wird mir dazu sogleich die erste Frage stellen!

Die Kamera blinkt zwar, ich weiß nicht, was das zu bedeuten hat, wir lassen es einfach blinken. Manchmal ist blinken auch ein Signal Gottes, dafür dass man das Richtige gesagt hat. Gott ist übrigens auf unserer Seite, nur das Sie's wissen. Die *Hatenight-Show* wird unterstützt vom Papst und der katholischen Kirche. Wir haben auch einen heißen Draht zur koptischen Kirche. Ob die Auto fahren, weiß ich nicht. Wie ich Auto fahre, wenn ich Langeweile hab', und ob ich möglichst viel Geld dabei ausgebe und ob ich mich nicht zur Weißglut damit bringe, dass ich die falschen Fragen den richtigen Menschen stelle, das können Sie jetzt sehen.

Mein netter leicht schwuler Kollege Uli Schwuli Tuli Tunti Tussi stellt mir jetzt die nächste Frage.

Uli aus dem Off: »Ich hab' keine Frage mehr zum Auto.«

Serdar (schlägt mit dem Kuli gegen die Schreibtischlampe): »Moment, erst fragen, wenn ich klopfe. Jetzt bitte, hahah.«

Uli aus dem Off: »Ich habe keine Fragen mehr zum Auto, aber zum Schamlippensynchronsprechen nach asozialem Autofahren.«

Serdar: »Haha, na ja, es muss ja auch nicht immer eine Frage sein, die zum Thema passt. Viele Zuschauer, die das Zuschauen sonst im Fernsehen gelernt haben, fragen sich: ›Warum ist eigentlich in der *Hatenight-Show* keine Antwort auf die Frage gegeben worden, bisher?‹ Weil es im Leben nicht wichtig ist, immer Antworten auf Fragen zu geben. Es ist viel wichtiger, Fragen zu stellen. Das sollten Sie sich hinter ihre kleinen Öhrchen schreiben und mit auf den Weg nehmen, bevor Sie wieder ins ganz ordinäre Internet gehen, um kostenlos zu wichsen, was ja heute kein Problem mehr ist, aber früher übrigens auch ging.«

Hinweis an den Leser: Einspieler, in dem Serdar auf einem Schrottplatz zu sehen ist.

Serdar zuhause hinter seinem Schreibtisch: »Auto-asozial, da gibt es diverse Probleme. Mittelfahrer, die immer auf dem Mittelstreifen fahren, nie rechts, nie links, die man mit seinem Mercedes GL 570 CDI Superturbo-Kompressor-Einspritzung von hinten ins Opfer von der

Spur nicht nur wegdrängen, sondern paralysieren muss! Ich hab' mir zu diesem Zweck beispielsweise an meinen Mercedes, der mir von der katholischen Kirche gesponsert wurde, ein Panzer-Kanonenrohr installieren lassen, damit ich dem KIA-Fahrer, dem KIA- oder Daihatsu-Fahrer, mit Vorliebe weißhaarige alte Männer, die mit ihrer Schlampen-Frau in kariertem Minirock aus dem Swinger-Club auf dem Rückweg nach Hause sind und meine Spur blockieren, damit ich denen schon mal 'n Signal vor den Bug schießen kann. Nach dem Motto: ›Butsch! Hau ab du alter Knacker! Ich komm' gleich!‹ Ja und das Schöne ist dann zu sehen, wie dieser KIA sich so überschlägt, zehn Mal, und man sich vorstellt, wie man vor Gericht sitzt und sagt: ›Ja, ich bin Mercedes-Testfahrer in Böblingen, ich konnte ja nicht wissen, dass der alte Knacker das Bremspedal verwechselt mit dem Gaspedal.‹

Der alte Knacker übrigens hat seinerzeit das Gaspedal immer gefunden. Im Falle des Falles tritt er aber auf die Bremse und vor Gericht tut er sogar so, als wär's eine Kupplung gewesen.

Was meinen Sie, was sechs Millionen Juden sagen würden, wenn man sagt: ›Ja, wir haben die Kupplung nicht gefunden, war nur ein Gaspedal da!‹

In diesem Sinne, denken Sie drüber nach!

Schöne Sendung, auf Wiedersehen, ahhhhhhhhhhhhh.«

SHN, Kapitel 6:
Alternativen zum Sommerloch

Serdar zuhause hinter seinem Schreibtisch: »Dann würd' ich sagen, machen wir genauso weiter, oh 23.00 Uhr. Herzlich willkommen hier im www.hatenight.com-Studio live aus Köln, dem Führerhauptquartier, dem neuen Führerhauptquartier bringen wir alles auf den Punkt in ganz, ganz kurzer Zeit.

Unser Thema heute sind die Alternativen zum Sommerloch, die es bei uns nicht gibt. Moment, ich bekomm' da eine aktuelle Meldung herein gereicht: ›Roland Koch pragmatisch, Fahnen-Fight, Eid statt Penisneid. Fahneneid statt Penisneid.‹

Ja, ich glaube, *BILD* meldet heute eine ganz, ganz wichtige Geschichte, nämlich dass sich Roland Koch von seinem eigenen Penis verabschiedet hat. Das wurde langsam auch Zeit. Ich hab' lange Zeit seinen Kopf damit verwechselt. Auch wenn manchmal Sülze dabei raus kam und beim Penis ja eher anderes rauskommt. Aber, jetzt hat er offensichtlich beschlossen, sich kastrieren zu lassen. Das sind blendende Voraussetzungen für die nächste Hessen-Wahl, dann kann nämlich Koch als Ypsilanti antreten, die sieht nämlich aus wie ein entpimmelter Mann.

Moment, ich hab' da noch 'ne aktuelle Meldung: ›AVN meldet: Schwimmer begeistert, Kariesprophylaxe bei Haien.‹

Ja, auch nicht schlecht, Haie. Ich weiß nicht, um welche Haie es sich dabei handelt, ich geh' davon aus, dass es Kredithaie sind, die sich ja mit ihren Zähnen gerne festbeißen, besonders übrigens bei Asylanten. Asylanten kriegen ja in Deutschland keine Aufenthaltserlaubnis, die kriegen zunächst einen Kredit, damit sie auch wenn sie nach Togo zurückgehen so gebunden sind an die Bank, die ihnen den Kredit verkauft hat, dass sie ja, aber jaaa nicht mehr wiederkommen. Das Geld übrigens holen wir uns sowieso wieder von den Asylanten, indem wir denen Schneepflüge verkaufen, nach Togo!

Gerade, es gibt ja hier ein reines Gewitter an Meldungen, meldet die AP zum Beispiel: ›Selbstreinigung in Brüssel, EU-Parlamentarier implodieren reihenweise.‹

Kein Wunder, muss ich dazu sagen, bei den Diäten. Übrigens ein sehr interessantes Wort, Diäten, dafür dass die Leute immer fetter werden. Dass die Politiker besonders in Brüssel, ich war übrigens mal in Brüssel, implodieren.

Gut, dass sie implodieren und nicht explodieren, so bleibt uns die Schlabber im Gesicht erspart. Brüssel ist übrigens 'ne ganz nette

Stadt, es gibt da sehr billige Nutten. Man kann auch gleichzeitig Muscheln mit Pommes fressen. Die Nutten übrigens stinken manchmal so wie die Muscheln, man muss aufpassen, dass man die Muscheln da nicht irgendwann satt wird.

Oh, da kommt noch eine aktuelle Meldung, vielen Dank. DPA meldet: ›Lecker Bürgerinitiative Pro Hundescheiße.‹

Ich glaub', die gibt's schon, die hat sich nur getarnt als, wie hieß es noch?

Pro Köln, ja! Hundescheiße und Köln sind ja fast gleich zu setzen. Wenn man aus Düsseldorf kommt und wenn man dann auch noch das nötige Halbwissen hat, dann kann man eigentlich mit Hundescheiße auf Pro-Kölner werfen und dann hat sich das Thema von selbst erledigt.

Noch eine aktuelle Meldung erreicht uns mitten im Sommerloch. Wo andere von Gurken, Krokodilen und großen Koalitionsgesprächen träumen, melden wir hier das, was wirklich maßgeblich ist!

Und zwar: ›Ficken kann jeder, Kloster will Beischlaf-Weltrekord brechen!‹

Ich weiß ehrlich gesagt nicht, ob jeder ficken kann, jedenfalls nicht jeder so wie ich. Ich hab' das übrigens längere Zeit schon geübt, deswegen würde ich sagen, lassen wir die Klosterleute mal machen und zählen wir dann. Abgerechnet wird am Schluss!

Jaaa, hier haben wir noch ein letztes Anliegen: ›Beredte Muschi gesucht zum Schamlippensynchronsprechen.‹

Das können wir sofort mal darstellen. Sie erinnern sich sicherlich, ich habe mir vor einiger Zeit hier 'ne Muschi gekauft in einem Sex-Shop in Köln und wir sind gerade dabei, ihr das Sprechen beizubringen. Schauen wir mal, ob sie schon das erste Wort gelernt hat. Komm Muschi, sag mal was in die Kamera.«

Muschi: »Hallo, will ficken.«

Serdar: »Das ist kein Wunder, eine Muschi will immer ficken.«

Muschi: »Will ficken jetzt!«

Serdar: »Sag mal was anderes.«

Muschi: »Heil Hitler!«

Serdar: »Nein! Aber nein, so was sagt man doch nicht! Sag' mal was, was aus beiden Sätzen besteht, die du gerade gesagt hast.«

Muschi: »Heil Hitler, will ficken!«

Serdar: »Meine Damen und Herren, das war's! Viele Grüße an Ihr Volk im Rest-Internet! Wir sind jedenfalls um 11.00 Uhr abends wieder hier und zwar immer samstags unter www.hatenight.com, und wenn 'Se nicht wissen, wie man das schreibt, fragen Sie mal Ihre Muschi, hahaha.«

SHN, Kapitel 7:
Die neue Spießigkeit von Ayurveda bis Analverkehr

Serdar zuhause hinter seinem Schreibtisch mit Sonnenbrille und Sonnenhut: »23.00 Uhr, hier sind wir wieder live im Internet und passend natürlich zu unserem Thema ›Die neue Spießigkeit von Ayurveda bis Analverkehr‹ habe ich einige interessante Fragen vorbereiten lassen von meinem Sidekick Uli. Die erste Frage lautet ...«

Uli aus dem Off: »Eigenurin ist out, Eigendurchfall ist in, Rückbesinnung auf den eigenen Körper?«

Serdar: »Eigenurin ist in oder out, war's jetzt out oder in? Ist das Urin schon out oder ist es noch in?«

41

Uli aus dem Off: »Out …«

Serdar: »Hä? Was?!«
Uli aus dem Off »Out.«

Serdar: »Out. Eigenurin ist out, Anal-Urin, also Durchfall ist in. Ich hab' mich gefragt, bringt es eigentlich auch was, wenn man statt sich anzupissen und sich dabei gesund und normal zu fühlen, sich auch mal ordentlich in die Fresse scheißt, also in die eigene Fresse scheißt. Man müsste dazu natürlich 'ne Drainage basteln oder 'n Pumpverkehr sozusagen in die Visage. Aber was passiert eigentlich, wenn man 'ne Durchfall-Therapie macht, und gibt es zu diesem Thema eigentlich schon Literatur?«

Serdar in einem Kölner Buchladen.

Serdar: »Wo haben Sie denn die Abteilung Esoterik? Ich hab' hier so eine Wunde am Kopf, jetzt am Wochenende mir geholt, und Freunde sagten mir, es würde auch mit Urin gehen. Eigenurin, Durchfall-Therapien, was es da alles gibt. Vielleicht können Sie mir da helfen.«

Verkäufer: »Es ist im Endeffekt nichts Neues.«

Serdar: »Verarschung.«

Serdar zuhause hinter seinem Schreibtisch mit Sonnenbrille und Sonnenhut: »Jaaa! Unser Thema heute ist ›Die neue Spießigkeit von Ayurveda bis Analverkehr‹. Es ist ja nicht mehr so wie früher, dass die Spießer einen Mercedes fahren mit Wackeldackel hinten auf'm Absatz, sondern der Spießer heute hat einen Volvo V 70, geht Golf spielen und dann auch gerne mal zur Ayurveda-Therapie beziehungsweise schickt seinen Hund zur Ayurveda-Therapie. Und meistens findet man diese Exponate nicht in beispielsweise Dörfern oder ländlichen Gegenden, sondern in der Stadt, also mitten unter uns. Das urbanisierte Vergnügen sozusagen, der Mittelstand, der neue, nennt sich, ääääääähhhhhhh: Esoterik-Messen-Besucher. Und wie es im Buchladen weitergeht, sehen wir jetzt.«

Serdar im Buchladen: »Also ich weiß nicht, wie ich das hinkriegen soll, mir selber auf den Kopf zu pinkeln, vielleicht haben Sie da 'ne Anleitung für mich?«

Verkäufer lacht.

Serdar: »Das steht ja unter Tibet wahrscheinlich. Ich dachte, es gibt ein Fernpumpen-System, dass man nicht in Berührung kommt oder so was. Schlank im Schlaf, haha.«

Verkäufer lacht.

Serdar (hält ein Buch in die Kamera): »*Zwölf Lebenssalze für Körper, Geist und Seele.* Sie sind so 'ne totale Hippie-Buchhandlung. Aber *Schlank mit Beischlaf.* Das würde super funktionieren!«

Verkäufer lacht. (Beide widmen sich einem neuen Buch.)

Serdar: »Wie heißt das?«

Verkäufer: »Schüssler-Salze ...«

Serdar: »Schüssel-Salze? Ich hab' Schissler verstanden. Also mit Eigendurchfall und so, das hab' ich ja noch nie gehört ...«

Verkäufer: »Nein, Durchfall nicht.«

Serdar: »Aber es kann sein, dass man mich verarscht hat, oder?«

Serdar zuhause hinter seinem Schreibtisch: »Im Internet sagen wir das, was andere sich nicht trauen zu sagen, weil sie die Hosen voll haben: ›Die Redaktion könnte mich rausschmeißen! Wir könnten Werbepartner verlieren! Meine Mutter könnte konvertieren! Ich bin so ängstlich! Aaahh!‹

Da sagen wir: ›Überlassen Sie bitte uns diese Pflicht, diese staatsbürgerliche Pflicht, das zu tun, was sich andere nicht trauen zu tun! Nächste Frage kommt von Uli.«

Uli aus dem Off: »Ja, die nächste Frage lautet: Eigendurchfall als Aktionismus ....«

Serdar: »Diese Frage hatten wir schon! Nächste! Wenn ich noch einmal das Wort Eigendurchfall höre!

Die Sendung ist beendet! Schluss, wir sehen uns nächsten Samstag, ich kann nicht mehr!«

SHN, Kapitel 8:
Die *Hatenight* verschlüsselt

Hinweis für den Leser: Das Video 8 ist verpixelt, es sind keine klaren Bilder erkennbar. Zu Beginn lediglich folgender Hinweis an den Zuschauer: »Sehr geehrte Zuschauer, aufgrund der berechtigten Kritik am Niveau unserer Sendung haben wir beschlossen unsere *Hatenight-Show* ab sofort nur noch unter Ausschluss der Öffentlichkeit zu zeigen.

Wir bedanken uns für die zahlreiche Anregung und möchten uns noch einmal ausdrücklich für den entstandenen Schaden entschuldigen.

Gerne können sie uns über info@radical-comedy.de ein Wunschkonzept schicken.«

Die *Hatenight* ersetzt durch die *Herzzeit*, moderiert von Gerda

Ein Mann verkleidet mit blonder Perücke und Plastikbusen: »Hallöle! Liebe Leute, 23.00 Uhr, Samstag, jetzt kommt *Gerdas Herzzeit*, die Sendung mit Harmonie und Horst und wer Horst ist, verrate ich Ihnen gleich.

Warum *Gerdas Herzzeit*? Warum? Ganz einfach! Nach Hass braucht's Herz, nach Pöbel kuscheln und nach Pennäler-Späßen primitivster Art endlich mal Humor mit Niveau.

Thema heute: »50 Jahre Emanzipation – 40 Jahre Emma«. Anlass ist also die Frau! Das ganze Thema hat einen Gedanken: Gleichberechtigung. Und das ist auch ein Grund, warum ich hier bin! Gerda freut sich auf Sie! Dankeschön.

So und nachdem wir das geklärt haben, brauchen wir diesen zersetzenden Menschen nicht mehr! (Zeigt auf ein Porträt von Serdar.) Wirklich nicht!

Jetzt kommt nämlich Harmonie und Horst. (Hält eine Autogrammkarte von Horst Köhler in die Kamera.) Das ist Horst mit treuem Blick. Übrigens mit einer Widmung: ›Für Gerda, von Horst!‹ und was ich besonders schön finde, Horst hat mir gleich ein Foto von seinem Eigenheim geschickt. (Hält ein Foto von Horst Köhler vor dem Brandenburger Tor in die Kamera.) Was der mit Bausparen so auf die Beine stellen kann, da sagt Gerda auch: ›Daumen hoch! Unser Horst!‹

(Hält ein Porträtfoto von Horst Köhler in lässiger Pose vor die Kamera.) Vor allen Dingen, was ich hier mag und mit meinem Friseur auch letztlich noch mal besprochen habe, ist diese leicht fallende Tolle hier, die ist schon toll!

Ja, unser heutiges Thema ist also die Gleichberechtigung. Vorab ein paar nachdenklich stimmende Zahlen: Frauen stellen 50 % der Bevölkerung dar. Frauen kriegen 100 % aller Kinder.

Gerda fragt: ›Wo bleibt da die Gleichberechtigung?‹

Schlimmer noch: Frauen haben nur 87,9 % aller Brüste, alleine ich habe zwei.

Gerda fragt: ›Wo bleibt da die Gleichberechtigung?‹

Dabei schreiten doch aufregende Frauen uns voran, ich denke dabei nur an unsere Bundeskanzlerin, die gerne orangene Oberbekleidung mit großen dunklen Flecken unter den Achseln trägt, Angela Merkel, eine Frau die wirklich weiß, wo's lang geht, oder Ulla Schmidt, die mir so manchen Frisiertipp gegeben hat, oder die Frau von der Leiden, die nicht nur ihre Kinder, sondern alle Menschen nicht leiden kann. Da weiß ich noch, woran ich bin.

Liebe Raucher, haben auch Sie das Problem mit dem Aufhören? Dann habe ich hier was für Sie (hält eine Dose mit Tabletten nach oben): Nikoweg, drückt das Verlangen nach einer Zigarette einfach weg. Bei Nikoweg verspüren Sie alles, nur kein Verlangen nach Rauch mehr (klebt sich die Tablette mit einem Streifen Tesafilm auf den Arm). Nikoweg ist ganz einfach. Sie nehmen diese kleine, na ja, kaugummiartige Tablette und wie jedes Nikotinpflästerchen kleben Sie sich einfach auf den Unterarm und schon haben Sie kein Verlangen mehr!

Haben Sie auch vielleicht das Problem, dass der Kleine seinen Pausensnack nicht essen möchte? Das liegt häufig nicht am Pausensnack, bei dem Sie sich so viel Mühe gegeben haben, sondern wie moderne Marktforschung zeigt, kommt es auf die Verpackung an. Und da haben wir eine wunderschöne Verpackung gefunden, nämlich des Pennälers Traum, die sogenannte Frühstücksdose (hält die von Serdar zuvor erworbene »Plasik-Muschi« in die Kamera). Diese Frühstücksdose hält die Wurst frisch bis in die große Pause (schiebt eine BiFi in die Muschi) und wenn der Kleine ein bisschen mehr essen mag, passt auch die Zweite hinein.

Schauen Sie! Und so bleibt 'se frisch. Und bevor man sie dann isst, kann man sie mit der Hand anwärmen und dann kommt sie auch wieder raus.

Das ist doch lecker und hygienisch.

Gestern hab' ich noch gelesen: ›Wenn ein BH falsch ist, dann ist das schädlich für die Moppen!‹ Und ähm, übrigens Gerda zeigt gerne Warzen!

Ha! Weil Sex in der Sendung hilft, die Quote nach oben zu treiben, das ist erwiesen worden.

Also, das Huroskop, diesen Monat ist der Löwe dran. Der Löwe knurrt und stinkt, weil er zu viel trinkt. Schließen Sie, liebe Hausfrauen, den Schnaps einfach weg und saugen Sie dann noch ein Weilchen. Meistens pumpt er etwas nach, den Rest einfach in ein Tempo spucken. Ihre Glückszahl ist übrigens die Vier und der Aszendent trägt 38.

Wir kommen zur Wettervorhersage. Schauen Sie aus dem Fenster und seien Sie guter Dinge, was denn vom Himmel hagelt, sind nämlich die Reste Ihrer zersägten Nachbarin und kein Regen. Also Glückauf! Dann brauchen Sie nicht mal einen Schirm.«

Gerda reißt sich die Perücke vom Kopf. Ein Mann wird sichtbar: »Boah, die scheiß Bundesanstalt für Arbeit oder Agentur für Arbeit! Das klappt doch nie! Das soll lustig sein? Sag' doch ma' selber, Uli! Und dafür hab' ich meine ABM in Zwickau aufgegeben! Könnte jetzt so schön drüben sein! Scheiße hier, meine Warzen tun mir auch weh!«

SHN, Kapitel 10:
Der Hassprediger über Krieg und geheucheltes Interesse

Serdar fährt im Auto: »Jeden Tag, ja, jeden Tag, ist irgendwo auf dieser Welt ein Krieg. Und die Leute, die es immer nur dann merken, dass Krieg ist, wenn sie irgendeine Werbeindustrie erreicht mit ihrem Antikriegsgehabe, die ermöglichen erst, dass es Kriege gibt, dadurch, dass sie partizipieren an industriellen Vorgängen.

Wer macht denn unsere T-Shirts, die wir bei Hennes & Mauritz kaufen, für 8,90 Euro, wer macht 'se denn? Die, über die wir am meisten schimpfen, wenn es uns in den Kram passt. Ja. Die Chinesen. Aber wenn's um Tibet geht, dann ist China uns nicht gut genug, dann ist China undemokratisch. Dabei ist China wahrscheinlich 100 Mal so demokratisch wie die schwulen Tibeter oder Tibetaner, man weiß ja nicht mal, wie man's richtig sagt.

Man weiß zwar, dass man für den Dalai Lama ist, aber man weiß nicht, ob's Tibetaner oder Tibeter heißt. So weit ist es ja dann doch nicht mit dem Interesse, das ist ja ein Instant-Interesse, das man entwickelt, weil's gerade zur Zielgruppe gehört. Student, 28, Free-Tibet-Fahne. Dabei ist die Free-Tibet-Fahne in China hergestellt. Das weiß man aber auch nicht. Man weiß ja eh nichts, man glaubt halt was.

Man glaubt halt alles. Man glaubt alles, was so daherkommt, ja. Der Glaubenskatalog ist breit gefächert.

Ist man 18, dann glaubt man auch, dass Tokio Hotel heterosexuell ist.

Ist man 26, hat 'ne Speckfalte, dann glaubt man auch, dass man mit 'ner Anti-Aging-Creme abnehmen kann.

Ist man 45 und Mann, dann glaubt man auch, dass die Frau, die sich im Puff an deinen Schwanz begibt, wirklich Spaß dran hat.

Ist man 55 und hat ein Navi-System im Auto, dann glaubt man auch, dass die Frau aus dem Navi-System ernsthaftes Interesse daran hat, mich nach Hause zu bringen! Dabei ist das auch 'ne Nutte. Die sitzt da und wartet, bis sie mir die nächste Anweisung geben kann. Die bestimmt mein Leben! Die bestimmt, wo ich langfahren soll! Ich will aber selber bestimmen, wo ich langfahre.

Ich fahr' jetzt hier raus!

Und dann für Tibet sein! Oder jetzt Georgien, Russland. Da weiß man doch nicht, für wen man ist!

Früher, da haben die Georgier davon gelebt, dass die Russen ihre Unabhängigkeit akzeptiert haben. Und jetzt wollen die Georgier den

Abchasen und den Osseten und den Südosseten und den Nord-
abachasiern, ich kann diese Wichsnamen nicht mehr aussprechen,
so viele Minderheiten gibt's mittlerweile auf der Welt, jetzt wollen
die Georgier denen verbieten, unabhängig zu sein. Hehe, und sind
auch noch so doof, dass sie die NATO um Hilfe fragen! Ja, hilft
die NATO irgendeinem Staat auf der Welt, der kein Öl hat? Die
NATO ist doch nicht blöd! Die NATO ist 'ne anständige Organisation! Hast du Öl, dann helfen wir dir. Hast du kein Öl geh' zurück
in die GUS!

Na ja, aber für Tibet sein! Erstmal nach Tibet fahren und gucken,
wie es da auf den Straßen aussieht. Ich kenn' die Leute, die jahrelang
von Indien geschwärmt haben, und dann fahren sie in den Ashram
und nach einer Woche kriegen 'se Durchfall! Weil die Realität in
Indien nämlich anders ist. Die durchschnittliche Zahl von Bakterien, die sich in Indien auf einen Liter Wasser verteilt, ist wahrscheinlich millionenmal so hoch wie sich in Ostdeutschland Bakterien auf einem Quadratmeter Wohnfläche verteilen.

Aber nach Indien will man, in den Ashram, weil wenn man reich ist
und Langeweile hat, dann fährt man in den Urlaub nicht mehr in
anständige Länder, nach Österreich oder in die Schweiz, sondern
dann will man den Dreck sehen, den kultivierten Dreck möchte
man sehen! Aber schön im Vier-Sterne-Hotel wohnen, mit Well-
nessbereich und Pool und abends mal ins Indische Restaurant
gehen, gucken was die Kacker so fressen, ja, ja …

Aber dann für Tibet sein! Fahr' doch mal nach Tibet, fahr' doch einmal nach Tibet! Guck' doch, bleib' doch mal eine Woche in Tibet!
Dann weißte, warum die Chinesen kein Bock auf Tibet haben.
Die Chinesen, die sind auch die schlimmsten Leute der Welt, aber
wenigstens sind 'se nicht so schlimm wie die Tibeter, die sind nämlich noch religiös dazu.

Und Religion ist das Schlimmste!

Religion ist sackloses Gedenke.

Was reg' ich mich so auf?

Tibet ist eh nicht unabhängig und die T-Shirts kosten 8,90 Euro, ich kann doch zufrieden sein.«

SHN, Kapitel 11:
Tote Deutsche

Serdar im Auto: »Und dann stürzen Flugzeuge ab. Ja, da wundert man sich dann, dass man sterben kann, wenn man sich in 'ne Röhre quetscht, um 5000 Kilometer weiter weg zu fliegen. Das ist halt das Risiko. Wer genießen will, der muss auch das Leid in Kauf nehmen. Und dann wird gefragt, ob Deutsche darunter waren, unter den Toten. Unter den Toten waren wahrscheinlich auch Deutsche. Das Auswärtige Amt, das kommt dann vor Ort und guckt den Leichen nach den Pässen.

Sind Sie Deutscher? Hallo? Zeigen Sie mir bitte Ihren Pass! Sie sehen so verkohlt aus. Im Tod zählt noch die Nationalität. Der Neger ist nicht tot genug, nichts wert im Tod. Der Deutsche hat selbst im Tod noch mehr Wert, er ist eine Meldung wert. 40 000 Kinder jeden Tag sind keine Meldung wert. Die sterben ja in Äthiopien. Da interessiert sich auch keiner für 'nen Pass, die Kinder können noch nicht mal Pass buchstabieren. Aber wenn Tote im Flugzeug entdeckt werden, die deutsch sind: Huhu, deutsche Tote! Da macht man dann noch einen Unterschied.

Am besten fragt man jeden kurz, bevor er verreckt, woher er kommt, damit man weiß, ob es sich lohnt, ihn anständig verrecken zu lassen. Dann fliegt man im Flugzeug und wundert sich: ›Warum fliegen denn die toten Deutschen mit einem spanischen Flugzeug?‹

Da muss man doch schon Verdacht schöpfen! Warum fliegt denn der Deutsche so lange er lebt nicht mit der Lufthansa? Außerdem wäre das leichter zu identifizieren. Lufthansaabsturz, wahrscheinlich alle deutsch. Da hat man schon mal 'nen kleinen Zwischenerfolg, muss man nicht mehr recherchieren und tote Spanier anfassen. Alle Tote: deutsch. Man könnte auch schon vorher die Leute nach ihrem Pass fragen und Statistiken führen. Warum macht man das eigentlich nicht? Warum gibt man eigentlich am Schalter 1000 Sachen ab und nachher muss erst recherchiert werden? Man kann doch ganz einfach gucken, wo saß der, auf welchem Platz? Platz 11 F, Deutscher. Ich versteh' das nicht! Warum muss denn da noch identifiziert werden? Haben die sich kurz vor dem Absturz noch umgesetzt? Na, den Spaniern kann man ja nicht vertrauen, nachher haben die sich noch umgesetzt, um als Deutsche zu gelten, wenn sie tot sind. Sich zu schmuggeln sozusagen nachträglich, morbid in die deutsche Staatsbürgerschaft.

Warum stürzt eigentlich nie mal in Äthiopien ein Flugzeug ab, da würde man das Hungerproblem leichter lösen können. Von alleine. Hm, aber über den Tod soll man keine Witze machen. Aber man nimmt ihn ja billigend in Kauf, wenn man sich in ein Flugzeug setzt. Manche Leute wundern sich ja, die gehen Kitesurfen beim Tornado und fliegen dann über 'ne vierspurige Autobahn gegen die Wand und wundern sich! Andere springen vom Hochhaus und der Fallschirm geht nicht auf und dann liegen sie tot am Boden und wundern sich, dass die Sache, die sie gemacht haben, gefährlich war! Ja da liegt man dann tot am Boden. Muss man sich auch nicht wundern. Prinzipiell nimmt man den Tod schon allein durch das Leben billigend in Kauf. Man verlängert ihn nur dadurch, dass man seltener fliegt. Man verlängert ihn noch mehr dadurch, dass man schon gar nicht mit spanischen Fluggesellschaften fliegt, in denen sich die Passagiere willkürlich umsetzen, wenn's zu brennen anfängt.

Ich flieg' eh nicht, ich fahr' den ganzen Tag Auto und vielleicht überfahre ich auch mal einen Spanier und frag' danach: ›Sind Sie Spanier oder Deutscher? 'Tschuldigung, ich hab' mich vertan! Hahaha.‹«

SHN, Kapitel 12:
Olympia

Serdar zuhause, Olympia läuft im Hintergrund auf einem Fernsehbildschirm: »Oh, Gott sei Dank ist diese Olympiade bald vorbei! Diese Minderveranstaltung, in der irgendwelche mit Drogen vollgepumpten Halbsportler Leistungen erzielen, die ich nicht verlange, ja!

Meine Güte, ist mir das auf den Sack gegangen! Wahrscheinlich hätte ich 'ne Goldmedaille kriegen müssen, dafür, das ich's überhaupt geguckt habe, ja! Bayer Dormagen präsentiert Ihnen die Olympiade. Ich will die Olympiade nicht mehr sehen, aber ich hab 'se trotzdem geguckt, was will man denn sonst gucken? RTL? Nein! Irgendwelche Österreicher stemmen Gewichte, 300 Kilogramm und sind aber nicht mehr Österreicher. Ja! Gut, das hat sich bewährt, eingebürgerte Österreicher waren schon immer sehr erfolgreich, ja.

Isabell Werth reitet auf Satchmo, hahaha. Das ist der Spitzname von Louis Armstrong gewesen! Also Isabell Werth, muss es eigentlich heißen, reitet auf Louis Armstrong der Goldmedaille entgegen. Dressurreiten! Frauen mit Zylinder sitzen auf 'nem Pferd, das geflochtene Haare hat, und das Pferd, das geht nicht geradeaus, sondern seitlich. Meine Güte, was für ein Scheiß ist das! Warum haben Frauen so 'ne Affinität zu Pferden? Wahrscheinlich, weil 'se 'ne gestörte Vaterbeziehung haben und sich lieber auf'n Gaul setzen, statt sich unter ihren Alten zu legen. Isabell Werth! Wahrscheinlich reitet die sonst ihren Freund durch irgendwelche Lustparcours mit ihren Beinen. Und weil 'se nicht genug bekommt, setzt 'se sich dann auch noch auf so 'n Klappertier, ja, kriegt dann die Goldmedaille dafür und das Team – nein, sie hat ja nur Silber bekommen –, das Team war enttäuscht, der Gaul hat gebockt, weil er sich nicht massakrieren ließ und weil sie ihn nicht lange genug gequält und unterdrückt haben.

Das ist Olympia! Meine Güte! Und dann dieser eine Turner, der auf die Fresse gefallen ist, oder Oksana, die Kunstturnerin, auch Deutsche. Oksana, ist nicht verdächtig, aber Deutsche! Kann noch nicht mal 'nen geraden Satz Deutsch sprechen, ist aber Deutsche, wenn sie 'ne Goldmedaille kriegt. So wie Fatih Akın auch 'n deutscher Regisseur ist, wenn er in Cannes die Goldene Palme bekommt.

Meine Güte! Und dann diese 100-, 200-, 300-Meter-Läufe, wo die Bimbos so laufen, als wären die Wilderer mit ihren Kanonen hinter ihnen her! Ja, das interessiert mich nicht! Da kannste mir auch 'nen Drogenkongress zeigen, auf dem man irgendwie Reise nach Jerusalem spielt.

Ja und dann hier, Beachvolleyball, was ist das für 'ne Sportart? Beachvolleyball.

Sollen sie sich irgendwie noch ein Becks Gold aufmachen dabei. Und die Frauen haben Schenkel, ja, das sieht aus wie, ich weiß nicht, in der Metzgerei!

Und 'ne weiße Hose hat sie an, na gut, dass die mal nicht ihre Tage hat!

Eine ganz schön lesbische Veranstaltung! Überhaupt ist diese ganze Olympiade 'ne lesbische Veranstaltung. Ach, was reg' ich mich auf? Die nächste Veranstaltung kommt ja schon. Dann haben wir wieder Europa-, Weltmeister-, Dorfmeisterschaft, was wieder zelebriert wird, 24 Stunden am Tag, bis man kotzen muss! Ich guck' ja schon kein Fußball mehr. Das ist Präventiv-Ignoranz, damit der Fußball noch 'nen Wert bewahrt für mich, ja. Da guck' ich's einfach nicht mehr, weil sonst könnt' ich's 10 bis 15 Millionen Stunden am Tag gucken.

Meine Güte, diese Wichs-Eventkultur, da ess' ich lieber Nutella und geh' auf 'n Bolzplatz.«

Schwul sein

Serdar fährt im Auto: »Ich wach' manchmal auf und denk', was hab' ich für 'n Scheiß geträumt heute Nacht! Letzte Nacht zum Beispiel habe ich geträumt, ich wach' auf und bin schwul, uähhh, und steh' plötzlich auf Schwänze oder so was. Oder auf mein eigenen Schwanz, so oooh, oooh, oooh, ich glaub', ich muss mein Schwanz, der ist so fett, ich muss den irgendjemanden ins Arschloch rammen! Ja, Schwule ficken sich ja in 'n Arsch. Bei mir kommt aus'm Arsch Kacke raus. Da stecken andere ihre Pimmel rein! Gut, ich würd's höchstens machen, wenn ich's mir nachher wieder sauber lecken lasse. Neugriechisch sozusagen. Man fickt sich doch nicht in den Arsch! Gut, Frauen fickt man manchmal in den Arsch, um ihnen ihre Grenzen aufzuzeigen, um sie zu demütigen, aber Männer?

Ne. Ich finde, das ist gegen die Natur. Ja, man sieht das auch bei den Schwulen, die die gefickt werden, haben meisten so aufgedunsene Gesichter, und ich glaube, die werden auch tuntig, weil sie weibliches Verhalten assimilieren. Die wissen nämlich, dass es gegen die Natur ist, und um es zu kompensieren, dass es gegen die Natur ist, und irgendwann Gott sie bestrafen wird, verhalten sie sich präventiv so wie 'ne Frau.

Warum werden die Schwulen, wenn sie schwul sind, so wie die Frauen, vor denen sie Angst gehabt haben, bevor sie schwul wurden? Wahnsinn!

Oder Lesben. Lesben sind so wie Männer, manche Lesben jedenfalls. Die verhalten sich so wie die Männer, von denen sie sich getrennt haben, bevor sie lesbisch wurden, ja. Und alle sehen gleich aus. Kurze blonde Haare, Lederhose, Motorradlesbe, ja, kurze Ärmel und man rasiert sich auch nicht als Lesbe. Ist man keine Frau mehr, wenn man lesbisch ist, ist man ein Männerplagiat? Ist man, wenn man schwul ist, plötzlich 'ne halbe Frau? Eigentlich müsste man doch, wenn man schwul ist, nicht 'nen anderen Mann penetrieren, das ist doch heterosexuell. Eigentlich müsste man doch eigentlich, wenn man homosexuell ist, mit den Pimmeln streiten, fechten sozusagen, dann wär' man homosexuell. Und Lesben müssten nur ihre Muschis aneinanderreiben, aber nein, sie kaufen sich 'n Dildo, den sie reinstecken, ja, was ist denn daran lesbisch? Das ist heterosexuell ohne Mann! Und Arschficken ist schwul ohne Frau! Na ja, gut, was reg' ich mich darüber auf? Ich bin ja Gott sei Dank nicht schwul! Ich bin froh, wenn ich 'ne Frau sehe! Manchmal wichs' ich so lange, bis ich Schmerzen in der Leistengegend hab', und es fühlt sich dann so an, als hätte mir jemand in den Arsch gefickt. Man, was bringt das, wenn man so lange auf Frauen wichst, damit man nicht mehr merkt, dass man schwul ist und dann Schmerzen hat, als wäre man gerade gerammelt worden! Das geht mir auf'n Sack! Ich will mir das Wichsen nicht beeinflussen lassen von irgendwelchen Strategien. Mittlerweile ist ja jeder schwul, man geht in die Bank und sieht, der hat 'nen Ohrring an, aaaah! Ja, man sieht irgendwelche Leute, die einem vorschwärmen von Darkrooms, man muss ja alles mal ausprobiert haben, alles muss man mal ausprobiert haben!

Ich will's jetzt auch mal ausprobieren, ich will jetzt ficken! Und zwar 'nen Mann oder 'nen kleinen Jungen, noch viel besser. Ist ja sowieso komisch, was das auf sich hat, wie verblendet muss man da sein? Aber das ist normal mittlerweile.

Wir leben ja auf einem Marktplatz, jeder kann alles zu jeder Zeit äußern, ob er sich 'nen Pfropfen in die Fresse steckt oder sich anpinkeln lässt oder Kacke frisst, ja.

Es ist dein Nachbar, du siehst ihn im Fernsehen, wie er auf VOX erzählt: ›Wollte alles mal ausprobieren.‹ Ja, ihm ist das vollkommen egal, Hauptsache, er kann seinem Exhibitionismus frönen, ja.

Da sind mir doch die Kopftücher lieber, die verhüllen wenigstens das, was man sowieso nicht sehen will. Meinst du, ich will so 'ne fette Trine, so 'ne Tonne sehen? Gut, dass sie sich verkleidet hat! Schlimm wär's, wenn Pamela Anderson 'n Kopftuch tragen würde, das wär' 'n Trauerfall. Deswegen trägt sie ja ein Kopftuch sozusagen. Hahaha, na ja, die Leute merken es eben nicht. Der Einzige, der's merkt, bin ich. Aber mich fragt ja keiner. Und dann wacht man morgens auf und eh man sich versieht, ist man schwul, häää.«

SHN, Kapitel 14:
USA-Terror

Serdar sitzt vor einem Bücherregal: »Today I like to talk to you about Religion. Religion and Internet, because this two things are connected with each other. Excuse me for my English, I'm not good English speaker, because I come from äh Kaukasus, Georgia somewhere in between Afghanistan and Pakistan.

I'm not Terrorist, but I sometimes have terroristic thoughts, yeah look, now I have one (guckt verwirrt), now it's gone.

Now, what I wanted to say: I think, the increase of religious thoughts has something to do with the influence of American policy to the people. And American policy is very easy to explain. It's sex, crime and drugs. And selling drugs, selling sex and having crime, criminal sex after taking drugs. And everything is for money, for oil, for industry, war industry and something, I can't explain US policy, it's too complicated. But American policy, South American not so much as US policy is causing the increase of religious thoughts.

People aren't religious actually, I mean, who wants to suffer? And religion means suffering.

People are interested in freedom, they want to have holidays, they want to have their pocket full of money and they want to masturbate or is it maslim or muslim, mas, mus, mastru-muslim?

But why do people in the 21th century start to think like in the Middle Age again? Because they see in the opposite people become gay and everyone is naked. You don't have women anymore, which wear good negligee or give you the anticipation of a good body, everything is for free.

Even ten years ago, to find a good masturbation image, you have to pay more, much, lot of money! Now you switch Internet, you see fucking women, sucking women, dicking women, assfucking women, women, women. Women with women, women with dog, men with horse, men with child, shit eating women, kissing after puking in their – everything is available and I have to puke myself sometimes! But I'm not worth a poor feeling, I'm not religious, so I can concrete this, I have to bare it. Now after the Internet came to the scene, everything changed. Because, I mean, some years ago, for a good masturbation you only had to pay five dollars or five Euros and then you had to make it somewhere hidden from the outside. Now you can sit in your living room, switch on the internet and – tak – bum – peng – tschung – tak – tuk – you can masturbate whole day long!«

Serdar sitzt vor einem Bücherregal: »And after that, if you don't like it, you can give stars. You can say: ›Video was no good: two stars. My dick was not too hard: two stars.‹

And if the dick was very hard you say: ›Five stars‹, because opinion in these days, opinion is very important.

The Internet creates opinion, and opinion creates money-business. So the capitalism of the western world has understood that opinion is so important to make business that they ask you every time, even when things are not ready, what your opinion is. You see a movie and even if the movie is not finished yet, they ask you opinion, opinion, opinion! You go to the election and before the election starts they ask you every week about your opinion, fucking opinion! So and you think that your opinion actually decides the election but no! The election is still to come in 12 months, like now in the US. Everyone thought that Obama would be the next president of the US. But think clearly! Can a black man ever be a president in the US?

No! There are two things that will never happen in the US: A black man and a woman won't become the president of the US, because US people are clever. Yeah, so, this is another topic. Next week I am going to talk about that.

What I wanted to say is, if you want to be a terrorist, a real terrorist, a mean terrorist – don't be religious. Because when you are religious you suffer and you have to make your own life small. You don't need to have Ramadan, you don't fuck to be a honours man, you don't drink. But if you drink then you can think much more terroristic! If you fuck when you want to fuck, you can kill other people with a good feeling! So drink, eat, fuck, don't be religious!

You can be religious, too, but don't be a terrorist and religious at both! So, what I wanted to say, if you want to destroy western capitalism, don't go into the Internet anymore! Stop going to the Internet! I mean, go somewhere else. Why are you watching this video? It's boring! I know, it's boring. You will write this in your fucking – pipi – mupi – pipi opinion after that: >I don't like the video: one star.< Who cares about your opinion? I'm just talking to myself, after that I'm going to disappear in the Internet again. And you? You are sitting in front and looking, looking, looking, waiting, waiting, because you expect the things that you are not able to do from other people. So go away.

You still here? Now, then go and be a terrorist. Nothing. So you won't be a terrorist, you won't switch off the video, what, what do you want to do, go masturbate? No!

We can share a lot of time together by doing nothing, by thinking. Everybody wants real feelings, this is not real, like a tomato which is generetic, genetic deformed. A tomato is a tomato when it's red and tastes like sugar. But when you go to the supermarket it's no tomato, it's chewing gum in a tomato shape!

I sometimes think to myself, why isn't the industry able to make the taste of a tomato like a tomato when it's able to look a tomato like a tomato. I'm going to kill myself when I'm saying the word tomato once again!

Okay, that's all for the moment, don't be angry and fuck your opinion, write it in your own Internet!«

SHN, Kapitel 15:
TV-Gebühren

Serdar fährt im Auto: »Also mittlerweile ne, mittlerweile da hab' ich mich der Verblödung schon ergeben. Früher hab' ich noch Widerstand geleistet, da hab' ich noch versucht, intellektuell zu sein, auf intellektueller Ebene dagegen zu schießen. Mittlerweile – pah, da nehm' ich nur noch teil am Geschehen und deswegen guck' ich auch alles, zum Beispiel Fernsehen. Ich gucke alles, alles, was mir vorgegeben wird, ja. Es wird ja gemacht, damit es geguckt werden soll, von klugen Leuten, ja. Und am besten find' ich RTL und diesen ganze Scheißdreck, der in den Privaten läuft, Sat1, Fuck 1, Proll 7, Kabel 2, Tele 3, Kanal 4, Nutte 5, DSF, Deutsches Kackfernsehen, wie viele Sender es gibt, weiß ich nicht! Hauptsache, ich hab' Zeit genug, umzuschalten, und Kotze genug im Hals. Ja, ich guck's halt, es ist ja für mich gemacht, von klugen Leuten. Mal ist es gemacht, damit ich geil werde, mal ist es gemacht, damit ich Hunger kriege, mal ist es gemacht, damit ich lache, hehehehee. Besonders damit ich unterhalten werde. Fernsehen ist nichts anderes als 'ne Proll-Box, Ablenkungsmanöver für Anspruchslose.

Ja, Brot und Spiele, das haben die Römer schon begriffen. Die Leute sollen bei Laune gehalten werden, damit sie nicht merken, wie wenig Geld sie noch in der Kasse haben. Hartz XVII! Ja und dann wird so 'n Programm gemacht von besonders klugen, studierten Leuten. Autoren nennen die sich – Autoren! Weiß jemand was 'n Autor ist? Weiß jemand was 'n Autor ist?! Was ist 'n Autor?!

Ein Auto mit R, ja. Vollidioten, Germanistikstudenten, die ihren Abschluss nicht geschafft haben. Pedagogie, Pädagogie ... pädophile

Kackogie, Pornographiestudenten, die nichts Besseres zu tun haben, als sich den ganzen Tag darüber Gedanken zu machen, worüber ich lachen kann. Ich kann nicht lachen! Besonders nicht über Witze, die geschrieben sind. Ich kann nur lachen über Witze, die entstehen aus'm Nichts. So wie ich nur bumsen kann, wenn ich nicht damit rechne, das mir 'ne Fotze übern Weg läuft.

Aber wenn Autoren schon Witze schreiben, dann riecht's nach Fotze und dann kommen da so Formate wie Sketch-Comedy-Shows bei rum, ja. Wunderbar, die lustigen Vier oder Switch oder Titch oder Mitch oder Kitsch!

Und dann werden Ikonen zelebriert wie Bernhard Hoecker. Was hat Bernhard Hoecker schon an Lustigem geleistet für dieses Leben und diese Welt, dass er da ist, wo er ist? Im Panel bei *Genial Daneben*, was ich schon 500 000 Mal gesehen hab'! Ich kann's nicht mehr sehen! Diese Fotzenlesbe meint, sie wär' irgendwie intelligent, aber eigentlich nur fett ist und von meinem Mitleid und meiner Toleranz gegenüber Lesben existiert. Wenn sie 'ne Heterosexuelle wär', wär' sie einfach nur 'ne fette, hässliche, ungebumste Schachtel! Aber weil 'se lesbisch ist, darf 'se was machen im Fernsehen, da hat 'se Platz. Im Fernsehen haben alle Platz und wenn 'se genug Platz eingenommen haben, dauerhaft sich von Autoren haben versorgen lassen, mit miesen Witzen, dann werden 'se auf Preisverleihungen zelebriert, die die Sender selbst erfinden, weil sie kein Programm haben. Haben ja schon genug Chartshows gemacht, mit den Restschnipseln irgendwelcher aufbereiteten Sendungen, meist von Oliver Geißen moderiert und auf dem Sofa sitzt Peter Stein. Ich weiß nicht, wer Peter Stein ist, aber ich hab' ihn schon so oft gesehen, dass ich glaube, er muss was Wichtiges sein! Und dann kommen die Preisverleihungen, ja, Kopien von amerikanischen Preisverleihungen. Düdüdüdü: ›Der Preis für das Lebenswerk geht an Rudi Carell‹, dessen einzige Leistung darin besteht, noch rechtzeitig gestorben zu sein, bevor er die mieseste Pointe seines Lebens gebracht hat. Nämlich dass er zu viel geraucht hat und an Krebs verreckt ist.

Der Einzige, der keine Preise bekommt, bin ich! Obwohl ich sie alle verdient hätte! Alle! Der Preis für das Lebenswerk, der Preis für den hasserfülltesten Kindermörder, der Preis für den Lieblingstürken geht an ... Ja, meinen Namen können sie aber nicht aussprechen. Außerdem, was soll ich schon mit Preisen? Ich wüsste nicht, welche Rede ich halten soll. ›Vielen Dank, ich hab' nicht damit gerechnet.‹ Natürlich hab' ich damit gerechnet! Nimm den Preis, halt die Fresse, tu nicht auch noch so, als hättest du nicht damit gerechnet! Dieses Kokettiergehabe von diesen billigen Models, die dann da rumstehen, schlecht gebumste Zweckmatratzen, Penisablagestellen! Was reg' ich mich denn auf, ich krieg' eh keine Preise. Ich krieg' nur Rechnungen. Hahah: ›Die Rechnung für den höchsten Stromverbrauch geht an ...‹ Wenn ich wenigstens mal was kriegen würde, aber nein, ich krieg' nur Rechnungen. Und Fernsehgebühren auch, muss ich auch zahlen. Da kann ich mich wenigstens mal drüber aufregen.

Gott sei Dank ist dieser scheiß Sommer bald vorbei! Meine Güte! Ständig kokettieren die Leute mit der Apokalypse. Am schlimmsten ist es im Sommer, da wird auf die Goldwaage gelegt, wie das Wetter ist. Wetterberichte rund um die Uhr, per Internet, per SMS, im Fernsehen im Radio: ›Wie wird das Wetter?‹ Und wenn das Wetter nicht so wird, wie man's erwartet, weil man immer anderes erwartet, als das, was kommt, dann regt man sich auf und hat Angst. Die Welt geht unter! Die Welt geht unter, ist viel zu warm, ist viel zu warm! Da ist es mal zwei Grad wärmer: ›Ist viel zu warm! Ist viel zu warm!‹ Dann ist es mal fünf Tage kalt: ›Ist viel zu kalt! Es regnet, es regnet, es regnet, die Welt geht unter!‹

Dabei, was passiert denn, wenn's regnet? Was passiert denn dann? Nichts, dann werden die Pflanzen halt gewässert, dann wird's gesünder, dann wachsen die Bäume, dann sind die Tiere froh und fröhlich und jauchzen, weil sie was zu trinken haben! Aber die Leute sind nie zufrieden, die Leute müssen immer jammern! Jammern ist Kultur. Man kann nicht mal zufrieden sein. Und wenn im Sommer halt minus 20 Grad ist, weil man hat ja den Kühlschrank voll zu essen, man kann ja seine Heizung aufdrehen, wenn nicht Sommer genug ist, dann hat man halt Wohnzimmersommer! Und wenn es im Winter zu warm ist, dann meckern 'se auch: ›Weihnachten kein Schnee!‹ Es muss ja alles immer so sein, wie es die Werbeindustrie gerne hätte. ›Jingle bells, jingle bells‹, und dann muss es schön schneien, am besten noch am 24. Dezember. Am besten kommt noch der Weihnachtsmann persönlich auf seinem schönen Schlitten dahergeflogen und haut dir mit dem Sack einen auf den Kopf. Oder mit dem Kopf einen auf den Sack …«

SHN, Kapitel 16:

Der Hassprediger schlüpft in den Körper von Mario Barth

Serdar spricht aus dem Off; zu sehen ist Mario Barth auf der Bühne: »Ich bin nicht mehr geil! Es funktioniert nicht mehr! Mein Schwanz ist ein lebloses Stück, ich rede über ein Phänomen, das ich nicht mehr erfahre! Neulich hab' ich sogar die Suppe mit meinem Pimmel umgerührt, dann noch versucht auszuschlürfen und dann im richtigen Moment wieder loszuwerden.

Ja, ja, so was kennen Sie alle gar nicht. Ich weiß nicht, wie viele von Ihnen eben im Klo noch gewichst haben und jetzt so tun, als würd' ich Dinge sagen, die man nicht sagen darf.

Im Kabarett darf man alles sagen! Hier ist Kabarett, wir sind hier nicht auf'm Kongress der Katholiken. Und wenn's Ihnen nicht passt, dann gehen Sie zu Serdar Somuncu ins Olympiastadion, das haben ja andere Kabarettisten vor ihm auch schon voll gemacht.«

Serdar als M. Barth: »Hab' ich gesagt, ne, kennt ihr dat, kennt ihr dat? Hab' ick gesagt, pass ma' auf, kennt ihr dat?«

Serdar: »Halt die Fresse, du Sackgesicht!«

Serdar als M. Barth: »Ne, kennt ihr dat, kennt ihr dat …?«

Serdar: »Ja, kennen wir! Kenn' dich selbst, du Hammel!«

Serdar als M. Barth: »Ne, kennt ihr dat, kennt ihr …?«

Serdar: »Halt die Fresse!«

Serdar als M. Barth: »Ick hab' jetzt hier mit meiner Freundin, hab' ick hier, pass ma' auf …«

Serdar: »Halt die Fresse, du …! Was macht der? Der diskreditiert seine eigene Freundin vor einem Millionenpublikum. Der soll sie besser vögeln, dann muss er kein Kabarett machen! Aber auch die ganzen anderen Penner gehen mir auf den Sack, Kabarettisten, bäh! Morgen ist Hennes Bender hier, der könnte auch das Olympiastadion voll machen. Müsste sich durch 'ne Fleisch-Hexelmaschine aus'm Hubschrauber fallen lassen. Guck mal, ich hab' hier noch 'n bisschen Hennes Bender.

Wissen Sie, die Denunzianten unter Ihnen, die jetzt schon ihr Handy gezückt haben und bei der Kabarett-Stasi anrufen: ›Hier, ick hab' gehört, der hat den Hennes Bender verpetzt, wa', die sollten wissen, Hennes und ich, wir kennen uns. Wir lachen nachher über Sie. Wir zählen die Anrufe. Hey, guck' mal, wieder einer, haha!‹

Sie merken, ich mach' mir über die unterschiedlichsten Dinge Gedanken, ich bin nicht mehr Kabarettist weder Comedian, ich bin Philosoph. Philosoph, tatsächlich, denn ich denke nur noch über die wesentlichsten Dinge des Lebens nach.

Je mehr ich sehe, desto mehr versuche ich zu verstehen, je mehr ich verstehe, desto näher gerate ich an den Rand des kreativen Wahnsinns. Und ich frage mich mittlerweile Dinge, die sich kein anderer Mensch außer mir fragt.

Wie schafft es zum Beispiel jede Fliege durch eine noch so verfickte kleine Spalte ins Zimmer zu kommen, aber nicht wieder raus? Sie kommt doch rein. Ist die Fliege ein Symbol, für die Sehnsucht des Menschen nach Freiheit? Oder ist es ein Fliege gewordener Ossi?

Scheiß Ossis, kommen nach Deutschland, nehmen uns Türken die Arbeitsplätze weg!«

Serdar imitiert einen schlecht Deutsch sprechenden Türken: »Ey, ich brauch' Moschee, ne! Ich hab' gerade voll die religiöse Feeling, ich will Mosche gehen.«

Serdar: »Heißt es Moschee oder Moche? Heißt doch Muschi auch oder nicht? Muschi und Mosche.«

Serdar imitiert einen schlecht Deutsch sprechenden Türken: »Ey, willst du mit mein Ehre spielen oder was?«

Serdar: »Lass deine Ehre bei dir, ich will mit dir nicht spielen!«

Serdar imitiert einen schlecht Deutsch sprechenden Türken: »Mein Ehre, ne, guck' ma, eh! Ich hab' voll Ehre, eh!«

Serdar: »Wasch dich!«

Serdar imitiert einen schlecht Deutsch sprechenden Türken: »Ehh!«

Serdar: »Rasier' dich!«

Serdar imitiert einen schlecht Deutsch sprechenden Türken: »Eehh!«

Serdar: »Hör' auf, aus dem Maul zu stinken und es Ramadan zu nennen! Ja, mir gehen diese Türken auch auf'n Sack, auf die Sie reinfallen.

Sie in ihrer Übertoleranz, so: ›Ja, Scheiße, ey, wir sind Nazis, komm', lass' die Türken ihre Mosche bauen.‹

Lernen Sie doch lieber Türkisch, dann können Sie die Türken in ihrer Muttersprache diskriminieren!

Da parieren die Türken auf den Punkt!

Aber was haben Sie gelernt? Italienisch, Französisch. Jetzt sitzen Sie in der Imbissbude und bestellen: ›Duo Espresso silvu plais!‹««

Menschenfresser

Serdar fährt im Auto: »Ich frag' mich schon seit längerer Zeit, was ich an einem Menschen, wenn ich einen Menschen fressen müsste – kann ja passieren, sonntags irgendwie, wenn man nichts mehr hat, oder Edeka ist zu –, was ich dann essen würde an einem Menschen. Manche machen das ja professionell, wohnen vorher bei ihrer Mutter in Rotenburg und inserieren und dann bestellen sie sich jemanden, den sie ausweiden und schlachten und dann stellen sie erst, wenn der Pimmel in der Pfanne liegt, fest, dass 'n Pimmel schrumpft, wenn man ihn abschneidet vom Körper. Weiß nicht, wie viele Leute so ihre Nachbarn schon verspeist haben. Und wenn man schon den Pimmel abgeschnitten hat, muss man ja auch den Rest essen, oder man konserviert ihn, schneidet ihn in kleine Stücke und lagert ihn dann in der Tiefkühltruhe. Ja und so bin ich darauf gekommen, da hab' ich überlegt, wenn ich jetzt 'n Menschen essen müsste, welches Körperteil würd' mir am besten schmecken? Und da wusste ich sofort, der Daumen! Der Daumen würde mir am besten schmecken, hier dieses fleischige Stück, das würde ich abreißen und dann wie so 'ne Hähnchenkeule auf den Grill legen. Ja, vorher 'n bisschen marinieren und dann könnte man's hervorragend abnagen. Sind ja auch nicht viele Knochen, man weiß, wie man dran nagen muss, und ich glaube, noch besser würde es schmecken, wenn es nicht mein eigener Daumen, sondern ein Säuglingsdaumen wär', ganz zart und klein. Der Säugling würd' eh nicht merken, wenn man ihm den Daumen abreißt, während er schläft. Irgendwann wenn er erwachsen ist, fragt er sich: ›Oh, wo ist denn mein Daumen?‹ und dann sagt man ihm, ein böser Mann hat ihn damals abgerissen und als Stück Fleisch auf den Grill gelegt. Und der Säugling wär' vielleicht sogar stolz, so hat sein Daumen eine andere Verwendung als in seinem Mund zu landen oder im Arsch von seiner späteren Freundin.

Säuglinge schmecken wahrscheinlich sowieso sehr gut. Ich meine, man isst keine kleinen Kinder. Man schlägt Kinder, ja, man misshandelt Kinder, ja, man sperrt sie in den Keller, 15, 25, 35 Jahre lang, aber man isst keine Kinder, noch jedenfalls nicht. Ich bin mir sicher, es wird eine Zeit kommen, in der wird's sogar Internetforen geben, in denen man sich darüber austauscht, wie man am besten einen Säugling mariniert und dann in den Backofen schiebt, mit seinem eigenen Sud übergießt, mit Thymian würzt und mit Knoblauch spickt. Aber wahrscheinlich schmecken Säuglinge einfach gut, wahrscheinlich muss man's einfach zugeben.

Das sind ja nur unsere moralischen Grenzen, die es uns nicht ermöglichen, auch mal in eine Säuglingswade zu beißen, ohne schlechtes Gewissen.

Sagen auch die Schwulen, man muss alles mal ausprobiert haben, bevor man es kritisiert. Warum soll man also nicht auch mal 'n Säugling ausprobiert haben, ja?

Gut, man kann auch Prominente essen, ja, das geht zum Beispiel auch. Helmut Kohl in eigenem Saft, hahaha. Obwohl, ich weiß nicht, ob mir das schmecken würde. Ich weiß auch nicht, ob Angela Merkel mir schmecken würde, selbst wenn sie mit Kapern und weißer Sauce angerichtet wäre. Weiße Sauce, die wahrscheinlich aus der Wichse ihres Ehemanns angerührt ist, ja. Merkel à la Mecklenburg, ja, ja. Oder Heidi Klum, schmeckt wahrscheinlich auch nicht schlecht, obwohl vielleicht ein bisschen orangenhautig, aber man könnte das ausgleichen, indem man es mit Zitronengras verfeinert und 'n bisschen Orangenbaumblätter dazu macht, ja. Indonesischer Art, Heidi Klum à la Bali-Art, ja, ja, so was zum Beispiel. Man könnte auch Yvonne Catterfeld essen, in dünne Scheiben geschnitten, paniert und dann in der Pfanne gebraten, mit ein paar Kartöffelchen, ja, das ist Thüringer Art, Yvonne Catterfeld Thüringer Art.

Man müsste eigentlich alle essen, die man hasst. Man müsste sozusagen seine Zuneigung und seine Abneigung gegenüber anderen internalisieren, indem man sie ins Nichts verwandelt, einfach isst, zum Teil seiner selbst werden lässt.

Es ist ja nicht, dass ich der Erste bin, der solche Ideen hat. Auf Papua-Neuguinea zum Beispiel isst man die Gehirne seiner verstorbenen Verwandten, damit die Seele sich nicht verflüchtigt, damit der Verwandte in einem weiterlebt. Ist doch auch in Ordnung. Gut, einige behaupten, man würde davon krank werden, es gebe diese Krankheit, Screepy oder Serp... Schruppi... also so 'ne Art Creutzfeldt-Jakob, ja aber bitte schön, doch nicht hier! Die Papua-Neuguinesen, die werden krank, weil sie schon von vorne herein schuldig sind, als Untermenschen in der Südsee irgendwas getan zu haben, einfach nur zu existieren, und da haben sie sich ihre Krankheit redlich verdient! Der liebe Gott hat ihnen halt nur 'n Vorwand gegeben, um krank zu werden, und benennt es Screepy und sagt, das ist, weil ihr die Gehirne eurer Verwandten esst! Dabei ist das 'ne ganz andere Strafmaßnahme, die niemand durchschaut.

Ja, Strafmaßnahmen treffen sowieso nur Untermenschen. Globale Katastrophen, die treffen doch nie mich, hehe, nie! Hab' ich schon mal einen Tsunami erlebt? Gibt's hier eine Malaria-Mücke?

Aber nein!

Ich fahre in den Urlaub und guck' mir an, wie die anderen vor sich hin vegetieren, und deswegen fände ich es auch ganz logisch, wenn man dazu übergeht, mal andere Tischsitten einzuführen.

Nicht nur arme Hühner und Schweine und was weiß ich zu schlachten, sondern auch ruhig seinesgleichen mal zu betrachten als ein Stück kulinarischer Erweiterung. Ja, warum nicht, hahaha.

Man müsste dann nur aufpassen, weil, wenn ich andere essen will, also hungrig werde, plötzlich, auf meinen Nachbarn oder auf irgendwelche anderen Leute, dann glaube ich, werden die auch irgendwann hungrig auf mich. Und ich will nicht unbedingt gegessen werden. Also ich weiß, das könnte ein schöner Tod sein, wenn mich jemand isst, weil ich dann denke, ich bin im Bauch von jemandem und lebe weiter, aber ich, ich möchte nicht, dass mir jemand in den Zeh beißt, ja. Auch wenn ich tot bin, möchte ich nicht denken, dass an irgendeinem Gelagetisch mein Pimmel auf einer Pfanne drapiert mit Tomaten, Zwiebeln und Auberginen ist und Leute dann in meine Eichel beißen und sagen: ›Hmmm, schmeckt!‹ Also in meine Eichel beißen, prinzipiell, dran probieren und dran zu tun, das ist okay! Aber bitte nicht bei Gelagen fremder Leute, nachdem mein Pimmel abgestorben ist, ja, hahaha.

Man bekommt ja das sowieso nicht zu Lebzeiten, was man sich wünscht, ja, Ruhm, Ehre, man bekommt das Meiste immer, wenn man gestorben ist, insofern was interessiert es mich eigentlich? Lass die Leute doch meinen Pimmel essen, wenn ich tot bin, hahaha.

Ich schmecke wahrscheinlich sowieso ziemlich zäh, man müsste mich abhängen und vorher ausweiden. Und dann ist das Fleisch faserig und bitter, verbittertes Fleisch. Mich will ja eh niemand essen. Das wär' doch mal was, wenn mich jemand essen würde. Oder wenigstens mal an mir probieren.«

SHN, Kapitel 18:
GröPaZ

Trailer: »Bernd Eichelfinger präsentiert: ›Kohl explodiert.‹ Demnächst im Kino.«

Serdar in einem dunklen Raum: »Jetzt kommt ja wieder ein Film in die Kinos, vom größten Produzenten aller Zeiten dem Gröpaz Bernd Eichelfinger.

Der hat sich gedacht: ›Na ja, wo wir mit dem Untergang schon 'n Riesen-Coup gelandet haben, zum 60. Jahrestag des Kriegsendes den Führer aus der Perspektive seiner Privatsekretärin gezeigt haben, wie er freiwillig in den Tod ging – man hätte mal die KZ-Überlebenden fragen sollen, wie sie das Ganze gesehen haben –, da könnten wir doch jetzt auch mal den Baader-Meinhof-Komplex von außen – ein Buch, das seit 20 Jahren im Regal steht und ungelesen ist – als Film bringen. Ja genau und dann nehmen wir uns die größten Schauspieler der Republik, Models und Starletts – die über den Teppich laufen und von Andreas Baader persönlich erschossen werden würden – und denen drücken wir mal 'ne schöne Rolle auf.‹

Und die sagen dann im Making-of: ›Das war unglaublich schwer!‹ Und ich denk' mir ja, je schwerer die Rolle, desto dümmer der Schauspieler! Oder andersrum. Meine Güte, Bernd Eichelfinger muss immer dann kommen, wenn es irgendwas zu vermarkten gibt, das ist so durchschaubar, und seine Millionen in solche Projekte stecken, statt Projekte gegen Rechtsradikalismus zu fördern oder zu erklären, was eigentlich Baader und Konsorten wollten, was politische Prozesse bedeuten, die Aufarbeitung des Nationalsozialismus, ob die vollständig war oder ob die RAF sie vollständiger machen wollte. Welchen Antagonismus Baader meinte, warum Prinzing abgesetzt wurde, all diese Kacke, ja, die interessiert die Zuschauer nicht, die ins Kino wackeln. Die wollen eine Liebesgeschichte sehen – Bäng, bäng! Puff, puff! Harold and Maude neuzeitlich wieder gegeben.

Meine Güte, so eine Kotze!

Und Bernd Eichelfinger, der gehört eigentlich zu Promi-Duell in den Kochtopf!

Der sollte aufhören, Filme zu drehen, die mich aufregen. Und Bruno Ganz sollte aufhören, seine Fresse in die Kamera zu halten. Für den hab' ich ja eh nichts mehr übrig, seitdem er gesagt hat: ›Als ich die Uniform trug, vom Adolf, da ging mir so ein Schauer durch die Glieder.‹ Ja, mir geht ein Schauer durchs Glied, wenn ich dich sehe, du Pappnase, da muss ich gleichzeitig kotzen und pissen!«

Off-Stimme: »*Hatenight* interaktiv: Lasst Serdar für euch hassen! Schickt uns eure Themen- oder Videovorschläge an Hatenight@ radical-comedy.de; Serdar wird sie kommentieren, direkt und ohne Kompromisse.«

Der Hassprediger über Geld, Propaganda und Korruption

Hinweis an den Leser: Das Thema dieser Folge wurde von Zuschauern vorgeschlagen.

Serdar im Auto: »Jetzt haben die Banken ja 'ne Krise, hahah. Die Banken haben eine Krise, hahaha. Was geht mir das am Arsch vorbei? Wenn ich mir mal Geld von der Bank leihen will, ja, dann geht's der Bank auch am Arsch vorbei. Untersuchen die vorher jeden Kackstreifen in meiner Hose, um mir dann zu sagen: ›Nein, Sie sind nicht kreditwürdig.‹ Ja, aber die Bank ist kreditwürdig, will sogar an unsere Steuern ran, damit sie ihre selbst verbockten Fehler wieder ausmerzen kann. Wohin ist denn das Geld gegangen? In falsche Spekulationen. Ich möchte gar nicht wissen, wohin sonst noch. Was der Herr Kackermann so alles finanziert hat, welche Kriege auf dieser Welt mit Geldern aus Banken finanziert wurden, mit Krediten. Kriege kosten doch Geld! Jeden Tag Milliarden dafür, dass man anderen Leuten die Köpfe wegbombt und es Demokratisierungsprozess nennt. Wo ist denn der Irak demokratisiert, bitte schön? Der Irak ist zur Wüste zurückgebombt worden ins Mittelalter. Wo ist den Afghanistan demokratisiert, bitte schön? Ja, die Frauen durften ihre Burkas abnehmen, jetzt müssen sie die Kalaschnikows unterm Pulli verstecken.

Das ist Demokratie und dann reden sie uns Bankenkrisen und Finanzkrisen ein, damit wir unsere Anlegeberträge wahrscheinlich hastig von der Bank zurückziehen oder was weiß ich was für 'n Grund es hat.

Es interessiert mich nicht, warum diese Konflikte jetzt zu diesem Zeitpunkt von irgendwelchen Medien aufbereitet werden. Tag und Nacht wird die Börse bemüht, Tag und Nacht! Als ob mich interessiert, wann sich die Börsianer freuen und wann nicht. Ich seh' doch, wohin das Geld geht: Chinesen, Bangladesch, Inder, Bangladeschi-Inder-Tamilen und die ganzen Untervölker, die uns unsere T-Shirts basteln, die fahren jetzt in die Schweiz und kaufen sich teure Uhren! Das ist die Bankenkrise und die Gründe, die sie uns nennen, dafür dass alles teurer wird, die glaub' ich auch nicht mehr. Angeblich wird der Sprit teurer, weil ein Barrel Öl wie viele hundert Millionen Tausend Euro kostet.

Der Sprit wird teurer, weil sich die Spritindustrie die Kohle in die Tasche stecken will! Ja, verarschen könnt ihr euch selber und ficken auch!

Manche sagen sogar, das Gemüse wird teurer, weil in der letzten Saison das Wetter so schlecht war, hahaha, dabei wächst das Gemüse im Gewächshaus!

Wie lange muss ich mich noch verarschen lassen? Am besten ich geh' mal in die Bank und hol's mir zurück, das ganze Geld. Ich bin ja nicht kreditwürdig, also kann ich's mir ja gleich zurückholen: ›Her mit der Kohle, im Namen Allahs!‹

Aber dann endet man am Strick. Ich weiß ja, wie diese Leute enden, die die Wahrheit angeleckt haben. Sind selbst halb Kriminelle: Saddam Hussein, Osama Bin Laden, Mao Zedong, hahaha, in wessen Namen sie auch immer streiten und kämpfen, sie sind ja selbst so korrupt gewesen, dass sie in den Sumpf der Korruption dann mit eingesogen wurden, gesaugt, ich kann kein Deutsch mehr, so sehr hat mich die Bankenkrise um den Verstand gebracht.

Ich hab' jetzt 'ne Idee, ich fahr' jetzt irgendwo hin und guck' mal, ob ich mir nicht was kaufe. Was schön Teures, zum Beispiel 'n Flugzeug, mit dem man Neger bombardieren kann.«

Serdar steht jetzt draußen vor einem Schloss: »Hahaha, na wie ist es geworden? Ich find's 'n bisschen überdimensioniert, ehrlich gesagt, aber es reicht. Man muss ja auch ein paar Zimmer haben, um das Geld zu verstecken, wenn die Steuer kommt. Aber da hab' ich's ja gerade her, genau.

Ich finde es steht mir. Ich würd' den rechten Turm, also den würd' ich noch ausbauen lassen, oben noch so 'ne Fahnenstange, damit man die richtigen Fahnen aufhängen kann, zum Beispiel zum Geburtstag des Führers eine Hakenkreuzfahne oder wenn der Irak bombardiert wird eine Ami-Fahne oder wenn ich Geld brauche eine Deutsche-Bank-Fahne und wenn's mir gerade nicht gut geht 'ne Bierfahne.

Ja, das Wetter ist heute auch nicht so, wie ich's mir wünsche, vielleicht lass' ich das auch abstellen.

Peng! Tontauben schießen, auch keine schlechte Idee.

Diese lästigen Touristen hier immer, ich glaube, ich werde die umbringen lassen, ja das werde ich machen.

Ich gehe jetzt erstmal rein und lasse mir von meinen Mätressen die Füße massieren.

800 Milliarden, einfach so ausgegeben. Für den Irakkrieg angelegt und jetzt hol' ich's mir wieder, von der Merkel oder vom Sack-ozy. Der muss doch jetzt nicht mehr in den Puff, wo er die Bruni hat, da kann er's doch mir geben.«

SHN, Kapitel 20:
Jörg Haider ist tot

Serdar im Treppenhaus: »Jörg Haider ist tot. Da weiß man nicht, ob man bestürzt sein soll oder sich freut. Hm, na ja, eigentlich ist es auch nur ein Fallbeispiel dafür, wie hoch man kommt und wie schnell man fällt.

Aber es fällt mir noch was auf: Diese ganzen zwielichtigen Gestalten, Uwe Leichsenring, NPD-Vorsitzender in Sachsen, Jürgen W. Möllemann, FDP-Vorsitzender in Nordrhein-Westfalen, und jetzt Jörg Haider, die machen alle einen ganz seltsamen Abgang, ja, der eine stürzt sich aus dem Flugzeug und prallt dann mit

dem Kopf aufs Kornfeld, der andere ist Fahrlehrer und verun-
glückt bei einem Autounfall und Jörg Haider stirbt in einem VW
Phaeton.

Na, ob da nicht jemand an der Schraube gedreht hat? Sabotage!
Aber das würde die Märtyrertheorie ja nur wieder stärken und dann
wird er zu 'ner Ikone des Rechtsradikalismus. Vielleicht sollte man
ihm einfach nur 'n normalen Tod gönnen, hehe, und seiner Familie
natürlich herzliches Beileid aussprechen, so wie das jetzt die BZÖ
und alle anderen Vorsitzenden der österreichischen Parteien auch
gemacht haben.

Na ja, vielleicht ist ein toter Haider auch so viel wert wie hundert
tote Ausländer, die bei Übergriffen von Rechtsradikalen umkom-
men, und es ist nur 'ne Art gerechte Strafe, dass man nicht irgendwann mit Ruhe und gutem Gewissen in den Sarg gehen darf, sondern um jede Kurve lauert eben der Tod.

Ist das jetzt pietätlos? Haider war doch zu Lebzeiten auch 'n sehr
pietätloser Kerl.

Also: Alles Gute ... in der Hölle!«

SHN, Kapitel 21:
Versöhnliche Melodie (Song)

Hinweis an den Leser: Im Video zum Song sind abwechselnd Politiker (von Adolf Hitler über Joseph Goebbels bis hin zu Jürgen Möllemann) und homosexuelle Männer in (absurd-)intimen Situationen
zu sehen.

Ich hab' alles schon mal ausprobiert,
an mir selbst schon rumgemacht
Mit Haustieren um die Wette masturbiert,
leblose Gegenstände zum Kommen gebracht

Eins ist mir noch verwehrt geblieben,
obwohl ich es so gern mal hätt'
Ich hab's noch nie mit 'nem Kerl getrieben,
ich mein' mit 'nem Mann im Bett

Ich wär' so gerne schwul, ich wär' gern 'ne Tunte
Ich wär' unheimlich cool, ich krieg' 'ne heiße Lunte
Ich wär' so gerne schwul, ich wär' gern 'ne Tunte
Im tiefsten Sündenpfuhl trieb ich es mit Kinta Kunte

Dann könnt' ich mich schminken,
mit Stöckelschuhen einkaufen geh'n
Den ganzen Tag Prosecco trinken,
müsste keine Cowboypornos mehr seh'n
Doch eines ist mir noch verwehrt geblieben,
obwohl ich es so gern mal hätt'
Ich hab's noch nie mit 'nem Kerl getrieben,
ich mein' mit 'nem Mann im Bett

Ich wär' so gerne schwul, ich wär' gern 'ne Tunte
Ich wär' unheimlich cool, ich krieg' 'ne heiße Lunte
Ich wär' so gerne schwul, ich wär' gern 'ne Tunte
Im tiefsten Sündenpfuhl trieb ich es mit Kinta Kunte

Nicht dass Sie jetzt etwas Falsches von mir denken,
glauben Sie bloß nicht, ich wär' ordinär,
ich will nur, dass Sie mir Ihre Aufmerksamkeit schenken
und sich einfach nur vorstellen, wie schön das wär'

Ich wär' so gerne schwul, ich wär' gern 'ne Tunte
Ich wär' unheimlich cool, ich krieg' 'ne heiße Lunte
Ich wär' so gerne schwul, ich wär' gern 'ne Tunte
Im tiefsten Sündenpfuhl trieb ich es mit Kinta Kunte

(Gesprochen, über den Refrain)
Hallo? Ja, ich bin's. Mama, ich ... ich muss dir was sagen, ich ... ich
bin schwul. Nein, schwul. Äh, schwul ... nein, nicht das Wetter ...
ich! Ich ... weiß nicht ... ja, von hinten, mit Männern.

SHN, Kapitel 22:
Prekariats-Posse

Serdar im Auto: »Diese ganze *Hatenight* ist doch scheiße! Ja, immer
dieselbe Kacke! Am Steuer sitzen und motzen über andere Leute.
Das ist genauso trivial und blödsinnig wie das Fernsehen. Man muss
doch mal mehr Qualität bringen. Zum Beispiel Shakespeare. Ja, das
ist alles nicht qualitativ ausreichend genug. Man muss mal mehr in
die Tiefe gehen und auch Dinge sagen in einem Umfeld, die sonst
so nicht gesagt werden, weil einem vielleicht die Begrifflichkeiten
fehlen, oder man nicht so sprachgewandt ist und eben nur sagen
kann: ›Ey, Olli, guck' mal da, ne!‹
Nein, das ist nicht unser Stil. Wir werden das ab sofort ändern.
Wir hören wenigstens auf die, die uns kritisieren und deswegen
ändern wir's und schauen mal, was dabei raus kommt.«

Off-Stimme: »Willkommen bei *Serdars Herzzeit*. Heute: Die aktuelle TV-Kritik.«

Serdar vor einem Bücherregal mit Sonnenbrille: »Herzlich willkommen zu einer neuen Ausgabe der *Hatenight*, Samstag, 23.00 Uhr.
Hier sagen wir das, was andere sich nicht zu denken trauen.
Heute zum Thema: ›Literatur in Zeiten des Prekariats. Marcel
Reich-Ranicki höchstpersönlich, Literaturpapst, geißelte den Nie-
dergang des deutschen Fernsehens und das anlässlich der Preisverleihung des Deutschen Fernsehpreises‹.

Was für eine Absurdität, blickt man auf das Prekariat herab, ist man Teil dessen. Steht man nur dabei oder nimmt man sogar daran teil und versuchte es zu beeinflussen?

So wie Marcel Reich-Ranicki höchstpersönlich selbst, als er nämlich in den Folgetagen eins, zwei, drei, vier, fünf höchstpersönlich auf *RTL Exclusiv* seinen Beitrag zur Fernsehkritik leistete, vor seiner Glotze sitzend mit der Fernbedienung in der Hand durch die Kanäle zappte, um die Dekadenz und die Verrohung der Gesellschaft zu geißeln.

Aber wie gerne hätte eigentlich Marcel Reich-Ranicki eine Bildungs- und Elitegesellschaft jenseits Katja Saalfrank und Alexander Holz? Soll Bushido seine Biographie im Stile shakesperscher Sonette schreiben?

Und Elke Heidenreich, soll sie wirklich andere Bücher besprechen als die, die Bestsellerlisten anführen, von Ken Follett bis Dan Brown?

Nein. Marcel Reich-Ranicki hat offensichtlich ein Faible für die mediale Vermarktung seiner selbst und dass man das nicht immer ernst nehmen muss, dass der Fernsehpreis Fernsehpreis bleiben darf und dass sogar die Telekom mit ihm wirbt, das ist doch das beste Beispiel dafür, dass man in der Dekadenz immer die Rolle der anderen geißelt, statt selbst weiter am Abgrund zu tänzeln.

Viele Grüße, Marcel Reich-Ranicki, seinerzeit gelang es Ihnen ja auch schon, mit Debatten um die Bücher von Günter Grass, den viele nur in Sütterlin lesen können, und Martin Walser eine große Diskussion in diesem Land auszulösen.

Falls es Ihnen dennoch mal langweilig sein sollte, schauen Sie wieder bei einer Preisverleihung vorbei und wundern Sie sich nicht, dass im Foyer Männer mit Kapitänsmützen, Perücken und Brillen stehen und sich Atze Schröder nennen, dann können Sie ja so tun, als hätten Sie von all dem nichts gewusst.

Ja, meine Damen und Herren, das war's schon wieder. Nächste Woche sind wir wieder hier, pünktlich um 23.00 Uhr.«

SHN, Kapitel 23:
Election Day

Serdar im Auto, im Radio läuft Countrymusik: »Jetzt sind ja Wahlen in Amerika. Als ob mich das interessiert, wer Präsident in den USA wird. Als ob mich es je interessiert hätte. Die USA interessieren sich ja auch nicht für mich, und vermeintliche Demokraten sind manchmal schlimmer als Republikaner.

Ja, Bill Clinton, lässt sich erst einen blasen und dann bombardiert er Serbien, in der Mitte Europas, Zivilisten, Infrastruktur, alles zerstört!

Amipolitik ist doch die Gleiche, immer schon gewesen: ›Fight against terrorism.‹ Nur der eine supported terrorism, indem er weapons selt und der andere kreiert terrorism, indem er seine Zielfernrohre auf die Nasen richtet, die er vorher als Verbündete gebraucht hat, um andere Länder zu bekriegen.

Ich weiß gar nicht, warum ich was gegen Amiland hab', gibt doch schöne amerikanische Musik!

Aber Amerika ist das Sinnbild des Bösen, das Sinnbild der Volksverdummung und Verarschung, Brot und Spiele. Stopf dir die Hamburger in den Rachen, bis du kotzen musst, Hauptsache, es geht dir gut und du merkst nicht, wie schlecht es den anderen geht.

Und ob's jetzt Obama wird oder McCain, ist mir doch egal.

Obama hat so 'nen Negerbonus: ›Oh, lasst den armen Neger doch mal Präsident werden.‹ Dabei weiß ich gar nicht, wie schwul der ist! Weiß gar nicht, wofür der steht, weiß das irgendjemand? Hat irgendjemand die TV-Duelle verfolgt? Vielleicht ist ja McCain genauso konsequent wie Bush? Bush war konsequent, ja. Der hat mit seinen Widersachern Schluss gemacht, Saddam Hussein aus seinem Loch rausgezerrt und an 'n Galgen. Die anderen haben Saddam Hussein hofiert und dann so getan, als hätten sie nie mit ihm gemeinsame Sache gemacht. Auch der alte Bush, der war ja auch ein schlimmer Sack! Der Clinton, der auch!

So wie sie jetzt mit Gaddafi ja wieder gemeinsame Sache machen, vor'n paar Jahren da war Gaddafi noch als Terrorist vor Gericht, weil er in Lockerbie 'n Flugzeug angeblich hat abstürzen lassen. Jetzt ist er Chefermittler in irgendwelchen Fragen, weil dumme deutsche Touristen, Terrorusristen, in Algerien Mofa fahren müssen. Ja, da muss man Gaddafi bitten zu verhandeln, damit er wahrscheinlich den eigenen Leuten, mit denen er vorher vereinbart hat, dass sie die Touristen irgendwo entführen, sagen kann: ›Komm, lass sie wieder laufen, wir kriegen wenigstens 400 Milliarden Euro Unterstützung‹, und wohin geht das Geld dann? Und dann wundert man sich, dass Terroristen auch 'ne Infrastruktur aufbauen können.

Mich interessieren die Ami-Wahlen nicht, mich interessieren auch keine Ami-Huren wie Palin. Palin sieht aus wie so 'ne Porno-Nutte. In diesen Pornos gibt's ja manchmal so Lehrerinnen, mit so Querbrillen, die sich dann so von hinten vögeln lassen, so: ›Oh, oh‹, so nach hinten gucken, haha.

Insofern sind mir republikanische Frauen lieber als demokratische. Ja, es ist doch immer die Überraschung das Schönste.

Bei 'ner Demokratin weißte ja, was sie alles machen lässt, und notfalls hat 'se sogar Haare unter den Achseln, aber bei 'ner Republikanerin da denkste so ›hochgeschlossener Rock und Bluse‹ und dann kommen die Riesentitten und die lässt sich rammeln wie ein Dreckstier!

Also, ich bin für Republikaner (Pause) -Huren.«

SHN, Kapitel 24:
Zeit der Neger

Serdar zuhause: »Jetzt, wo ein Schwarzer die Präsidentschaftswahlen in den USA gewonnen hat, fängt plötzlich die ganze westliche Hemisphäre an, darüber nachzudenken, was Toleranz und Rassismus bedeuten. Dabei hätte man vorher genug Zeit dazu gehabt, 500 Jahre gab es Rassismus in Amerika, gibt es immer noch und es hört nicht damit auf, dass irgendein Obama Präsident wird und wir uns seichte Geschichtchen erzählen lassen von Boulevardmagazinen über den wundersamen Aufstieg eines Negerkindes.

Toleranz bedeutet die Grenzen in seinem Kopf zu überwinden und das heißt beispielsweise auch, flächendeckend und gleichmäßig beleidigen zu können, damit es sich in gerechtere Portiönchen verteilt.

Aber warum machen die Leute keine Juden- und Negerwitze? Weil sie Angst vor ihrem eigenen schlechten Gewissen, vor ihren faschistoid verseuchten Gedanken haben.

Dabei gibt es Arschlöcher überall auf der ganzen Welt, ob in Zentralanatolien, im Kaukasus oder in Alaska.

Jede Minderheit hat ein Recht auf Diskriminierung.

Und erst wenn man das begriffen hat, ist man wirklich frei von den Fesseln, die einem andere auferlegt haben, in ihrer political correctness, die doch nichts anderes ist als versteckte Intoleranz.«

Hinweis: »Die folgende Sendung ist für Zuschauer unter 18 Jahren nicht geeignet, die folgende Sendung enthält rassistische Äußerungen, von denen sich das *Hatenight*-Team distanziert.«

Off-Stimme: »Willkommen bei ›Das Leben der: A, B, C, D! Promis‹!

Heute Detlef D! Soost. Werfen wir zunächst einen Blick auf seine Vergangenheit. Detlef D! Soost wurde 1970 im tiefsten Dschungel der Großstadt geboren. Seine Mutter sowie auch sein Vater konnten schon auf seine frühesten Erfolge sehr stolz sein. Zur Schule ging er in einem formschönen Plattenbau. Den Durchbruch schaffte Detlef D! Soost mit seinen Auftritten bei *Popstars*.

Jetzt ist Schluss mit political correctness. Wir geben den Dingen ihren Namen wieder:

Jägerschnitzel, jetzt wieder Negerschnitzel.
Jägermeister endlich wieder Negermeister.
Zimbo atmet durch als Bimbo.«

Serdar im Auto: »Ey, ich glaub' ich seh' nicht richtig! Ich seh' gestern auf *RTL-Exclusiv*-Scheißdreck Ex-Außenminister und jetzt Fettsack Joschka Fischer mit seiner Schleuder Minu Barati und zwar wo? Auf'm roten Teppich bei der Deutschlandpremiere von James Bond 007 *Ein Quantum Trost*.

Also, Joschka, ich weiß, du bist 'n unglaublich mediengeiler, machtgeiler Sack, ja, das weiß ich.

Ich weiß, du hast dein eigenes Körpergewicht nicht unter Kontrolle und warst Außenminister. Wie das alleine schon gehen soll, ist mir ein Rätsel.

Ich weiß, du bist ein dämlicher Klugscheißer, der allen Leuten Ratschläge gibt und über's Maul fährt und so tut, als hätte er die Weisheit mit Löffeln gefressen.

Aber als Ex-Grüner in 'nem Ballerfilm rumzusitzen und sich auf 'nem roten Teppich zu präsentieren mit der Ehefrau, die auch noch 'ne Stoffpistole am Kleid hat, das ist unglaublich!

Das ist der Untergang des Abendlandes!

Das verdient nachträglich 'ne Exekution.

Das ist unglaublich! Joschka Fischer, bitte hör auf! Lass es!

Ich wünschte, du wärest nie Außenminister gewesen, aber jetzt verstehe ich, wie du es mit deinem Gewissen vereinbaren konntest, Serbien zu bombardieren und so zu tun, als wäre Milosevic der direkte Nachfolger Adolf Hitlers.

Ich weiß, das alles ist nicht ernst zu nehmen gewesen, aber das war wirklich top of the pops, das zu erleben!

Jetzt weiß ich auch, warum der Film *Ein Quantum Trost* heißt, es gibt noch mehr Vollidioten auf der Welt.«

Off-Stimme: »Na, hungrig? Jetzt neu: die frisch abgeseilte Schwarz-
wurst von Bimbo. Hmm, lecker.
Ein Quantum Soost. Detlef D! Soost ist James Bond in: *Ein Quantum
Soost.* Bald im Kino. Schalten Sie auch nächste Woche wieder ein,
wenn es heißt: *Die Rückkehr der Judiritter.*«

SHN, Kapitel 25:
Strunzdumme Frauen

Serdar im Auto: »Was für eine Bedeutung hat heute eigentlich noch
Emanzipation? Wenn ich mir die Frauen ansehe, die heute Frauen
sind, von Kader Loth bis Verona Pooth, dann muss ich erschreckt
feststellen, der größte Feind der Frau ist mittlerweile die Frau
selbst. Wir erleben eine postemanzipatorische Desorientierung der
Geschlechter.
Will heißen: Männer werden wie Frauen, Frauen wie Männer.
Von Bruce Darnell bis Birgit Prinz hat die Emanzipation schon
längst ihren ursprünglichen Sinn verloren. Man gleicht sich dem
anderen Geschlecht so lange an, bis man nicht mehr erkennbar
wird. Ein Wesen androgynster Art.
Und welche Gemeinschaften, Zweckehen oder wie auch immer
genannt dabei rauskommen, das sieht man an Sarah Connor und
Marc Terenzi, Familie Meerschweinchen, bei der man nicht weiß,
wer ist Mann, wer ist Frau. Na ja, jetzt haben 'se sich getrennt,
scheint doch nicht funktioniert zu haben, obwohl man sich im Inneren nach tradierten Werten sehnt. So frei ist man dann doch nicht.«

Serdar singt:
»Man sagt ja deutsche Frauen seien arrogant
Französische adrett
Spanierinnen zu angespannt,

Italienerinnen gut im Bett
Däninnen zu langweilig
und Tschechinnen zu platt,
Äthiopierinnen zu langbeinig,
die Schwedinnen zu glatt.«

Off-Stimme: »Für den Umschwung der Emanzipation zur Deman-
zipation fordern wir: Abschaffung des Frauenwahlrechts, mehr
Gewalt in der Ehe, weniger Lohn für gleiche Arbeit.«

Serdar singt:
»Ich will 'ne Russenfrau,
'ne richtig geile Sau,
eine, die den ganzen Tag nur Wodka trinkt
und aus dem Mund nach Leiche stinkt
Ich will 'ne Russenfrau,
so 'ne richtig geile Sau,
eine, die ans Bett das Essen bringt
und heimlich traurige Lieder singt.«

Serdar im Auto: »Woher holt sich eigentlich so ein Bumsgestell
wie Claudia Effenberg die Existenzberechtigung? Hab' ich die
eingeladen, mir zu erzählen auf dem wievielten Wiedervereini-
gungs-Parteitag sie mit ihrem Schlammkopf und Ex-Stecher und
Jetzt-Wieder-Stecher Steffenberg, Effenberg, Effen, Steffen –
weiß ich nicht! Hab' ich sie dazu eingeladen, mir das zu erzählen und minutiös auseinanderzunehmen? Wie viele Fotzen gibt's
eigentlich im Deutschen Fernsehen? Kann man die nicht alle
inhaftieren, internieren, abschieben? Stattdessen 'n paar anständige Asylanten reinlassen? Gülcans und Kader Loths, Kader
Loth! Meine Güte, das ist 'ne Frau, die würd' ich noch nicht mal
anwichsen, glaub' ich! Manche Frauen denken wirklich, ich muss
mir nur die Lippen aufpumpen lassen und die Titten, dann wird

schon jemand geil auf mich. Nein! Nein! Nein! Das ist nicht das Geheimnis von Geilheit! Das ist 'ne Präventions-Antipathie, die ich da entwickle. Und es gibt so viele von diesen Gestellen, die Meisten hat ja der Bohlen hinterlassen. Estefanias und Glorias und Pooths und hinten und vorne und unten! Unten haben wir ja Abd el Farrag, sitzt jetzt mit H. J. H. E. H. C Strache, dem Ersatz-Haider-Hitler in einer Diskothek und sagt, er wär' so 'n netter Kerl. Ja weißt du, was der mit dir machen würde, wenn er könnte?«

Serdar singt:
»Ich will 'ne Russenfrau,
'ne richtig geile Sau,
eine, die den ganzen Tag nur Wodka trinkt
und aus dem Mund nach Leiche stinkt
Ich will 'ne Russenfrau,
so 'ne richtig geile Sau,
eine, die ans Bett das Essen bringt
und heimlich traurige Lieder singt.«

Serdar im Auto: »Haha, gut, eins habt ihr beide gemeinsam, ihr seid braun bis hinter die Ohren und braun und braun gesellt sich gern und sieht man auch noch so gerne fern, hat die Naddel mal die Schnauze voll, findet sie den nächsten Nazi toll.
Hahaha, warum fällt mir spontan so ein lustiger Reim ein, hahaha. Aber wenn ich diese Tittengestelle sehe im Fernsehen, werde ich kreativ, ja.
Kreativ-aggressiv. Warum kriegen die Platz, warum?
Na ja, weil sie für andere zum Vögeln noch gut genug sind. Ja, sie sind letztendlich nur 'n Stück Geilheit ihres Stechers. Ja, fleischgewordene Geilheit und haben noch das Gefühl, sie würden eingeladen werden dazu, uns was zu erzählen, in irgendwelchen Formaten, die die Sender kreieren eigens für diese Trinen.

Da vögele ich lieber was anderes. Natascha Kampusch oder so was.
Da ist Freud und Leid wenigstens eng beieinander.
Hauptsache eng.«

Serdar singt:
»Weiß nicht worauf die anderen stehen,
jeder hat sein eigenen Geschmack
Ob sie auch in Exoten-Puffe gehen,
mir geht das auf den Sack.«

Off-Stimme: »Schalten Sie auch nächste Woche wieder ein, wenn es
heißt: ›Hilfe, meine Frau ist nicht beschnitten.‹«

Serdar singt:
»Ich will 'ne Russensau,
ich will 'ne Russensau,
ich will 'ne Russensau,
au, au, au, ja.«

SHN, Kapitel 26:
Silber *Hatenight* – Jubiläumsfolge Live-Stand-up

Serdar im Auto: »25 ist eine interessante Zahl.
In 25 Jahren kann man zum Beispiel sieben Kinder zeugen, wenn
man die dazugehörige Mutter im Keller hält, hahah.
25 Zentimeter lang ist mein Schwanz, von oben gesehen, wenn er
drinsteckt.
25 Mal muss ich ungefähr durchschnittlich an meinem Schaft zwir-
beln, bis ich komme. Man kann in 25 Jahren mit einer Frau verheiratet sein oder in 25 Jahren mit 25.

Ja, man kann auch mit 25 verheiratet sein und dann 25 Jahre warten, bis es 50 sind. Man kann auch den 25 Leuten, die einem zuhören, 25 Mal in den Arsch ficken oder ins Gesicht spritzen, dann macht das 25 mal 2, ist aber nur halb so ordinär.

Man kann auch 16 Jahre Kanzler sein, plus neun macht 25.

Oder 25 mal 9 ist der Bauchumfang von Helmut Kohl.

In diesem Sinne, herzlichen Glückwunsch!

Auf die weiteren 25 Jahre im Keller oder in Kohls Anus.«

Serdar auf der Bühne, Publikum johlt: »Ja, ihr müsst weiter johlen! Weiter johlen! Heey, herzlich willkommen!

Wir sind hier bei der *Hatenight*, Samstag, 23.00 Uhr, pünktlich, mein Name ist Knacki Deuser, Sie könnten mich verwechseln mit Graf Zahl. Heute Abend volles Programm, das sagt ja jeder Moderator. Ich hab' wunderbare Scheiß-Gäste, ja, die billigsten, die wir auf dem Markt kriegen konnten, wir haben uns bemüht um Sarah Connor, aber die ist ja gerade von Marc Terenzi verlassen worden, sie hat nur noch ein hohles Zwischenloch zwischen ihren Beinen. ›Lass mich dran! Ich mach's dir, du Nutte!‹

Es wird ein Nummer-eins-Hit! Wir haben dann überlegt, ob wir Verona Pooth nehmen, aber die war gerade bei der Kreditvergabe einer Düsseldorfer Sparkasse. Ihr Mann Franjo geht ja demnächst auf den Straßenstrich. Supergeiler Typ: ›Ich hab' hier so 'ne korrekte Handyfirma, ne, kannst du mir mal 1,8 Millionen leihen?‹

Ey, wenn ich zur Bank gehe und so einen Text spreche, dann krieg' ich höchstens 'n Mercedes E-Klasse von 1973. Aber Franjo Pooth fährt mit 'nem Hummer durch die Stadt. Ich hab' ihn neulich gesehen, bei der Premiere von James Bond – *Ein Quantum Soost* – 'tschuldigung, *Ein Quantum Trost*! Ich verspreche mich immer, Detlef Soost ist ja mein neues Lieblings-Hassobjekt, ja, der Neger, der nie abnimmt, obwohl er so viel tanzt!

Insofern sind wir hier richtig, hier ist nämlich die *Hatenight*, wir hassen kollektiv, flächendeckend. Allen, die uns vor die Flinte kommen, sagen wir die Meinung ins Gesicht! Und deswegen haben wir uns überlegt, wir laden uns auch Gäste ein, damit die Leute im Internet sehen, wir scheuen uns nicht, andere Leute öffentlich zu denunzieren und sie bloßzustellen.

Es sind die unlustigsten Comedians, die Deutschland je gesehen hat. Sie nennen sich Comedians, haben sich aber nur irgendwelche Zipfelmützen über den Schädel gezogen, ja. Sie tun so, als wären sie Außerirdische mit Nase, Mund und Augen, ja ist klar, Außerirdische haben Nase, Mund und Augen. Aber irgendwie müssen sie sich ja auch durchschlagen durch dieses Leben. Besser als Hartz IV ist immer noch eine missglückte Pointe.«

Off-Stimme: »Lassen Sie uns besser machen, was andere noch nicht einmal gut können. Yes we can!«

Serdar: »Wir leben, das muss ich jetzt vorher sagen, in turbulenten Zeiten. Neger werden Präsidenten, das ist für mich unfassbar, normalerweise knibbel ich das Negerfleisch aus meinem Reifenprofil. Dass sich jetzt Leute wie Barack Obama Präsident schimpfen dürfen, hat was mit unserer Übertoleranz zu tun und mit eurem fehlenden Erinnerungsvermögen. Ihr wisst ja nur noch, der letzte war George W. Bush, also hätte eigentlich auch Verona Pooth amerikanische Präsidentin werden können, egal also, was kommt, es wäre gut genug. Nun weiß man aber gar nicht, wer ist Barack Obama eigentlich? Was hat der gesagt, was euch gefallen könnte? Ihr habt nur auf Initialreize reagiert: ›Yeah, cool, 'n Neger, Demokrat.‹
Was heißt Demokrat und warum nicht Republikaner? Ich find' zum Beispiel 1, 2, 3 McCain war durchaus sympathisch und auch total integer und das ist immer noch besser als Barack Obama.
Viele Sachen passieren also gerade, der Pisa-Test ist gerade gewesen, die Sachsen haben gewonnen. Das Geile ist, man merkt nicht, dass die Sachsen gebildet sind, weil man versteht nicht, was sie sagen.«

Off-Stimme: »Kotzedy war gestern, Comedy wird morgen. Dieser Mann gibt dem Lachen einen Sinn. (Ein Bild von Serdar ist zu sehen.)

Die EU Gesundheitsminister warnen: »Eigenlob stinkt.«

Serdar auf der Bühne: »Ich wollte erzählen, wir verkehren in der Weltpolitik und deswegen zum Beispiel war ich letztes Jahr auf dem evangelischen Kirchentag. Ist das nicht geil, dass so 'ne Sackratte wie ich auf dem evangelischen Kirchentag ist? Und die Merkel war sogar da und ich hab' überlegt, am besten ist das Risiko am größten sogar noch dazu, wenn man dort seine Meinung sagt, wo es was zählt. Ja und dann saß die Merkel in der ersten Reihe, 1200 Gäste, ich hab' gesagt: ›Herzlich willkommen, ich begrüße Sie im Namen des islamischen Fundamentalismus!‹
Und da sind der Merkel die Lefzen bis auf die Brustwarzen gefallen. Die Merkel ist sowieso 'ne ganz (piep), das darf man im Internet sagen, beim WDR wird so was sofort zensiert, ja, bei RTL bleibt Fotze, aber Merkel wird zensiert, hahahah!«

SHN, Kapitel 27:
Türkisch für Deutsche

Serdar im Auto: »Hm, was ist eigentlich übrig geblieben vom Land der Dichter und Denker?
Ein Haufen Kanacken, ja, Pseudoneger, Türken, Tunesier, Afghanen, die irgendwelche Texte dichten: ›Isch, ne, isch komm aus dem Dreck, mit der Pumpgun in der Hand!‹
Warum muss man denn 'ne Pumpgun in der Hand haben? Warum reicht nicht ein kleiner Ladycolt?«

Serdar auf der Straße, Kapuze über den Kopf gezogen, rappt:
»Yo, yo, motherfucker,
this is my hood, Berlin Kurfürstendamm,
ich hab' eine Pumpgun in der Hand.«

Serdar im Auto: »Immer mit der Pumpgun in der Hand. Weil man's
irgendwo abgeguckt hat, bei Notorious B.I.G. oder Tupac Shakur,
die selbst nichts zustande gebracht haben, einfach nur sich angemalt
haben mit Schuhcreme und versucht haben, böse zu sein. Und das
ist neue Subkultur, hahaha, in Deutschland. Von Türken, die nichts
anderes sind als der Prototyp des schlechten Ausländers. Ja, haben
'se sich selbst zu verdanken. ›Ich brauch' 'ne Moschee!‹ Gar nichts
brauchst du! Man braucht keine 5000 Quadratmeter Mosche zum
Beten, da reicht 'n Teppich.«

Off-Stimme: »›Türkisch für Deutsche‹. Puşt: Abfällig für Schwule.
Yarak: Pferdepimmel.«

Serdar im Auto: »Man braucht doch auch keine 50 Quadratmeter
Muschi zum Vögeln, da reicht 'ne Idee, ja. Dann haben 'se alle Angst,
dass die Türken nach Deutschland kommen. Invasion der Osma-
nen! Dabei sind die Meisten schon hier und die Asozialsten haben
deutsche Pässe, leben unter uns. Die Intellektuellen, die Gebildeten,
die feinen Kerle, die sind in der Türkei geblieben. Ja klar, wenn man
'n bisschen nachdenken kann, dann bleibt man dort, wo das Wetter
schöner ist.«

Serdar auf der Straße, Kapuze über den Kopf gezogen, rappt:
»Ich mach euch alle kaputt, dann gibt's Blut!
Ich bin Busido, der uneheliche Sohn von Bushido und Sido
Ich bin ein Rapper, ich bin ein harter Kerl,
ich bin ein Mufti, ein Kanacke, ein Supermerl
So, reimt sich halt, ne.«

Off-Stimme: »Schalten Sie auch nächste Woche wieder ein, wenn es heißt: Cem we can!«

SHN, Kapitel 28:
Die glorreiche Geschichte der CDU

Serdar sitzt zuhause: »Ich wähl' ja schon von Haus aus immer NPD. Vielleicht sollte ich das nächste Mal doch die CDU wählen. Immanente Dekonstruktion, wenn man will, dass die Türkei der EU beitritt, muss man eigentlich CDU wählen. Aber mittlerweile finden alle Angela Merkel toll. weil sie repräsentiert ja das Mittelmaß.
Mittlerweile finden sogar Studenten Angela Merkel toll, ich hab's gesehen, im Bundeskanzleramt, da war das Sommerfest bei strömendem Regen. Hätte man schon drüber nachdenken müssen, dass die Merkel sogar schon den Sommer so vergrault, dass er nur noch weint, wenn er sie sieht, ja. Und dann waren reihenweise Studenten und aufgeschlossene Intellektuelle da und haben sie hofiert, als wär' sie 'ne Koryphäe, ja. Dabei ist sie nur 'n Stück Galle von Helmut Kohl.
Und solche Leute regieren mich, repräsentieren mich, ich will nicht, dass die Merkel mich repräsentiert. Ich will, dass die Merkel die anderen repräsentiert, die sie gewählt haben, die Meiers und Schuberts und Schmidts und was weiß ich was.«

Off-Stimme: »Kennen Sie das? Sie sind auf einer Party und es riecht komisch.
Neu! Von Merkel: 24 Stunden intensiv. Für trockenen Schritt und feuchte Achseln.«

Serdar: »Aber das ist ja Demokratie. Wenn ich, wenn ich könnte ja, wenn ich könnte, wie gesagt, ich wähl' ja schon immer mit der Erst-

und der Zweit- und der Dritt- und der 1933-Stimme die NPD.
Wenn ich könnte, würd' ich diese ganze Meinungsfreiheit wieder
abschaffen.

Da fällt mir Angela Merkel ein, die könnte man ja auch mal einsperren. Warum kann man die nicht einsperren in 'ne Garage? Wahrscheinlich weil man sie dann ficken müsste, regelmäßig.

Das macht noch nicht mal 'n Priklopil mit.«

SHN, Kapitel 29:
Wichsversicherung

Serdar im Auto: »Ich frag' mich schon seit Ewigkeiten, wer ist eigentlich auf die genialste Idee aller Ideen gekommen, eine Versicherung
zu gründen? Ich mein', welcher Mensch braucht Versicherungen auf
dieser Welt?

Gut, man braucht hin und wieder mal eine, aber man zahlt sich dumm
und dämlich und finanziert diesen Wichsern ihre fetten Gebäude
dafür, dass man dann, wenn man mal 'nen Schaden hat, betteln kann.
Was sind Versicherungen für Nazis!

Und wenn man dann mal 'nen Schaden hatte, wird man rausge-
schmissen.

In einer Denunziationskultur leben wir und das ist nicht nur bei Versicherungen so. Wenn man 'nen Bankkredit will, dann wird die Bonität, was für ein Scheißwort, von Leuten überprüft, die sich auf'm Klo
wahrscheinlich 'n Finger ins Arschloch stecken und Micky-Mouse-
Söckchen tragen. Wenn ich mal deren Bonität überprüfen müsste,
wo die sonst so rumgammeln, in Swinger-Clubs wahrscheinlich auf
Menschenesser-Partys oder sonstigen Scheißdreck.

Und warum werden andere nicht mal überprüft nach Bonität? Politiker, Bankdirektoren, Fahrlehrer, Nutten, was weiß ich.

Sind die Bonus, mehr als ich?

Und ist das Gegenteil von Bonus Malus? Reicht's nicht, 'n guten Charakter zu haben? Meerschweinchen zu streicheln, ist man Malus, wenn man kein Geld auf'm Konto hat, dass kann doch jedem mal passieren! Scheiß Banken, scheiß Versicherungen! Halsabschneider, Stasi-Pack!

Und dann wundern die sich, wenn man Terrorist wird und irgendwann mit 'ner Bombe in der Filiale auftaucht und sagt: ›Ich hab' keine Bonität, ich will euch alle umbringen! Ich bin Malus, an sich, per se, auf die Welt gekommen als Malus! Minusköpfe!‹

Ich glaub', ich ruf' jetzt den Schuldenberater an, ich brauch' Geld, ich bin asozial und die Super Nanny hab' ich schon umgebracht!«

SHN, Kapitel 30:
Jahresrückblick 2008

Off Stimme: »*Hatenight* präsentiert: ›2008. Der ultimative Jahresrückblick‹.«

Serdar zuhause: »Ja, 2008 war schon ein geiles Jahr. Das Jahr der spektakulären Abgänge.
Jörg Haider rast mit 180 durchs Dorf, Andrea Ypsilanti mit dem Kopf gegen die Wand, hahah.«

Off-Stimme: »Pleiten, Pech, Pannen.«

Serdar: »Das Jahr der Sportereignisse, Fußball EM, Türkei spielt Deutschland in Grund und Boden und verliert unglücklich, hahah. Ja oder die Olympiade, der dicke Gewichtheber rächt den Tod seiner Frau. Er stemmt Kilogramm für Kilogramm in die Luft, hahaha.«

Off-Stimme: »Immer wieder wollen uns Schlechtmacher und Miesepeter das Feiern verbieten. Wir fordern deswegen: ›Ungehemmt, besinnungslos, Weihnachten für alle!
Lebkuchen und Dominosteine, Freikekse ... Wir lassen uns das Feiern nicht verbieten!‹
Spendenaktionen sind geheuchelt. Hunger gibt's das ganze Jahr.
Gans ist geil! Fröhliche Weihnacht, lalalala!«

Serdar im Auto: »Am meisten gehen mir diese Kabarettisten auf den Sack und Comedians, ja.«

Carolin Kebekus sitzt im Auto auf der Rückbank und strickt: »Ich bin Carolin Kebekus und ich finde, der Somuncu sollte mal 'ne Ziege bekommen, damit der seine sexistischen und frauenfeindlichen Gelüste dann mal an der Ziege auslässt, wenn er überhaupt einen hochkriegt. Obwohl, das wär' ja Tierquälerei für die Ziege, wenn er keinen hochkriegt, hahahah.«

Serdar im Auto: »Dann rubbel dir doch einen, wenn's dir nicht passt, hahaha!
Ja, außerdem will ich auch nicht mehr lachen. Dieser ewige Zwang, über irgendwas lachen zu müssen. Ich will lieber nachdenken und wenn sich daraus 'n Lachen ergibt, ist es okay.«

Serdar zuhause: »Und das Jahr der Trennungen, spektakulär, Boris Becker trennt sich von Sandy Meyer-Wölden, die aussieht wie seine Tochter.
Fritzl trennt sich von seiner Tochter und den Kindern zugleich, Veronica Ferres von dem Mann, der aussieht wie ihr Arschloch, und Sarah Connor trennt sich von Marc Trensi Transi Terenzi.«

Johann König: »Ich hasse den Somuncu, ich hasse ihn! Als ich den zum ersten Mal gesehen hab', da hab' ich schon gedacht, was für ein

Spacko, was für ein Türken-Arsch-Spacko-Vollasi! Aber so was darf man ja nicht sagen …«

Serdar im Auto: »Das find' ich nicht lustig, einfach nicht. Ich weiß nicht, ob ich vielleicht ein verbitterter Mensch bin oder ob ich die Pointen verpasse, ich hab' keine Ahnung, woran es liegt. Ich weiß es nicht!
Fickgesicht! – Du hast doch wohl den Arsch offen! – Nein!
Meine Güte!
24 Stunden rauf und runter werden Witze zelebriert und man wird angesprochen in dümmlichster Art und Weise. Albernheiten werden einem um die Ohren geschlagen, besonders in diesen Sketch Comedies.
Meine Güte, da seh' ich schon bevor der Sketch losgeht, wie die Pointe in zehn unterschiedlichen Varianten ausfallen könnte. Und was soll ich dann noch lachen darüber? Das sind Hausfrauenwitze.«

Serdar zuhause: »Verona und Franjo Pooth sind pleite, hehe, ja aber die Banken ja auch, die ihnen das Geld geliehen haben, die Bankenkrise, die Weltwirtschaftskrise, die Bayern-Wahl, ja, die USA trennt sich von George W. Bush.«

Off-Stimme: »Krisen, Kriege, Küchen.«

Serdar: »Das Jahr der Freudensprünge und das Jahr von Knut. Wenn ich den irgendwann wiedersehe, ja, dann steck' ich ihn zu Adolf Barth ins Olympiastadion. Dann kann er sich zerklatschen lassen von 'ner Horde von Debilen.
Das war auch das Jahr des Comedy-Abgangs und -Absturzes.
Es war auch das Jahr des hohlen Gelächters und der Super Nanny und Schuldenberater.
Das Jahr der Bombardierung mit Billigformaten.
Das Jahr des nie aufhörenden Trivialismus.

Gott sei Dank ist es vorbei oder vielleicht ist es ja auch noch nicht vorbei und wir wiederholen es einfach noch mal.

Warum nicht noch mal 2008?«

SHN, Kapitel 31:
Die Rückkehr der Judiritter

Off-Stimme: »Schlomo Hackfleisch präsentiert: Jewstory. Die Geschichte des Judentums. Judo Ürgens als Jesus von Nazareth und Jude Law als Dagobert Duck.«

Serdar zuhause: »Es gibt ja auf dieser Welt so viele Menschen, die was gegen Juden haben, dass man sich fragt, hat es denn vielleicht eine Berechtigung? Ja, ich kenn' zwar keine Juden persönlich, aber ich hab' mir sagen lassen, dass sie Hakennasen haben und lange Fingernägel und fettige Haare und klauen wie die Raben, hehe. Ja, und die jüdische Weltverschwörung, ja, vor allem gegen den Deutschen, die ist schon so weit fortgeschritten, dass bei jeder kleinen Verfehlung Reparationszahlungen gefordert werden von irgendwelchen Zentralräten, Lobbyisten, Interessensverbänden, Friedmanns und Knoblochs. Und dabei machen 'se doch selber viel Schlimmeres, bombardieren den Gazastreifen. Mit was für Waffen eigentlich? Wahrscheinlich von Finanzlobbytum aus Amerika gesponsert, ja.

Ne, ne, ne, ne, da muss man sich gar nicht drauf einlassen, und außerdem was können wir dafür, dass unsere Vorfahren irgendwann mal, na ja, da will ich gar nicht mehr drüber reden, Schwamm drüber, ist doch auch schon lange her, ne. Heute zählen andere Gerechtigkeiten, ja, heute geht's nicht mehr darum, das aufzubereiten, was vorher mal war, sondern über das nachzudenken, was kommen könnte, deswegen ist Gerechtigkeit auch 'n sehr relativer und variabel einzusetzender Begriff, ja.

Vielleicht sind ja die Juden mittlerweile viel schlimmer als die, die denen seinerzeit Schlimmes angetan haben. Jetzt wird ihnen ja wahrscheinlich auch unterstellt, der jüdischen Weltverschwörung, mein' ich, dass sie zusammen mit dem amerikanischen Finanzlobbytum eine Unterwanderung des germanisch-, arisch-, mitteleuropäischen Kulturkreises versuchen. Übrigens auch mit Hilfe von Volksverhetzern und Wortverdrehern wie Ahmadine-P.-Diddy-Dschad, dem iranisch- persischen Präsi-Präservativ-sidenten, ja. Arschgeige würd' ich eher sagen, schlecht rasiertes Monstrum, ja. Da stimmen schon viele Pfeifen Töne an, von denen sie gar nicht wissen, in welchen Orgeln sie landen könnten. Manchmal sprechen da Leute auch schon NPD-Text, wenn sie ihre neu gefundene Israelfeindlichkeit zelebrieren, als ginge es um die Wiedergutmachung eigener Schuld.

Das ist das Problem, man macht sich ja gerne mal zum Opfer, damit man wieder selbstbewusst Täter sein kann. Und welche Gleichgänge und Harmonien dabei entstehen, das lässt einem dann schon die Kotze in 'n Hals steigen.«

Off-Stimme: »In weiteren Rollen sehen Sie: Uri Geller als Moses, Marcel Reich-Ranicki als Jahwe den Allmächtigen und Michael Friedman als Paolo Pinkel.«

Serdar: »Ja, und jetzt wo die Israelis, also die Juden, was ja stellvertretend ist, den Gazastreifen bombardieren, da solidarisiert man sich sogar mit den Palästinensern, wobei auch keiner weiß, wer Palästinenser sind und wofür Palästina überhaupt steht und ob die Gesetze, die palästinensische Menschen zu ihrer Lebensgrundlage machen, mit denen zu vereinbaren wären, die unsere Gesetze sind, ja. Ich weiß nicht, ob Palästinenser unseren Freigeist schätzen, ob sie Homosexualität akzeptieren, Drogenkonsum, nackte Frauen, Bungeespringen oder Trampolin von irgendwelchen ukrainischen Zwangsprostituierten zulassen würden, auf öffentlichen Fernsehkanälen, nein, da wären mir Juden schon lieber. Ich glaub', die sind wesentlich freizügiger. Na gut, ich weiß nicht, ob mir das mit diesem Koschersein so passt und gefällt, ich könnte jetzt auch nicht bei jedem Schaf, dem ich an die Gurgel springe, überprüfen, ob's richtig geschächtet ist und ob's auch koscheres Fleisch hat, ich beiß' einfach so rein, wenn ich Hunger hab', ja. Aber trotzdem ist es mir lieber, weil ich weiß, dass die um 'ne Menge toleranter sind als andere.

Insofern, lasst doch die Juden, also die Israelis bombardieren, wen sie wollen. Wir bombardieren schließlich auch einmal pro Jahr irgendwelche Minderkulturen und Untervölker und da kommt auch niemand und sagt: ›Ihr seid jetzt böse, ihr dürft das nicht, weil ihr es vorher vielleicht nicht durftet und jetzt wieder wollt.‹

Ich weiß nicht, ich krieg's auch nicht zusammen, ich bin vielleicht auch 'n Judenfeind, ja vielleicht hab' ich auch was, ich mag sie nicht, nein. Oder, oder waren's jetzt Zigeuner? Oder Neger? Ich hab's vergessen.

Stalim steich stoch, oder war es Stalin sein Loch?

Ich weiß es nicht ...«

SHN, Kapitel 32:
Chaos-Theorien

Off-Stimme: »Newsflash der Woche: DPA meldet: ›DAX im Keller. Wirtschaftskrise auf Menschen übertragbar, erste Anzeichen sind Übelkeit und Durchfall‹.«

Serdar im Auto: »Wir leben ja mittlerweile in einer Zeit des kollektiven Empfindens. Es ist alles gleichgeschaltet. Wenn die Revolutionen, nach denen wir uns innerlich sehnen, mal die Diktaturen, die unsere Ängste regieren, besiegen könnten, dann sähe die Welt schon ganz anders aus. Aber dafür sind wir zu gefällig. Der einzige Individualismus, den wir uns leisten, ist uns auszusuchen, in welches Loch wir unsere Schwänze stecken. Ja, das schlechte Gewissen haben wir uns verdient. Die Angst vor Krankheit, die Angst vor einer Weltwirtschaftskrise, vor Mangel an Existenz, an Ansehen, das haben wir uns redlich verdient, ja. Während wir immer nur von Märkten gesprochen haben und uns die Börse suggeriert hat, dass das Auf und Ab ein ewiges Gleichgewicht sein wird, in dem wir uns auf ein Mittelmaß einpendeln, ging es anderen Leuten sehr schlecht, ja. Und während wir Angst davor haben, dass Grippeviren unseren Skiurlaub verhindern könnten, haben andere Leute Cholera!

Und wir sterben auch nicht an Hunger, wir sterben an Überfettung, weil wir auf irgendwelchen All-you-can-eat-Partys so viele Hamburger in uns reinstopfen, bis wir kotzen müssen. Ja und das einzige Pendant, das einzige Gegenstück, was wir dieser übersteigerten Angst zu bieten haben, ist die Trivialität, ist der Rückfall ins Mittelalter, ist die Sucht nach Unterhaltung.«

Off-Stimme: »Der neue Montag bei RTL: Shit-Giganten. Touristenführer, *TV Totaler Krieg* und *Popstars*, die Castingshow.«

Serdar: »Aber leider klappt das nicht. Die Angst regiert unser Denken, unser Verhalten, unser Fühlen. Und deswegen sind auch die die Mächtigsten, die an unsere Urängste appellieren können, an Existenzverlust, materiell. An mangelnde Geborgenheit, dadurch dass die Gesellschaft uns nicht mehr so akzeptiert, wie wir sind. Vielleicht weil wir anders denken, anders fühlen.

An all das kann man appellieren, wenn man sich die Masse gefügig machen will, deswegen ist das Krisengeschwafel, das allgegenwärtige auch nicht mehr wegzukriegen. Es ist aber eigentlich ein Pendant zu der Vergnügungssucht, die wir haben.«

Off-Stimme: »Kennen Sie das? Sie genießen Ihre Morgenlatte und die Alte will nicht dran saugen. Neu, von Fellatiopharm: Granufick femina, zur Stärkung der Blasfunktion.«

Serdar: »Am liebsten würd' ich mir 'n Arsenal an Waffen bestellen und alles abknallen, was mir in den Weg kommt.
Aber ich bin ja nicht Bin Laden! Dazu hab' ich zu wenig Bartwuchs. Ich hab' nur am Arsch 'n Bart, aber der nützt nichts, wenn man Mullahs überzeugen will. Die gucken einem ja selten auf den Arsch. Das Gesicht sehen sie auch nicht so oft, ist ja meistens verhüllt. Mittlerweile sprechen die Mullahs sogar deutsch, auch das ist ein Teil der Globalisierung. Sitzen vor Kameras, wahrscheinlich Hitachi aus Japan, und fördern damit auch noch den Kapitalismus, indem sie die Kassette in die Kamera legen. Wo kauft den bitte schön ein Mullah für seine Ansprache an die Dekadenz der westlichen Welt eine Kamera – ich versteh' es nicht!
Die sind doch auch Teil des Systems, wahrscheinlich sind die auch wieder vom System bestellt, um irgendwelche Ängste zu nähren.
Aber dagegen tun kann man auch nichts, selbst wenn man kein Geld hat, so wie ich. Gut, ich hab' Geld, aber ich kann es nicht mal dafür verwenden, etwas zu bezahlen. Ich hab' ständig das Gefühl, ich gebe es aus, weil ich büßen muss!

SHN, Kapitel 33:
Glaube, Gier und Größenwahn

Off-Stimme: »Möchten Sie einen Stresstest machen? Herzlichen Glückwunsch, bestanden. Ihr Preis: Ein meet and greet mit den Amigos.«

Serdar im Auto: »Ich hab' jetzt vor einiger Zeit entdeckt, dass auf dem Display meines Telefons 3G steht, und dann hab' ich mich gefragt, wofür steht dieses 3G? Und schlagartig wurde mir bewusst, es steht für die drei Grundfesten jedes menschlichen Handelns und Denkens: Glaube, Gier und Größenwahn. Ja, und dann ist mir eingefallen, dass so viele Menschen religiös sind und doch nach sehr unlauteren Prinzipien handeln. Religion, was ist Religion, hab' ich mich dann gefragt. Religion ist nicht anderes als ein Regelwerk für Asoziale. Ich brauch' doch keine übergeordnete Instanz, die mir sagt, wann ich was darf und wann nicht. Ich muss doch keine Erlaubnis haben, um Hand an mich anzulegen oder irgendwas von mir in jemand anderen zu legen. Na und? Und wenn ich dann gesündigt habe? Ich lebe lieber glücklich und sterbe unglücklich, als dass ich mein ganzes Leben Angst davor habe, irgendwann in die Hölle zu kommen.«

Off-Stimme: »Wenn Sie zu viel in der Sonne abhängen: Nirvana Sun, empfohlen von Ihrem Hassprediger.«

Serdar: »Ich weiß auch nicht, ob diese übergeordneten Instanzen einheitlich sind. Wenn Baptisten, Calvinisten, Moslems, Juden, Christen darum streiten, die einzig wahre Lehre zu verbreiten, sich Bettlaken um den Kopf schnallen und dann im Namen Gottes andere Leute umbringen. Ich weiß nicht, ob das sinnvoll ist, dass Religionen nicht Toleranz lehren, sondern Gewalt und Aggression. Deswegen glaub' ich auch nicht dran, an diesen Schwachsinn. Ich glaub', das ist einfach nur 'ne Angstbewältigungsmaßnahme. Die übergeordnete Instanz soll einem die Verantwortung abnehmen und die Angst davor, dass man irgendwann sterben könnte, dass man krank wird, dass man arm bleibt. Na und? So ist halt das Leben! Das Schicksal ist die größte Religion, an die man glauben kann, ja. Und dann werden über Scientologen Absätze verfasst und geschimpft wird und es wird so getan, als wär' Scientology 'ne Sekte. Was macht denn 'ne Sekte aus, was will denn Scientology?«

Off-Stimme: »Tom Grusel spielt Friedrich von Maukenberg in *Operation Pediküre*.«

Serdar: »Wenn's eine Sekte ausmacht, dass sie ihren Gläubigen Geld aus der Tasche zieht, dann ist die katholische Kirche die größte Sekte, die ich kenne. Wenn's eine Sekte ausmacht, dass irgendwelche Propheten übers Wasser laufen, dann ist die katholische Kirche die größte Sekte, die ich kenne.

Na gut, es ist absurd, vielleicht, dass irgendwelche Science-Fiction-Autoren Lehren aufstellen und Schauspieler ihnen folgen. Aber ist es nicht genauso absurd, dass sich ältere Männer liturgische Gewänder anziehen und Weihrauch schwenkend durch Kathedralen laufen und später kleine Jungs vögeln? Ich weiß nicht, wo der Maßstab ist und wer diese Maßstäbe erfindet, ob's vielleicht irgend 'ne Propagandamaßnahme ist, 'n Rachefeldzug, ja, gegen den neu erwachsenden Konkurrenten Scientology. Die katholische Kirche lässt sich ja vieles einfallen, im Laufe der Jahre und Jahrtausende. Das Beste ist, man gründet 'ne eigene Religionsgemeinschaft, hab' auch schon 'n Namen: die Hassisten!«

Verzerrte Off-Stimme: »Serdar hatte beim Autofahren eine Vision. Er sah die Krise als Signal der Veränderung. Also muss das Geld befreit werden aus den Klauen der Verdammnis. Denn selig sind die, die geben. Also gebt dem Befreier euren Zaster und er befreit euch von euren Lastern. Lästerliches Geld wird geheiligt und von eurem Befreier verprasst.«

Serdar: »Wir hassen alles, was uns in die Quere kommt. Wir sind intolerant bis zum Anschlag! Wir lassen uns nichts bieten. Wir durchschauen die Lüge schon im Ansatz! Ja, und dann zerstören wir sie, durch hartnäckige und ausdauernde Ignoranz. Und die Hauptregel der Hassisten ist: Ich sage, was gemacht wird, und der Rest pariert! Amen!«

Off-Stimme: »Nach sensationellen Erfolgen wie: *Die Bibel*, der *Koran* und *Feuchtgebiete* kommt jetzt ein Bestseller der Weltgeschichte: *Kein Mampf*.

Und nächste Woche sehen Sie: Serdana, die laxierenden Hassisten.

Vers eins: ›Die Schwesterngeburt‹.«

SHN, Kapitel 34:
Machtergreifung

Off-Stimme: »Werden Sie Hassist und genießen das Leben auf der dunklen Seite der Macht. Hören Sie nun: Serdar Somuncu predigt Nummer eins.«

Serdar aus dem Off: »Wie oft sehnst du dich in deinen stillen Stunden, den heimlichen Momenten, danach, zu dir selbst zu stehen und deine inneren Widerstände zu überrunden?

Warum tust du es dann nicht, wenn es dir schaden kann und anderen Nutzen bringt? Wenn das Schiff der hehren Ziele schon zur Hälfte in der Anpassung an das Mächtigere versinkt.«

Ticker am Bildrand: »Spenden Sie jetzt!!! Deutsche Bank – Kto 9082272 – BLZ 300 700 24 – Stichwort: ›Welteroberung‹.«

Serdar: »Wie oft schweigst du, obwohl du schreien willst? Wie oft hältst du die Wange hin, obwohl du schlagen musst? Wie oft hältst du die Luft an, obwohl dir der Atem stockt, auch wenn die einfachere Lösung dich wie ein unsichtbarer Köder in den Stillstand bringt. An was glaubst du, wenn du noch nicht einmal dir selbst vertraust? Wem gibst du die Macht in die Hand, wenn du in deinen Sehnsüchten leere Schlösser in den Himmel baust.

Weißt du, wohin du willst?«

Serdar: »Bist du ein Platzhalter, ein Stück Atemluft, ein Stein im Asphalt oder bist du mehr der schönen Blumen seltener Duft?
Gibst du etwas, statt zu nehmen? Denkst du wirklich, die schönste Stadt im Paradies kann deine innere Heimat dir verbrämen?
Kannst du sagen, was ungerecht ist, wenn es keinen Maßstab gibt, den du dir selber setzt? Kannst du ahnen, wie es sich anfühlt, schuldig zu sein, wenn dein Gewissen ständig dein Ego verletzt?
Was geschieht, wenn du den anderen nicht vor Gewalt und Undank schützt und dir nur seine Körperwärme als Ersatz für fehlende Geborgenheit ein wenig nutzt?
Und warum fragst du, wenn du keine Antwort kennst, die du dem geben kannst, der dich in Frage stellt?
Wie stark muss die Wand sein, gegen die du mit dem Kopf rennst, wie schwach der Baum des Pflichtbewussten, den der Förster deiner Seele ständig fällt?
Warum sprichst du, wenn dein Gedanke dich nicht führt?
Warum liebst du, wenn du die Nähe nicht erträgst? Mit wem brichst du, wenn dich das Wort der Vernunft nicht berührt?
Und wem zeigst du deinen Weg, wenn du schon Schlüssel hinterlegst?
Sind wir alleine in unserer Welt? Zu zweit, zu tausend, Millionen?
Was ist das Band, das uns hält? Ist es nur der Mut des anderen, den wir belohnen?
Oder suchen wir die Kraft, die wir selbst nicht haben, in dem, der sie uns für niedere Zwecke zur Verfügung stellt, an dessen Macht wir uns laben?«

Ticker am Bildrand: »Spenden Sie jetzt!!! Deutsche Bank – Kto 9082272 – BLZ 300 700 24 – Stichwort: ›Welteroberung‹.«

Serdar: »Wenn wir in unseren Träumen Gott vertrauen, damit er uns in seiner Nähe hält, dann liegt im Hass seine wahre Begierde. Denn nicht nur Liebe ist der Tugend Zierde, im Hass ist Wille, Kraft und Glaube verborgen, denn nur wer hassen kann, verliert auch vor der Gleichheit seine Sorgen.«

SHN, Kapitel 34.1:
MANIFEST

Serdar mit Turban und Sonnenbrille: »Hassisten, ich spreche heute zu euch aus dem Untergrund, denn hierhin haben mich vor allem diejenigen verbannt, die es nicht ertragen, dass der Mensch als Individuum wehrhaft bleibt. Diejenigen, die sich für ihre unlauteren Ziele schon längst mit der Lüge verbündet haben und über die Leichen ihrer Freunde gehen, wenn es ihre Bahnen pflastert, und diejenigen, die in den unsichtbaren Meinungsdiktaturen, die sie errichtet haben, zu Handlangern der Verdummung und der Unempfindlichkeit geworden sind und lieber die Kraft der entfesselten Idiotie und der sich ständig wiederholenden Anspruchslosigkeit am Leben halten, als sich dem entgegenzustellen, was den Menschen zur Bestie macht und seine Moral zur Machtlosigkeit verkommen lässt.
Hurensöhne und Verräter werden so belohnt, Clowns und Aufschneider hofiert, Barbaren und Betrüger ausgezeichnet und gelobt für Taten und Leistungen, die nichts anderes sind als Kaufanreiz, verwandeltes Untalent und zielgruppenorientiertes Phrasenblendwerk, während auf der anderen Seite Ehrenmänner bestraft werden für ihren Glauben an die Wahrhaftigkeit der Kunst und die bereichernde Kraft ihrer Nachdenklichkeit, ihrer Haltung loyal zu sein, Ungerechtigkeit nicht hinzunehmen und für Ideale einzutreten, die mehr sind als ein zufälliges Gelingen und Abfangen von unmittelbaren Bedürfnissen nach Zerstreuung. Es gäbe vieles, worüber wir

nachzudenken hätten. Der Wettbewerb, auf den wir uns so eingelassen haben, zerrt an unserer Kraft und die Jagd nach Erfolg
zermürbt unsere Hoffnung auf eine Erlösung. Ein Innehalten, eine
Atempause, ein Augenblick der Reflektion wäre von Nöten. Stattdessen amüsieren wir uns weiter, das Rad dreht sich immer schneller, wir werden getriebener und unvorsichtiger und nur für kurze
Momente, in denen wir wach werden, erschrecken wir, dann nämlich, wenn die Einschläge in unserer unmittelbaren Nähe stattfin-
den und für Augenblicke sichtbar und somit real werden.

Es ist eine verkehrte Welt, in der wir leben. Die Macht, über unseren Geschmack zu entscheiden, ist denen überlassen, deren Motive
unehrlich und schlecht sind, und unsere Kraft, sich dieser unsichtbaren Bestie entgegenzusetzen, ist solange wirkungslos, wie sie im
Banne der eigenen Angst vor Existenz, Ansehens- und Liebesverlust
verharrt. Aber wie konnte es erst überhaupt so weit kommen und
was hat meine Überzeugung zur unbändigen Wut über das werden
lassen, was uns das Denken verbietet und das Wegschauen erlaubt?
Auch ich war einst nämlich auf dem Weg, der einzig den persönlichen Vorteil zur obersten Maxime machte, die Ignoranz zur Immu-
nität gegen Misserfolg stilisierte und die Angst vor Verlust und Ver-
sagen zur Feigheit erklärte.

Auch ich habe daran geglaubt, dass ich mehr wert bin, wenn andere
mich mehr wert machen und mir den Zuspruch und die Anerkennung geben, die ich mir selbst zu geben nicht imstande war.

So habe ich den Pakt mit den Teufeln geschlossen, die mich heute
verfolgen.

Ich habe mein gesamtes Verhalten und Denken nach ihnen aus-
gerichtet. Ich habe nach ihren Vorgaben gedacht und nach ihren
Pointen gelacht. Ich habe befürchtet und geschwiegen, abgewägt
und gehadert, ich habe gezweifelt und bin daran immer mehr verzweifelt, denn mit jeder Injektion des Gifts, auch Erfolg genannt,
wurde ich süchtiger danach, je mehr ich mich an das gebunden
habe, was ich für meine künstliche Aufwertung brauchte, desto

gebundener und verhafteter wurde auch mein Denken und desto abhängiger wurde auch mein Handeln.

Ich entfernte mich mehr und mehr von mir selbst und wurde zum willfährigen Handlanger einer Diktatur, deren wahre Ideologie ich noch nicht einmal kannte. Nur ihre Stellvertreter habe ich gesehen. Die Stellvertreter dieser unsichtbaren Macht sind weder Freund noch Wohltäter, sie sind kaltblütige Menschen, deren Rückgrat auch einst gebrochen werden musste, damit sie ihr Gewissen verlieren. Oft sind sie sogar in Nadelstreifen unterwegs und fangen streunende Existenzen auf ihrem verirrten Weg in die Freiheit ab, geben ihnen eine trügerische Wärme, deren Quelle sie allerdings anfeuern und schüren wie und wann sie es möchten. Sie steuern so ein ganzes Heer von Verzweifelten und es bereitet ihnen Lust und Freude, ihre Macht an Hilflosen auszuspielen.

Heute weiß ich, diese Diktatur, die uns regiert, heißt Angst, und nur der, der sie beherrscht, ist unser Verführer und in der Lage dazu, uns dorthin zu steuern, wo er uns haben will. Er hinterfragt unsere Meinung, die nichts anderes ist als ein Schlüssel in unser Gewissen, und dann lenkt er uns in seine verhängnisvollen Richtungen, in seine Geschäfte, in seine Ketten und in seinen Bann, in seine Foren, auf denen wir uns in der Suche nach Geborgenheit so lange verlieren und verirren, bis wir so immer mehr vereinsamen und uns isolieren und die reale mit der virtuellen Welt gleichsetzen und eines Tages an unserer Sucht nach Unterhaltung und Anerkennung zugrunde gehen.

Wir werden so also bis an die Grenze unserer Verfügbarkeit getrieben, wir verschulden und verschreiben unser ganzes Kapital, unser individuelles Urteilsvermögen, die Kraft zur Freiheit und zum Widerstand den Prokuristen der Einfältigkeit, und erst an dem Tag, an dem es zur Abrechnung kommt, an dem wir uns dessen bewusst werden, worauf wir uns in diesem Wahnsinn eingelassen haben, merken wir, dass unser teuerstes Talent, nämlich die Treue zu uns selbst und die damit verbundene Empathie zu denen, die mit uns leiden, verloren gegangen ist für ein Ziel, das nichts anderes ist als die pure und dümmliche Gier nach Bestätigung.

Wenn wir also nun die Verantwortung, die wir einst abgegeben haben, zurückerlangen wollen, müssen wir das Konstrukt unserer Gegner von innen zerstören, vor allem müssen wir die Herrschaft über unsere Ängste zurückerlangen. Wir müssen misstrauischer werden und zugleich beweglicher im Geiste sein. Wir müssen Fragen stellen und nicht jede Antwort hinnehmen, die man uns gibt. Wir müssen die gemeinsamen Ziele vor die Ansprüche des Einzelnen stellen und den Wunsch des Einzelnen respektieren, ohne die Ziele des Gemeinsamen aus den Augen zu verlieren.

Dafür ist es nicht zu spät. Noch sind unsere Gedanken nicht ausreichend verseucht und unsere Sinne nicht vollends betäubt. Wenn wir uns befreien wollen von der Macht der quotierten Wahrheit, von dem Anspruch derer, die an ihren eigenen Anspruchslosigkeiten verzweifeln und deshalb ihr Leid auf andere übertragen, müssen wir uns wehren, indem wir uns verbinden und zu einer unberechenbaren Kraft heranwachsen, die im Hintergrund des Geschehens lauert, einer Instanz, die jederzeit dazu bereit ist zuzuschlagen, wenn es unsere Feinde nicht erwarten, weil sie sich in Sicherheit wähnen!

Es liegt vollkommen in unserer Macht, diese Kraft zu nutzen. Wir brauchen dafür keine Häresie, keine blindwütige Gefolgsamkeit, keine Gewalt und keinen Kampf, sondern nur Aufmerksamkeit, Geduld, Ausdauer, festen Willen und die Überzeugung, dass es eines Tages eine Welt geben wird, in der die Menschen eines Besseren belehrt, abwägen, bevor sie handeln, in der sie nicht nur sich und ihrer eigenen Bedürfnisse gewahr sind, sondern auch die der anderen respektieren, nicht nur gegen Ungerechtigkeit kämpfen, die ihnen widerfährt, nicht nur für ihre eigene Freiheit eintreten, nicht nur solidarisch sind, weil sie Angst davor haben, dass andere nicht solidarisch mit ihnen sein könnten, sondern aus

Selbstlosigkeit den Idealen von Menschlichkeit und Barmherzigkeit zur Seite stehen und sei es auch zu ihrem eigenen Schaden.

Lasst uns also für diese neue Welt kämpfen, in der wir das tun, was man nicht erwartet. In der wir über die lachen, die uns zum Lachen bringen wollen in der wir uns vor uns selbst bewahren, um den anderen in Schutz zu nehmen, und vor allem Freude daran haben, wie wir beobachten, dass die Grundfesten der Diktaturen und faschistoiden Systeme samt ihrer feigen Handlanger und Dienstleister ins Wanken geraten, wenn man ihnen die Gefolgschaft verweigert und seinen persönlichen Anspruch und Mut vor die unsichtbaren Befehle derer setzt, die aus uns nichts anderes machen wollen als ein Rädchen in einer Maschinerie, deren Kraft sich einzig und allein gegen sich selbst richtet und eines Tages, so hoffen wir, in den Abgrund ihrer verzweifelten Orientierungslosigkeit stürzen wird.«

SHN, Kapitel 35:
To B or not to B

Serdar im Auto: »Mir ist mal aufgefallen, dass Frauen, wenn man mit ihnen Schluss macht oder gezwungen ist, sie zu verlassen, dazu neigen, den Kontakt abzubrechen, so als hätten sie ein schlechtes Gewissen, weil sie sich jahrelang den Schwanz haben reinschieben lassen und dann nicht dabei beobachtet werden wollen, wie sie sich den nächsten Schwanz aussuchen.

Was ist das überhaupt für 'ne Maßnahme? ›Ich breche den Kontakt ab.‹

Ja, hau doch ab du Fotze! Müsste man sagen, sage ich nicht, ich bin ja 'n feiner Kerl.

Aber als es darum ging, den Kontakt aufzubauen, da war ihnen jedes Mittel recht. Weil Männer für Frauen nichts anderes sind als 'n Kuschelersatz, als 'n Pferd, auf das man sich draufsetzt, das man

sattelt und reitet, als 'n Papi, als irgendwas. Befriedigung, zwischenzeitliche, weil wirklich befriedigt sind die Frauen ja nie, da kann man ihnen noch so viel Geld auf den Tisch scheißen, noch so viel Kartoffelpüree kochen, Blümchen kaufen, tanzen. Nein!
Im Grunde ihres Herzens sind Frauen alle lesbisch. Die wollen's nicht, die tun auch immer so, als wollten sie's nicht: ›Huhu, nein! Da hab' ich mich aber erschrocken!‹ Ja, dabei tun sie nur, als wollten sie's nicht, diese Dreckshuren.
Wer dreht denn die Pornofilme?
Wer lässt sich denn in jedes Loch knallen von vier, fünf, zehn auf einmal?
Wer lässt sich denn auf den Arsch schlunzen, auf den Rücken plumpsen, die Titten massieren, das Gesicht massakrieren, wer lässt es denn zu?«

Off-Stimme: »Willst du dich von geilen Hengsten reiten lassen? Ruf jetzt an! 0190 969696.
Diese Nummer ist feucht!!! Nur 6,99 € / Min. aus dem deutschen Festnetz.«

Serdar: »Wir Männer gucken euch immer nur dabei zu, aber ihr macht es! Ihr seid verdorben bis ins Mark und deshalb brecht ihr den Kontakt ab, so als würdet ihr den Blick hinter der Kamera nicht erahnen, während ihr euch vögeln lasst. ›Och, hui, ach, hehe.‹
Ich hab' nichts gegen Frauen, überhaupt nicht, ohne Frauen ginge es nicht, bin ja nicht schwul. Bin auch kein Sodomist oder Steckdosenficker, aber 'n bisschen mehr Ehrlichkeit, dazu stehen, dass man ein untergeordnetes Wesen ist, ja und es sich gerne machen lässt, weil das ist ja Teil der Natur, dass man als Frau es sich machen lässt, sonst wär' man keine Frau.
Weiß nicht, ob das zu hart ist und ob ich nur sauer bin, weil meine Ex-Freundinnen mit mir immer den Kontakt abbrechen. Weiß auch nicht, warum sie es tun, ich bin doch 'n ganz lieber Kerl.

Ich schmuse auch, bei Bedarf.

Ich nehm' auch mal jemanden in den Arm und biete 'ne starke Schulter und hab' Humor.

Das kommt davon, wenn man jahrelang wichst, dann vernebelt es einem irgendwann das Gehirn, dann weiß man nicht mehr, für was oder gegen wen man sein soll.«

SHN, Kapitel 36:
Tätätätä

Off-Stimme: »Bald ist es so weit, nur noch wenige Tage, dann beginnt sie, die närrische Zeit!«

Serdar im Auto: »Jetzt ist ja bald wieder Karneval und dann beginnt die närrische Zeit, ja. Als ob wir nicht schon genug närrische Zeit zu überstehen hätten, dass uns im Februar auch noch die Narren mit ihren idiotischen Späßen belästigen. Und es reicht ja nicht, dass sie uns die Straßen blockieren, nein! Auf sämtlichen Fernsehkanälen wird zur gleichen Zeit Karneval zelebriert oder Fasching, wie es die Süddeutschen nennen, oder Fascho, wie es die Ostdeutschen nennen.

›Es gibt nur zwei Möglichkeiten, entweder man feiert mit oder man fährt weg!‹

Warum gibt's nur zwei Möglichkeiten und nicht drei? Man erschießt alle!

Karneval ist nämlich nichts anderes als der Ausdruck einer prinzipiellen Degeneration unserer Gesellschaft, die nur noch Anlässe sucht, zu feiern, sich zu besaufen, besinnungslos rumzuvögeln. Ich brauch' doch niemanden, der mir einen Anlass gibt, ich kann vögeln, wann ich will! Ich kann saufen so viel ich möchte! Ich kann Karneval feiern jeden Tag!

Ich glaub' ja das was anderes dahintersteckt. Ich glaube, dass uns jemand bei Laune halten will und deswegen werden die Anlässe erfunden, ja, mal ist es Valentinstag. Valentinstag. Noch vor zehn Jahren kannte niemand Valentinstag, mittlerweile wird so ein Druck auf mich ausgeübt, dass ich Blumen kaufe, obwohl ich gar keine Freundin habe.

Ja, dann ist Halloween. ›Halloween, Halloween, hehehe‹.

Was ist denn Halloween bitte schön? Bei mir ist jeden Tag Halloween!

So viel kann man gar nicht feiern, wie viel es da abzufeiern gibt! Und jetzt kommt Karneval und das Fernsehen überträgt ›Live die Sitzung aus Tuttlingen‹, ich wusste nicht, dass Tuttlingen eine Karnevalstradition hat.

Selbst Ossis feiern mittlerweile Karneval. Ich dachte immer, Ossis wären Karneval, weil sie naturlustig sind, sobald sie die Fresse aufmachen, muss ich lachen.

Und am schlimmsten ist es in Köln! Köln, die Stadt der Toleranten! Die glauben, sie wären tolerant. Die glauben, sie wären tolerant! Aber tolerant ist nicht, sich ins Arschloch zu ficken! Toleranz ist, andere auszuhalten, beispielsweise auch diejenigen, die Karneval nicht mögen. Aber der Kölner wiegt sich gern in einer, wie soll ich sagen, in dieser, dieser kölschen, ›Wir können alle huäualalaaa.‹.

Was geht mir das auf'n Sack!

Ja, ich werde dieses Jahr als, als, als O. J. Simpson gehen oder als Armin Meiwes oder als Idi Amin oder gleich als Hitler! Aber das erträgt ja keiner. ›Ich heiße Hitler. Ich will 'n Bützeken.‹

Lasst den Leuten doch ihre Feierei, denk' ich dann manchmal. Lass sie doch sich um den Verstand feiern, bis zur Besinnungslosigkeit sich totsaufen. Ja, lass sie doch.

Am Ende, wenn abgerechnet wird, da zählt es. Wenn wir alle vor Gott stehen und Gott uns fragt: ›Was habt ihr gemacht seinerzeit, im Februar?‹ Haha, ja und wir sagen: ›Wir haben Karneval gefeiert ...‹

Da weiß man schon, wer in die Hölle kommt und in den Himmel.«

Geliebter Führer

Serdar im Auto: »Wo ist eigentlich Il Song Kim? Ich weiß nicht, wie er richtig heißt. Der Diktator, der Flüchtige, der sich verflüchtigte von Nordkorea. Il Song Kim, der Sohn von Kim Il Song, ist wahrscheinlich weg, in Japan, lässt sich von den Nutten die Eier lutschen, von der Entwicklungshilfe, die er bekommen hat, weil er den Amis ständig Atomprogramme angedroht hat und sie ihm bis in seine Kimme, deswegen heißt er ja Kimme, gefüllt haben, mit Dollars. Wo ist der? Ist doch sein Geburtstag! Wird doch gefeiert. Da könnte er seinen geschundenen Landsleuten wenigstens mal 'n Brötchen schenken.

Wir glauben ja an die Dinge, die uns gesagt werden. Ja, die Achse des Bösen und schon glauben wir, der Iran, Nordkorea wären die Bösen. Libyen ist zum Beispiel mittlerweile lieb, obwohl Libyen lange Zeit sehr böse war! Die selben Amis, die selben Engländer, die selben Gerhard Schröders, die Muammar Al Gaddafi um den Hals gefallen sind und ihm das Ohrläppchen knutschen, die haben ihn vorher verteufelt, weil er in Berlin das La Belle, 'ne Diskothek, in die Luft gejagt hat und in Lockerbie 'n Flugzeug einfach hat abstürzen lassen, aber plötzlich ist er lieb! Ja, warum wohl? Möchte nicht wissen, wie viele Waffenfabriken es in Libyen gibt, ja.

Und welche Vermittlerrolle Muammar Al Gaddafi gespielt hat, weil irgendwelche westeuropäischen Penner auf die Idee kommen, in der algerischen Wüste Rallies zu veranstalten und dann wieder befreit werden müssen, mit unseren Steuergeldern!

Wer weiß, vielleicht ist ja Kimme Il Song auch ein total sympathischer Typ und kümmert sich um seine Leute.

Gut, er sieht nicht sympathisch aus, er sieht aus wie so 'ne Halloween-Kürbis-Gurke, die man zu lange aufgeblasen hat, mit dem Resthaar noch auf'm Hinterschädel. Aber welcher Diktator sieht schon gut aus? Sah Ceauşescu gut aus? Gut, Honecker war vielleicht 'n bisschen smarter, Hitler sah gar nicht schlimm aus, jedenfalls wenn man die Perspektive derer betrachtet, die Hitler mochten. Ja, es ist also alles relativ. Man sollte sich das Schimpfen über Diktaturen erstmal genauestens überlegen, weil wir, wir leben auch in 'ner Diktatur. Wir werden auch von kleinen Alltagsfaschismen regiert, ob sie aus 'nem viereckigen Ding kommen, das sich TV nennt, oder von irgendwelchen Politikern, die angebliche Demokraten sind.

Wir sind doch auch angstregiert und ferngesteuert von irgendwelchen Leuten und vor allen Dingen von unseren eigenen Angstgedanken, die wir entwickeln, ja.

Angst vor Postenverlust zum Beispiel. ›Da sag' ich mal lieber nichts…‹, aber wer denkt alles und sagt nichts?

Insofern ist die Achse des Bösen schon längst in uns und sie regiert unser Handeln und Denken und steuert uns genau in die Richtung, in die wir gesteuert werden sollen, sonst hätten wir keine Dollars in der Tasche, die selben Korruptionsdollars, die der nordkoreanische Pisser auf seinem Konto hat, nur mit dem Unterschied, dass unser Geburtstag nicht so heftig gefeiert wird und wir auch nicht zwischendurch mal zu japanischen Nutten fahren können, die übrigens ganz gut sein sollen.«

SHN, Kapitel 38:
Diese Folge macht ihrem Namen alle Ehre – schlechteste Folge

Off-Stimme: »98,23 Periode Prozent aller Zuschauer sind der Meinung, die *Hatenight* wird immer schlechter.
Aber das war noch lange nicht alles.
Deshalb sehen Sie heute: SCHLEHAZ, Die schlechteste *Hatenight* aller Zeiten!«

Hinweis an den Leser: Diese Folge ist eine Collage, bestehend aus unzusammenhängenden Ausschnitten aus TV und Internet. Diese reichen von den Teletubbies über Unfälle bis hin zu Prominenten und Comedians.

SHN, Kapitel 39:
Jetzt neu – der Hassias hält eine Ansprache

Off-Stimme: »Achtung! Achtung! Wir unterbrechen das Programm für eine aktuelle Ansprache des Führers.«

Serdar mit Sonnenbrille und einer Fellmütze: »Hassisten! Ich richte mich heute vor allem an alle, die an den wahren Hass glauben und ihn nicht als vergängliche Attitüde sehen, denn unter uns weilen Elemente subversivster Art, Störenfriede und Besserwisser, denen es nicht darum geht, die geplante Übernahme der Macht zu unterstützen, nein, und uns mit voller Kraft zur Seite zu stehen, sondern nur ihr eigener Wille und ihr eigener Weg ist für diese niederträchtigen Konterrevolutionäre von Bedeutung!
Darin unterscheiden sie sich nicht im Geringsten von denen, gegen die sich ihr Aufbegehren eigentlich richtet. Viel mehr noch, sie

denken und sie handeln nicht einen Deut besser als das, was sie von anderen besser verlangen.

Hassisten! Lasst euch nicht blenden von denen, die den hohlen Spaß der Erfüllung, der inneren Freude des Verstehenden vorziehen!

Lasst euch nicht blenden von den Ideen derer, die ihre Ideen nur dann anwenden, wenn sie nutzlos sind! Und wenn sie noch mit so starken Stimmen sprechen, so stark sie auch in der Dunkelheit klingen mögen, so schwach werden sie im Rampenlicht der Sichtbarkeit erst.

Vor allem lasst euch nicht täuschen von den stillen Handlangern des Systems, die immer nur dann glauben, klüger zu sein, wenn man ihnen keine Fragen stellt, und um jede Antwort verlegen bleiben, wenn man nach ihrer Klugheit fragt!

Vor allem aber, seid wachsam, denn diese Störer sind mitten unter uns! Sie tarnen sich und geben sich scheinbar unverdächtige Namen, in Wirklichkeit aber nutzen sie nur die Unüberschaubarkeit des Anonymen als Zuflucht für ihre eigene Unzulänglichkeit.

Wir Hassisten jedoch sind keine Verlierer, die auf den Anlass warten, um ihn nicht zu erfüllen.

Wir Hassisten stellen uns dem Sieg wie der Niederlage, weil wir an das glauben, was wir vernichten wollen. Die Dummheit der Masse ebenso wie die Ignoranz des Einzelnen und die scheinbare Überlegenheit der konformen Idiotie gegenüber der Wehrhaftigkeit des widerständischen intelligenten Geistes. Deshalb: Nur wer sich dieser Wahrheit fügt, gehört zu uns! Nur wer den Versuchungen der Arroganz widersteht, ist es wert ein Hassist zu sein und der erhält meinen Segen.

Dieser Segen nennt sich Hass!«

Fritzls Erben

Serdar auf der Straße, läuft zu seinem Auto: »Boah Alter ey, was gehen mir Kinder auf den Sack! Kann ich gar nicht beschreiben! 40-jährige Frauen, ja, die lassen sich vögeln und erfüllen sich ihren Wunschtraum, noch 'n Baby zu bekommen. Und dann fällt's ihnen aber auf, dass das Baby zu anstrengend ist. Und dann, dann kriegen die Kinder Ritalin und: ›Mein Kind hat ADS.‹

Nein! Dein Kind hat ABS und du bist 'ne Fotze!

Dann krieg' doch kein Kind, mir gehen Kinder auf den Sack!

(Serdar sitzt jetzt im Auto.) Und auch die Namen, die sie dann haben: Leonie, Hannah, Adolf, Paul, Max, ja, dieser Rückgriff auch auf das Altbewährte. Wenn Leute ihre Kinder nennen wie ihre Großeltern, dann krieg' ich sowieso Hass! Diese Ritalin-Generation, diese Bionade-Generation, diese Kack-Generation! Diese Frauen, die sich die Haare selber schneiden und Ringelzöpfchen tragen, Pipi Langstrumpf im Rentenalter! Warum haben die Kinder, warum setzen die die in die Welt? Und warum kann ich diese Kinder nicht umbringen, abballern, niederfahren, totschießen, auffressen?

Ja, aber es ist so gängig, Kinder zu mögen.

›Nein, sie waren doch auch mal ein Kind‹, nein, ich war kein Kind! Ich bin als Erwachsener auf die Welt gekommen! Und immer dieses Reden: ›Nein, du bist aber süß.‹ Nein, du bist scheiße bist du! Du bist 'n Wichser! Ich hasse Kinder! Kann mich stundenlang drüber aufregen! ›Hannah!‹ Die Kinder haben keinen eigenen Platz mehr, ja, sie werden mit Erwachsenen ins Restaurant gezerrt und sitzen abends um halb zehn, während ich über Fotzen reden will, mir gegenüber und gucken mich mit großen Kulleraugen an.

Oder wenn ich über Rot gehe und irgendein Pärchen steht neben mir, und sagt: ›Aber dadadadeda.‹

Nein! Ich bin doch nicht für die Erziehung deines scheiß Blages zuständig! Ich geh' über Rot, wann ich will! Außerdem ist das das

Leben, Menschen gehen über Rot. Es ist deine Verantwortung als Mutter-Fotze dafür zu sorgen, dass das Kind bei Rot stehen bleibt. Oder es soll über Rot gehen, damit es überfahren wird, ich mach's absichtlich! ›Hannah! Leonie! Max! Paul! Paul! Emil!‹

Du Kack-Rudi, du Mongo! Aber was kann man dagegen machen? Nichts. Internierungslager für Blagen. Ständig wird Krach gemacht, mit dem Bobby Cart durch die Wohnung gefahren, ja, ständig wird irgendwas für Kinder animiert, ständig wird in Kindersprache gesprochen, im Fernsehen, Werbung, rauf und runter.

In anderen Ländern da müssen Kinder in Reih und Glied stehen, mit Uniform in die Schule gehen, damit 'se wenigstens Disziplin lernen. Hier werden 'se ernster genommen als die Erwachsenen.

Es ist so allgemeingültig mittlerweile, freundlich zu diesen Fickern zu sein!

Ne, war Spaß, hahahah!

Ich hab' doch nichts gegen Kinder, wenn 'se mit mir in meinen Keller gehen und ich meine Faust ins Rektum stecken darf ...«

Off-Stimme: »Und nächste Woche sehen Sie: Der Exportschlager aus Österreich: ›Die Amstettener Puppenkiste‹.«

Serdar: »Das hab' ich jetzt nicht gesagt ... 'tschuldigung.«

SHN, Kapitel 41:

Finaler Cunnilingus

Serdar im Auto: »Ich hab' das Gefühl, ich guck' in letzter Zeit viel zu viel Fernsehen, schon wieder. Ja, den ganzen Tag sitz' ich vor der Glotze. Und wenn die Glotze aus ist, mach' ich wieder den Rechner an und spiel' 'n paar Ballerspiele, um mich innerlich auf den nächsten Amoklauf vorzubereiten. Moment, ich muss meine Waffe nachladen.

Und dann mach' ich wieder die Glotze an und dann guck' ich mir noch 'n bisschen Heidi Klum und so 'n Scheißdreck an, ja. Germanys next Fotz-Model, was laufen da für Schabracken rum, Gestelle! Die will man noch nicht mal anspritzen, so ungeil sind die!

Und Horst Lichter guck' ich auch, Horst Lichter mag ich gern! Jaaa! Schönen Bart hat der, würd' gerne mal sehen, wie der morgens aussieht, wenn er frisch aufgestanden ist. Dreckficker! Was kocht der für 'ne Scheiße? Interessiert mich nicht! Interessiert mich sowieso nicht, was die für 'ne Scheiße sich da zusammenkochen! Herr Lafer! Herr Lichter! Ich will's nur sehen!

Ich guck' auch diese Tierdokus, ja. Ich hab' da eingeschaltet vor 'n paar Tagen, da sagte so 'ne Stimme: ›Fridolin hat heute keinen Hunger.‹ Und Fridolin war 'ne Moräne! Ich weiß nicht, wann 'ne Moräne Hunger hat! Und vor Fridolin stand 'n Typ, der hatte auf 'nem Bambusstab 'n toten Hering aufgespießt und wedelte damit ins Aquarium rein und sprach auf Ostdeutsch Fridolin an: ›Hallo Fridolin, gucke mal, haste Hunger?‹ Ja, kein Wunder, dass Fridolin überlegt hat, fress' ich zuerst den Ossi oder wird vorher der Hering lebendig? Hahaha! Ja, und dazu lief so 'ne Musik, so 'ne total lustige Musik. Und der Sprecher hat immer wieder wiederholt: ›Fridolin hat heute keinen Hunger.‹ Ja dann fick dich doch!

Hab' ich noch mal umgeschaltet, um zu gucken, was auf den anderen Kanälen los ist, ja. Ob das Dschungel-KZ noch existiert, aber es existiert nicht mehr, ja. Der, die, das Lorielle hat mittlerweile wahrscheinlich auch keinen Pimmel mehr! Und Ingrid van Bergen wurde er angenäht, irgendwie so was halt. Und Frauke Ludawichs steht immer noch vor der Kamera und verkündet irgendwelche Non-Informationen, über Z- und XY-Promis. Was weiß ich? Ich guck's aber, will ja nicht auf 3sat hängen bleiben oder auf arte oder so 'nem Scheißdreck! Ja, um mir das tausendste Mal 'n Interview mit Sarah Kuttner anzugucken, die gerade ihr neues Buch geschissen hat, ja.

Oder irgendwelche anderen Gesichter von Betroffenen, die in Winneden weinen, ja, weil irgendein kleiner Bekloppter mit 'ner Kanone rumgeballert hat.

Ich müsste den ganzen Tag weinen, wenn ich zusammenzähle, wie viele Kinder an Hunger sterben! So viele Fahnen kann man gar nicht auf Halbmast setzen. Verlogene Kacke! Ja, und ich find's auch gut, dass es gefilmt wird, ist doch schön! Muss doch wissen, was in der Welt passiert. Und diejenigen, die sich jetzt echauffieren: ›Nein, das ist zu viel Berichterstattung, zu viel Voyeurismus.‹

Zu wenig Voyeurismus! Ich will Fritzl sehen! Ich will Kampusch sehen! Ich will alles sehen! Ich will mich laben an der Grausamkeit der Menschheit, an der Verkommenheit unserer Gesellschaft! Deswegen hab' ich immer die Fernbedienung in der Hand, immer im Anschlag und ständig bereit umzuschalten, in mir auch zu switchen.

Hauptsache, es passiert was in dieser verfickten Welt!

Ja. So, jetzt geb' ich Gas und fahr' gegen die Wand, mal gucken ob's morgen in der Zeitung steht oder ob man für mich 'n Staatsakt macht, 'ne zentrale Trauerfeier, auf der Angela Merkel 'ne Rede hält. ›Er war so nett! Gut, manchmal 'n bisschen böse, aber er hat's nicht verdient!‹ Ja, manche würden sich freuen! Die würden dann über mich irgendwelche Blogs veröffentlichen: ›Dieses Arschloch!‹

Hahah, aber es wird nicht passieren, nein! Weil ich bin zäh wie Leder und überlebensfähig! So, und ich muss auch fernsehen, damit ich wieder weitere Sprüche habe, finden kann, mir überlege.

So, das war's. Aus. Aus, ich möchte nicht, dass gefilmt wird.

Wer hat das neulich noch gesagt? Sandy Meyer Fotze, die Ex-Ficke von Boris Becker. 'Tschuldigung, Schmuckdesignerin. Hat doch tatsächlich auf 'ne Frage geantwortet, das ist mir zu privat! Das gehört nicht in die Öffentlichkeit! Wer hat denn seine Muschi exponiert im Fernsehen? Wer war's denn? Deswegen zerrt sie an ihren Haaren ins Rampenlicht: Ich will sie sehen! Aber die Sandy Meyer-Wölder, die will ich nicht nur sehen!

Warum kriegt der Boris Becker so was? Der sieht doch nicht besser aus als ich.

Oh Sandy!

Ich bereite mich vor auf den finalen Cunnilingus, unter Ausschluss der Öffentlichkeit.«

SHN, Kapitel 42:
Sinnlose Zeit

Serdar fährt im Auto: »Ich weiß nicht, wie viele Minuten in meinem Leben sinnlos vergehen. Durch warten, ja, ich hasse es zu warten! Auf Leute zu warten, die angekündigt sind um zwölf und um viertel nach zwölf kommen. Das sind 15 Minuten meines Lebens, die ich sinnlos vergeudet habe! Ich könnte irgendwas anderes machen, Schnecken pulen, Essen kochen, Eier rasieren ... Ja, aber nein, ich warte auf fremde Leute, ich warte auch im Stau! Weil fremde Leute zur gleichen Zeit wie ich im Auto fahren müssen!

(Guckt aus dem Seitenfenster, dann wieder nach vorne in die Kamera.) Ja guck' du ruhig, du Hure, ich schrei dich ja nicht an, ich schrei mich in Rage! Weil auch du in diesem Stau steckst! Ich wünschte, ich steckte in dir, so wie du in diesem Stau! Aber dann würden wir die Zeit ja gemeinsam verplempern.

Auch das ist verplemperte Zeit! Immer wieder den gleichen Fick zu absolvieren, obwohl es schon 100 Mal funktioniert hat, muss ich immer wieder unter Beweis stellen, Orgasmus nach Orgasmus, dass ich ein geiler Hengst bin.

Ich krieg' ja keine Urkunde, wenn ich mal zur richtigen Zeit an der richtigen Stelle abspritze! Nein! Da will man's noch mal haben! Kein Wunder, dass die Leute anfangen, Schafe zu ficken! Die sind wenigstens zufrieden. Steckste was rein und dann machen 'se ›Määää‹, kannste, wenn du schnell genug bist, nach vorne laufen und wieder was reinstecken, dann machen 'se ›Urgwääh‹, hahaha.

Ja, Zeit vergeht sinnlos. Manche Leute sprechen auch sinnloses Zeug und müllen einem den Kopf zu. Besonders Leute, die man nicht haben will, irgendwelche Geistergestalten, die aus dem Orbit zu einem sprechen und Unterbewusstseins-Botschaften verkünden: ›Ruf an! Ruf an! Ruf an! Tu dies! Mach das!‹ Ich will selber entscheiden, was ich mache!

Ich frag' mich manchmal, warum keiner mehr mit mir redet.

Ich hab' so viel Zeit. Ich bin doch auch ein ganz netter Junge.

Jetzt ist schon wieder Zeit vergangen, ohne dass ich 'ne Pointe gemacht habe.

Ich kann keine Pointen mehr machen, ich bin ein pointenloses Hufgetier.

Ich bin ein Sack schwarzer Kohle.

Ich bin Luft, ein Baum, dem die Blätter abfallen, ich bin ein Grab ohne Sarg.

Meine Güte, wie poetisch ich gerade bin!

Manchmal kann man auch Zeit nicht sinnlos nur verplempern, sondern auch mit sinnlosen Sätzen sinnloser verplempern, als sie sinnlos verplempert wäre, wenn man sie mit sinnvollen Sätzen sprechen würde.

Ja, ich bin ein Poet.«

SHN, Kapitel 43:
AIDS

Serdar im Auto: »Mir geht die letzten Wochen wieder alles auf den Sack! Ich weiß nicht, ob ich das falsche Medikament genommen hab'. Da seh' ich Deutschland sucht die Superärsche mit Obernazi und Jury-Fascho Dieter Bohlen, dieser Drecksack, der mich seit Jahren belästigt mit seiner Kack-Fresse! Wie er zu der Anni, Anni, Annimarie ... Annimateuriarie sagt: ›Ja deine Version von Prince,

Purple Rain, war so, wie Oma Schaluppke sich Prince vorstellt.‹ Oma Schaluppke, du ... du Hammel! Die stellt sich gar nichts vor, weil die Prince nicht kennt! Die kennt nur deine Musik: Modern Fucking und was du je produziert hast, das dich dazu berechtigen sollte, hier den Großinquisitor der Popmusik zu spielen! Arschfotze! Dann hab' ich in der *BILD* gelesen, dass sich diese No-Angels-Schlampe mit AIDS infiziert hat. Bei mir jedenfalls nicht! Wie soll man denn wissen, dass so 'ne Kanone plötzlich Gift in den Möpsen hat? Haste mal gesehen, was die für Möpse am Start hat?

Mir doch scheißegal, ob die AIDS-infiziert ist, da lass' ich mich sogar gerne anstecken. Ja, ich bin umgeben von Schlechtigkeit und von Leuten, denen das Schlechte aus dem Gesicht fließt, hab' ich manchmal das Gefühl.

Sieht das kein anderer außer mir?

Dass Hartmut Mehdorn schlechte Augen hat? Diese raffgierige Typ, der sich am besten von seinen eigenen Bahnen hätte überfahren lassen sollen.

Dieser Wichser! Ja. Sieht niemand, dass Carla Bruni 'ne dumme R ... 'ne, 'ne dumme ... St... Mir fällt kein Wort für das ein, ach, nehmen wir doch wieder das, Fotze ist, ja!? Gut, aber Sack-ozy ist auch nicht besser. Sieht keiner, dass Steinmeier und SPD irgendein dummes Manöver darauf anlegen, die paar Prozentchen zu kriegen, damit 'se wieder in irgend 'ne Koalition einsteigen können und um den Leuten Honig ums Maul zu schmieren?

Sieht keiner, dass es nicht besser wird, wenn Lafontaine mit seiner Linkspartei im Saal ... sieht das keiner?

Meine Brille ist beschlagen, so sauer bin ich!

Ja gut, wir haben ja noch Heidi Klum. Heili Klum, in ihrer heilen Welt hat 'se sich von Seal wieder einen reinsetzen lassen. Was ist der Seal aber auch ein geiler Bimbo, ey, dass der dieser Alten ständig einen reinpfeffert, hahah!

Die Heidi Klum, ne, die würd' ich noch nicht mal bumsen, wenn du die mir ohne Knochen und Haut auf'm Silbertablett servieren würdest.

Bei der kommt doch durchs Angucken schon 'n Kind zur Welt. Die legt es doch nur drauf an. Supermodel, hahaha. Vielleicht ist die ja auch mit AIDS infiziert, also bei Seal wär' ich mir nicht so sicher, mit welchen Kokosnüssen der schon alles getanzt hat. Ob der sich da nicht auch 'n Mikrogramm Bakterien geholt hat, ja.

Was war noch mal das Thema? Egal!«

SHN, Kapitel 44:
Mongo

Serdar im Auto: »Normalerweise hat man ja Mitleid mit Leuten, die behindert sind, ja, aber mir gehen 'se echt nur noch auf den Sack mit ihren Rollstühlen und ihrem Sabber am Maul.

Ja, können sich kaum ausdrücken, aber fordern, fordern, fordern! Und dann werden sämtliche Gebäude umgebaut, ja, für teures Geld und die Behinderten zahlen noch nicht mal Eintritt, in Theatern, in irgendwelchen Museen. Im Gegenteil, sie werden umsonst reingelassen oder für die Hälfte! Dabei haben wir den Laden doch wegen euch umgebaut, ihr Penner! Was können wir dafür, dass eure DNA nicht in Ordnung ist? Ja, abtreiben durften wir 'se ja auch nicht, das ist ja unmoralisch. Obwohl man's sieht, obwohl man technisch alle Möglichkeiten hätte, einem Mongo schon im Vorfeld die Existenz zu verbieten, lassen wir's zu.

Gut, ich weiß, das ist jetzt ein verstecktes Statement für Euthanasie, aber wo die Nazis Recht hatten, da hatten 'se Recht!

Das muss man doch auch mal sagen dürfen! Sagen dürfen! Man will es ja nicht, man darf es nur sagen! Man muss es ja auch nicht meinen wollen, sondern ... sondern denken können, das ist ein feiner Unterschied, ja. Und dann kommen 'se und wollen auch noch 'ne Olympiade haben, die keiner guckt! Es guckt doch keiner die Paralympics, ist doch nur anstandshalber, dass wir einschalten, damit die

Behinderten denken, wir würden uns für sie interessieren. Wer interessiert sich denn für Behinderte? Wer fickt denn Spastikerinnen? Keiner, ja! Wer geht denn bitte schön einer ... einer ... sind die überhaupt behindert? Wie heißen die, Contergankranken, an die Möpse? Das ist doch sinnlos!

Das macht doch keinen Spaß! Das ist doch ungeil! Man will 'ne gesunde Person, Frau, Fickfotze, Loch, ja. Man will gesundes Fleisch, jung, frisch, aber nicht was Behindertes, Abgestandenes, und wenn's noch so jung ist, Defektes sagen wir mal, Defektes. Man kauft sich ja auch nicht 'n kaputtes Auto, ja, und sagt Hauptsache, es fährt, aus Mitleid hab ich's gekauft.

Aber mit allem und jedem muss man Mitleid haben, man darf nicht einmal sagen, mir gehen diese alten Knacker mit ihren Rollis auf den Sack! Am liebsten würd' ich sie von ihren eigenen Rollis überfahren lassen! Platzhalter, Sozialhilfeempfänger. Und meine Steuergelder, die werden für die gezahlt, damit 'se mit 'ner Rampe noch in 'n Jugendzentrum kommen. Was sucht denn ein Behinderter bitte schön im Jugendzentrum? Im Judenzentrum, hahaha. Na ja ...

Ich mein' das auch nicht, was ich sage, ich sag's einfach nur so raus, ja, einfach so, ist ja ironisch gemeint. In Wirklichkeit bin ich schon für Behinderte, als wenn's ... also wenn's ... wenn's gar nichts anderes mehr zu ficken gibt, dann nehm' ich dann auch schon mal 'ne Einbeinige oder, hahaha.

Das ist halt nur mit der Balance immer schwer, wenn man die von hinten nehmen will, dann ... dann wackeln die immer so und kippen so, na ja gut. Ist 'n anderes Thema, das machen wir später.

Haha, hat doch keiner gehört, oder?«

60 Jahre BuRep

Serdar im Auto: »Deutschland wird 60 Jahre alt, aber nicht ganz Deutschland, sondern nur eine Hälfte Deutschlands. Die andere Hälfte ist ja vernichtet! Ja, die Bundesrepublik, Westdeutschland wird 60 Jahre alt. Die DDR wird's noch, würde es noch werden, am 7. Oktober, aber die Ossis dürfen ja nicht mit feiern, hehe, die dürfen unseren Solidaritätszuschlag verbraten, damit es im Osten so aussieht wie in 'ner frisch sanierten Wohnung, in die keiner einziehen will. Geilste Infrastruktur, aber niemand, der dort wohnt, leere Autobahnen.

Eigentlich ist Gesamtdeutschland ja erst 18. Ja, gerade mal im geschäftsfähigen Alter und schon pleite müsste man sagen.

Wo doch die Wirtschaftskrise uns alle in den Ruin treibt.

So viel haben wir also auch nicht zu feiern, wenn man mal die glorreiche Geschichte des 60-jährigen Deutschlands aufrollt, da fallen einem ganz andere Sachen ein. Tote Ministerpräsidenten in der Badewanne. Erschossene israelische Sportler bei der Olympiade oder irgendwelche korrupten alten Drecksäue, von denen niemand mehr reden will. Franz-Josef Strauß, Gerhard Stoltenberg, Walter Wallmann oder Günther Wallmann oder Herr Zimmermann, der Innenminister, nein, wenn wir Deutschland feiern, dann feiern wir dieses seltsame Gebilde, das die Figur hat, die auch die Kanzlerin vorzuweisen hat. Fetter Arsch, schlanker Hals, toupierte Frisur, ja.

Dänemark ist sozusagen die toupierte Frisur Restdeutschlands. Und Bayern ist der Arsch von Angela Merkel, während Hessen und Niedersachsen untere und obere Hüftenteile sind. Sachsen-Anhalt, das ist eher so Lende.

Thüringen geht so in Richtung Titte, hahah!

Herzlichen Glückwunsch Deutschland! Ja, zweimal Deutschland übrigens macht einmal Hitler, hab' ich jetzt ausgerechnet. Das muss man aber keinem sagen, der hat ja gar nichts mehr mit Deutschland zu tun. Die, die übrigens Deutschland feiern, sich manchmal des Deutschen

Reiches rühmen, die vergessen genau so schnell, wie sie erinnern. Das ist 'ne komplexe und komplizierte Angelegenheit. Ich weiß auch nicht, ob ich was zu feiern hab' als Resident-Deutscher, Renitent-Ex-Türke, ja.

Außerdem, was feiern wir denn schon? Wer gibt uns denn was, ja? Gibt mir Deutschland was, damit ich feiere? Nein, ich muss Deutschland was geben, damit die, die oben dran sind, besser feiern können! Ja, Gesine Schwanz und Horst Schrotter und was weiß ich, was wir sonst noch für Repräsentanten haben in diesem wunderbaren Land, ja. Und Rollstuhl-Goebbels -Schäuble krachselt hinterher und singt vielleicht endlich mal alle Strophen der Nazi… Nazi… O… O… nalhymne …

Ja, Deutschland ist nichts anderes als irgendwas auf 'nem Humpelbein. Wenn's wirklich 'n komplettes Deutschland wär', dann hätte man ja vielleicht Grund zum Feiern, wobei ich nicht stolz bin, ich kann ja nicht auf 'ne Fahne stolz sein, es sei denn, es ist 'ne Fahne, die aus meinem Mund weht, ja, ich kann ja nicht auf 'ne Nation stolz sein, ich kann auf irgendwas stolz sein, was ich erreicht habe, ja. Aber ständig wird uns suggeriert, Deutschland einig Vaterland, Deutschland, Deutschland! Deutschland, Deutschland! Und dann, wenn wir's zu laut schreien, heißt es: ›Pssst! Nicht zu laut, sonst wird aus dem Nationalstolz noch falscher Chauvinismus.‹

Was interessiert mich das, ja. Falscher Chauvinismus, lass es doch richtigen Chauvinismus sein, dann hat es wenigstens 'ne Substanz als dieses geheuchelte Patriotentum.

Ja, Herr Lammert wird wahrscheinlich demnächst wieder im Bundestag durchs Mikrofon rülpsen: ›Wir müssen eine Deutsche Leitkultur haben.‹

Die einzige deutsche Leitkultur, die ich erkennen kann, sind Larmoyanz und Wehleidigkeit, Weinerlichkeit und Aggression zugleich. Minderwertigkeit und Größenwahn, Banalität und Grausamkeit, ja, herzlichen Glückwunsch Deutschland! Lalalalala, auferstanden aus Ruinen, la, la, la …

Der arme Kreisler.«

Facebook

Serdar im Auto: »Was mir neuerdings total auf den Sack geht, ist diese Vernetzungs-Kacke! Ja, wir unterhalten uns nicht mehr miteinander, wir vernetzen uns, ja!

›Tobias will dich als seinen Freund hinzufügen.‹

Leck mich am Arsch! Ich will selber entscheiden, ob ich einen Freund haben will oder nicht! Und 'n Freund ist für mich nichts, was man hinzufügen kann, man lernt sich kennen, man mag sich, man gewöhnt sich aneinander und dann befreundet man sich vielleicht irgendwann einmal oder man bleibt auch nur Kamerad! Oder entfernter Bekannter oder Verwandter und Kamerad und Bekannter zugleich.

›Wilfried möchte dich als seinen Freund hinzufügen. Möchtest du akzeptieren?‹

Nein!

Und dann merkt aber Wilfried, weil ich es nicht akzeptiert habe, dass ich ihn nicht als meinen Freund hinzufügen will. Facebook, diese Scheiße, ja! Es reicht nicht mehr, dass jeder tagelang, nächtelang, wochenlang vor seinem PC versauert, nein, dann muss man auch noch Freundschaften knüpfen, um jedes Detail seines verfickten Lebens mit anderen zu teilen, ja! Thomas hat eine Kackwurst geschissen, möchtest du den Geruch mit ihm teilen? Nein!

Meine Güte! Und Studi-KZ und Xing und was weiß ich welche Netzwerke es noch gibt von Vollidioten, die sich alleine nicht genug sind und ihresgleichen suchen, damit sie Nichtigkeiten austauschen können! Ja, anstatt sich wirklich mal zu unterhalten oder sich mit sich selbst auseinanderzusetzen, ja, verlagert man das Problem lieber ins Internet. Und merkt nicht, dass man mit jedem Klick, mit jeder Anmeldung in diesen obskuren Netzwerken, Geld in die Tasche von Leuten wirtschaftet, denen es scheißegal ist, ob man Freundschaften pflegt oder zuhause verreckt und vermodert! Meine Güte!

Angela will dich als dein Freund hinzufügen. Bei der würd' ich vielleicht sogar noch ja sagen und ihr dann sagen, wie der Geruch von meiner Kackwurst sich anfühlt.

Aber das Einzelwesen gibt's ja nicht mehr, es gibt nur noch die Masse, alle machen alles zur gleichen Zeit. Saufen Bionade und fressen Tilapia-Filet oder Viktoria-Seebarsch und Bärlauch-Pesto!

Was ist das für 'ne verfickte Scheißwelt, in der man nur noch Bärlauch-Pesto essen kann?

Mir kommt's zu den Ohren und zu den Augen und zur Kimme und zum Schwanzloch raus dieses Bärlauch-Pesto!

Meine Güte! Demnächst ess' ich nur noch Heu! Oder Lakritz oder irgendwas ganz Profanes, einfach um mich zu spüren! Ja, aber vielleicht reicht das ja auch nicht. Vielleicht muss ich mich auch einfach nur anmelden, damit ich 'n bisschen mehr Freunde hab', ich mein', ich bin ja auch einsam. Vielleicht ist das für mich gemacht! Facebook. Da können wenigstens welche mit mir teilen. Ja, hm, Angelika möchte dich als Freund hinzufügen. Ja, ich möchte der Angelika was ganz anderes hinzufügen. Nämlich meinen besten Freund.

Jimbo möchte dich als Feind hinzufügen, hahaha.«

SHN, Kapitel 47:
Geilheit

Serdar im stehenden Auto, blättert in einem Pornomagazin: »Wieso wird man eigentlich mit zunehmendem Alter immer geiler? Und je älter man wird, umso geiler wird man auf junge Weiber, Dinger! Ich mein', ist ja 'ne gängige Praktik, dass sich ältere Herren mittlerweile jüngere Damen als Freundin nehmen. Hat's vielleicht was damit zu tun, dass wenn man jung ist zum Beispiel viel schneller kommt und wenn man alt ist auch länger brauchen kann und die Weiber ja sowieso immer jemanden brauchen, der sie rammelt, bis sie ins Nirvana kommen.

Im Grunde genommen ist das nichts anderes, als 'ne Orgasmusschwäche, aber man sagt lieber den Männern, ihr kommt zu früh, als das man zugibt, ich komm' zu spät. Ja, man kann ja nicht 'ne Stunde lang mit 'nem Stück Fleisch in 'nem anderen Menschen rumrubbeln. Das nutzt sich ab, ich hab' ja kein Streichholz, ich hab' ja 'n Schwanz zwischen den Beinen.

Gut, aber mit zunehmendem Alter, da lässt auch die Energie nach, da kann man da schon mal eineinhalb Stunden 'n Spaziergang machen, durch die Vulva, hahaha.

Wenn ich diese jungen Dinger dann sehe, in der Stadt, und diese Ansätze von frischen Titten, die 'se in ihren T-Shirts haben. Ich frag' mich dann manchmal, was wär' der Idealfall? Wenn ich einfach drangrapschen würde oder direkt draufwichsen? Ja, aber das wär' zu hart, man kann ja nicht 'nem Mädel, das durch die Stadt läuft, direkt auf die Titten wichsen. Und diese knackigen Ärsche in diesen Hosen und dann stell' ich mir vor, die sind wahrscheinlich alle auch noch rasiert dazu!

Dann denk ich gleichzeitig, nein, ich bin doch 'n alter Sack, da sind doch 50 Jahre Altersunterschied dazwischen, wenn mich die Polizei erwischt, ja, oder YouTube, dann wird das alles zensiert, aber geile Gedanken kann man nicht zensieren. Die kann man nur verdrängen, dann tauchen 'se aber an anderer Stelle wieder auf. Man kann 'se auch aushalten, aber dann werden 'se immer mehr und irgendwann explodieren 'se und dann landen 'se wieder an der falschen Stelle. Ja, diesmal im Gesicht womöglich noch oder im Arsch. Man weiß es ja nicht, wo man mit seiner Geilheit hin soll. Gott, oh Gott, oh Gott ... aber ... aber ... aber eine Grenze ist klar, also das ist klar, das ist die rechtliche Grenze. Ich mein', unter 18 sind's keine

Titten, da sind's Knospen-Brustansätze, ja. Schülergewichte, aber über 18, lass die Leinen los, da wird alles mitgenommen, was man kann.

Und diese Dinger sind ja heutzutage schon so versaut und verdorben, ich glaub', die wollen das auch alle! Wie sie sich anmalen, in ihren Gesichtern, und wie sie gucken, so geil. Die will's doch haben und dann wundert sich einer, wenn ich durch den Stadtgarten laufe und eben mal 'n Mantel aufreiße und es heißt in der Lokalzeitung: ›Zeigte sich in schamverletzender Weise‹. Wer verletzt denn meine Scham, bitte schön? Wer verletzt sie denn, wer prügelt denn auf sie ein, wer quält denn meine Scham die ganze Zeit?

Wenn nicht alle Weiber Huren wären, müssten auch nicht alle Männer Freier sein. Muss doch 'n bisschen mehr Gleichgewicht angebra… also… mir fehlen die Worte, die Geilheit hat mir das Hirn vernebelt.

Oh, jetzt bin ich in die Hose gekommen.

Oh Scheiße! Und du bist es Schuld, die Hure!«

SHN, Kapitel 48:
Schnorrer

Serdar im Auto: »Manchmal erwisch' ich mich selbst dabei, wie ich total spießige Gedanken habe.

Ja, man wird halt älter, was soll's. Früher war ich auch mal Hippie! Ne, jetzt bin ich arriviert, angekommen, ja, erwachsen! Deswegen gehen mir auch ganz viele Sachen auf den Sack, die ich früher in Schutz genommen hab', Schnorrer zum Beispiel. Diejenigen, die meinen, sie hätten die Individualität entdeckt, sind ja auch nur konform. Die sehen seit Jahren schon gleich aus, ich weiß nicht, ob die in so Läden gehen, in so Punker-Läden, sich dann teure Schuhe kaufen, Springerstiefel und sich die Haare färben. Woher hat denn so 'n Schnorrer bitte schön das Geld, sich 'n Haarfärbemittel zu kaufen?

Ja, das ist ästhetisierter Punk, das ist nicht original Punk! Wahrscheinlich müssen die sich den Dreck auch erstmal auf die Haut schmieren. Dann laufen 'se durch die Innenstadt und schnorren mich an, mit 'ner billigen erfundenen Geschichte: ›Ich hab' kein Geld für die Übernachtung ...‹

Dann leck' mich doch am Arsch! Dann schlaf' doch nicht oder schlaf' im Park, wenn du schon Punker bist! Dann nimm's doch in Kauf, auch 'n bisschen zu leiden, du Arsch-Fotzen-Kopf! Warum soll ich denn meine Kohle rausgeben, ich brauch' mein Geld! Ich muss selber Alkohol haben und bin innerlich 'n Punker und 'n Anarcho! Oder wenn ich in der Bahn sitze, in Berlin und dann kommen so Schnorrer rein und spielen mir 'ne Melodie vor, die ich nicht hören will!

Uftatatadaratta, und nachher kommen 'se mit 'nem Hut und schnorren mich an.

Ich lass' mich doch von euch Zigos nicht nötigen, euern dreckigen slawischen, panslawisch Volkskram mir reinzupfeifen! Dann kauf' ich mir lieber 'ne CD von Störkraft! Hehe, ja, ja, so ist es!

Oder es kommt irgendjemand rein, erzählt so 'ne Bettelstory: ›Ja, guten Tag meine Damen und Herren, ich möchte Ihnen mal kurz meine Geschichte erzählen, also ich bin arbeitslos und lebe von Hartz ...‹

Ja, dann stirb doch von Hartz gar nichts, du Arsch! Weiß jetzt nicht, ist das zu spießig?

Also man muss ja auch mal intolerant sein. Ich mein', Toleranz ist ja manchmal auch differenzierte Intoleranz. Ja, und man muss ja auch mal andere Leute beleidigen als immer die gleichen. ›Die hier oben, wir hier unten ...‹

Nein! Die Penner, die Behinderten, die Asis, die Mongos, die haben's auch verdient, ja, beleidigt zu werden und nicht immer in Schutz genommen zu werden.

Wenn das nächste Mal 'n Schnorrer kommt, ja, dann weiß ich aber, was passiert! Hehehe, komm' du mal hier hin! Et geht nämlich ums Prinzip! Da könnte ja jeder kommen!

Hua, was sag' ich da? Ich weiß es nicht! Ist mir egal! Hau ab! Schnorrer! Geh ins Kleingeld-KZ! Hahaha, ja, ja.«

SHN, Kapitel 49:

Superwahljahr

Serdar im Auto: »Und nicht zu vergessen ist, wir haben Superwahljahr, ja. He, wir wählen uns um den Verstand! Europawahl, Bundestagswahl, Landtagswahl hier und da: Wahl, Wahl, Wahl! Da weiß man ja gar nicht, wie man entscheiden soll bei so vielen Angeboten. Silva Mehrin-Koch oder wie diese Fotze heißt, von der FDP. Ja, ich wähl' ja sowieso nur das, was ich ficken kann, hehehe, also Westerwelle, hahahahaha! Der ist ja auch die perfekte Verkörperung des Mittelmaßes, ja. Zu allen Löchern bereit und irgendwie nicht greifbar. Glitschig bis zum Anschlag, ja, Pickelface Westerwelle. Dass die FDP sich überhaupt traut, sich noch zu irgend 'ner Wahl zu stellen. Diese nichtssagenden Arschlöcher! Wofür steht die FDP? Mehr Steuern, weniger Steuern? Bessere Wirtschaft, schlechtere Wirtschaft? Ökologie, ja, nein, schwul, hier, da ...ich weiß es nicht! Ich glaub', die FDP steht für: ›Hauptsache, Koalition und wir sind dran‹, hehe, ich mein', das ist eigentlich perfektionierte Machtgeilheit! Eigentlich müsste man schon wieder die FDP wählen, die anderen tun ja so, als wollten sie nicht, ja. Die SPD, die will auch nicht, ja, die CDU, die tut so, als wollte sie, aber sie will indirekt auch nicht. Wer will denn heutzutage noch an die Regierung? Da wird man doch 'n Schlagbeutel der ganzen Nation. Denn wie man's macht, macht man's falsch! Als Schröder dran war, hieß es: ›Der Schröder! Agenda 2010!‹ Und jetzt macht die Merkel das, was der Schröder machen wollte, nur schlechter. Ja, die Arbeitslosen sind auch mehr geworden. Ja, und vorher haben 'se alle gedacht, das geheiligte Land käme, wenn die große Koalition mal am Ruder ist. Und, was ist? Hahahahahaha!

Ich weiß, was man wählen könnte, wenn man wirklich effektiv für Unruhe sorgen möchte. Haha, aber ich sag's nicht, es fängt mit N an und hört mit D auf, hahahaha.

Aber, das traut sich auch keiner, obwohl manche es sich innerlich wünschen, dass sie das Kreuzchen mal an der richtigen Stelle machen, aber dann wär' es kein Kreuzchen mehr, sondern ein Hakenkreuzchen und bei 'nem elektronischen Wahlautomaten muss man nicht kritzeln, da muss man nur drücken, hahahahaha. Öhäh! Mir fallen ja die Pointen aus dem Mund, das gibt's ja gar nicht, ja!

Wahlen sind eben ein inspirierendes Thema! Ich weiß, ich wähle nur noch, um die Bundesrepublik zu destabilisieren, auch bei der Europawahl! Deswegen wähle ich ÖDP oder die Anarchismuspartei, damit meine Stimme zwar nicht ganz verloren geht, weil man sagt uns ja: ›Wählen ist wichtig!‹ Ja, ähm, aber damit sie zumindest so eingesetzt ist, dass diejenigen, die später Koalitionen bilden wollen, ernsthaft darüber nachzudenken haben, mit wem sie eine Koalition eingehen.

Meine Lieblingskoalitionen zum Beispiel eine Auswahl derer wären rot-gelb-grün-dunkelrot-schwarz. Oder wie wär's mit schwarz-dunkelrot oder gelb-grün-dunkelrot, wäre auch interessant. Oder schwarz-weiß-rot, aber die Koalition hatten 'wa, das ist ja schon 'n bisschen länger her, das war auch 'ne Ein-Mann- und Ein-Parteien-Koalition, hehehehehe.

Ja, manchmal sind Diktaturen doch was ganz Sinnvolles. Es erspart einem das Wählen, ja, man gibt einfach die Verantwortung ab, in die Hand eines Größeren, hm, das nennt man übrigens Führer-Prinzip.

›Der Führer sagt, was richtig und falsch ist, und wir sagen nur ja und nein!‹

Ja, wenn der Führer übrigens noch mal käme, dann wäre Westerwelle mit Sicherheit nicht da, ja! Oder da, wo er hingehört, ist ja 'n feiner Unterschied, hehehe.

Bald ist es so weit und dann … dann … dann geh' ich wählen und dann woll'n wir mal sehen! Wer weiß, vielleicht wähl' ich ja auch posthum Saddam Hussein oder Osama Bin Laden. Stehen die überhaupt auf'm Wahlzettel? Und wenn ich die gewählt hab', wer kann nach mir dann noch seine Stimme für Osama Bin Laden abgeben, hehe, hm, wahrscheinlich kandidiert der gar nicht. Oder für die südpakistanische Hasspartei. Ja, da sind wir uns gar nicht so unähnlich, der Osama und ich.«

SHN, Kapitel 50:
Hartz V

Serdar im Auto: »Ich weiß, es klingt komisch, aber die Botschaft ist einfach: Ich hab' keine Lust mehr zu arbeiten! Weil es mir vorkommt, als wäre ich ständig auf der Flucht, ich verdiene was und dann geb' ich's wieder aus. Und dann geb' ich's wieder aus und dann muss ich wieder was verdienen. Und kauf' mir doch irgendwie nur sinnloses Zeug, 'n Auto oder 'n Stift oder 'n Brötchen. Es bereichert mich nicht wirklich, also innerlich nicht. Am liebsten wär' ich frei von jeglichen materiellen Vorgaben und Träumen. Aber dafür müsste ich erstmal das Arbeiten aufgeben.

Für manche ist ja Arbeit auch 'n Selbstzweck, manche macht Arbeit sogar frei. Ja, aber ich arbeite ungern, nicht weil ich faul bin, sondern weil ich das Arbeiten als verschwendete Zeit meines Lebens betrachte. Ich arbeite ja selten für mich, sondern für andere, wenn ich mir beispielsweise den Arsch aufreiße und mir irgendwelche guten Ideen aus den Fingern sauge, dann ist es doch letztendlich nur damit ich meine Stromrechnung bezahlen kann!

Die Idee geht also direkt in die Tasche der Stadtwerke! Ich hab' die Idee nicht, damit ich die Welt bereichere und sie sich vielleicht 'n bisschen schöner anfühlt, nein! Sondern damit ich mich am Leben erhalte!

Was ist das für ein sinnloser Scheißdreck?

Wenn ich kreativ wäre, damit sich vielleicht irgendwas auf dieser Welt ändert, was besser wird oder passiert, dann wär's ja okay, aber es ist ja nur 'ne Beatmungsmaßnahme! Deswegen find' ich Arbeiten sinnlos. Ich find' auch faul sein sinnlos. So ein Zwischending müsste es sein, eine Aufgabe haben, ja, beauftragt werden von einer höheren Instanz, die sagt: ›Du tust das, damit etwas passiert für dies oder den!‹

Das klingt komisch!

Ich könnte mir diese Aufgabe auch selbst erteilen. Aber dann wäre ich vielleicht zu selbstgerecht. Warum sagt mir Gott nicht, was ich machen soll? Gott weiß doch sonst immer Bescheid! Könnte mir zum Beispiel heute sagen: ›Bleib' liegen, es ist wichtig, dass du schläfst, vielleicht hast du demnächst 'ne Eingebung. Fahr' nicht zur Arbeit! Sag' alles ab! Es kommt 'ne Eingebung auf dich zu, halt dich innerlich bereit!‹

Und wenn dann jemand bei mir anruft, um sich zu beschweren, dass ich nicht zur Arbeit komme, sage ich: ›Ich kann gerade nicht! Ich warte auf die Eingebung! Gott hat's mir versprochen!‹

So wie die Telekom, zwischen 10 und 13 Uhr wird sie da sein! Aber sie kommt nicht. Das Leben ist sowieso nur vergeudete Wartezeit! Man kommt auf die Welt und wartet auf den Tod und zwischendurch wird man mal krank. Und wenn man Glück hat, wird's verkürzt, ja. Aber die Aufgabe, die man hat, ist nicht klar definiert. So wie auch nicht klar definiert ist, ob man dazu da ist, Nachkommen zu erzeugen. Neue Arbeitskraft zu generieren. Wofür denn auch? Dafür dass sich die Welt weiterdreht? Hat man mich gefragt, ob ich überhaupt will, dass sie anfängt sich zu drehen?

Was hab' ich also damit zu tun, dass sie irgendwann aufhört sich zu drehen? Ich glaub', ich dreh' gleich durch!

Ich bin arbeitslos und mir fällt nichts mehr ein! Ich bin arbeitslos! Ich brauch' Geld! Aber ich will nichts dafür tun!

Lieber Gott, lass' es regnen, wenigstens einmal auf mich!

So viele Arschlöcher auf dieser Welt haben so viel Geld, dafür dass sie gar nichts tun!

Und ich bin so begabt und kreativ und kriege nichts! Nichts!

Gesundheit, hehe. Man könnte ja auch auf'n Strich gehen. Dann würde man das Nützliche mit dem Notwendigen verbinden. Aber auf welchen? Ich kann mich ja nicht entscheiden! Lass' ich mich ficken oder lass' ich mir lieber einen blasen? Blase ich gerne oder bums' ich auch mal?

Ja, da glaub' ich lieber an Gott! Der hat mit so was nichts zu tun. Amen!«

SHN, Kapitel 51:
Goldene *Hatenight* – Jubiläumsfolge

Juni 2008

Auferstanden in Ruinen
wandelte das große Tier umher
Um Dummheit und Wahnsinn
mit einer Welle von Hass und Intoleranz
zu überfluten

Der Hassprediger war geboren
Einer nach dem anderen
fiel seiner Wut zum Opfer

Nun beuge dich den drei Geboten:
1. Gebot: Beleidige deinen Nächsten!
2. Gebot: Kenne deine Feinde!
3. Gebot: Liebe deine Freunde!

Nun zieht sich der Hassprediger zurück in sein Reich
Und wacht
Auf der Festung der Freiheit

Arschfotzenkopf!

SHN, Kapitel 52:

Urlaubsspecial – Sommeranfang, Borreliose und Brüste

Serdar im Auto: »Jetzt hat ja wieder der Sommer angefangen. Mal ist es heiß, mal ist es kalt. Dann sitzt man im Biergarten, dann im Zelt. Dann muss man die Bikini-Figur haben, den Schwabbelbauch wegtrainieren. Dann beginnt die Grillsaison, dann muss man Super-Hightech-Grille kaufen. Grills ... Grill ... Grilli ... Grillä.
Es reicht ja nicht, dass man sich um 'ne Feuerstelle herum sammelt und das erlegte Tier aufspießt und dreht, nein, Super-Hightech-Grill muss es sein! Und dazu muss man dann so 'ne La-Paloma-Badehose haben, die bis zu den Knien geht. Die Leute wollen ja nicht mehr alt werden, alles ist jung, kollektiv jung und deswegen kommt's im Sommer erst recht raus. Ältere Leute, die sitzen im Sommer nur noch im Strandkorb und gucken vor sich hin. Die grillen auch nicht, die frühstücken morgens um halb fünf, dann ziehen 'se sich die Wanderschuhe an und nehmen ihren Stock und gehen den ganzen Tag in den Wald. Und wenn 'se zwischendurch

mal Hunger haben, ja, dann packen 'se ihr Brot aus, was 'se in 'ne rot karierte Tischdecke eingewickelt haben, und schrauben die Thermoskanne auf und sitzen dann an 'nem Bächlein.

Nein, aber wir, die wir nicht jung sein können, aber alt werden müssen, wir gehen nicht mehr in den Wald, weil da bräuchte man ja ein Repellent gegen Zecken und Zecken übertragen ja Borreliose, AIDS, ja, FDP. Zecken übertragen ja so mit alles, alles, aaaalles! Zecken sind ganz, ganz hundsgemeine Viecher sind Zecken und deswegen geh' ich auch nicht in den Wald! Nur wenn ich was Bestimmtes vorhabe, also Leichen verscharren oder so was. Hehe, ja. Und dann wird ständig über den Sommer gejammert: ›Ist nicht mehr schön …‹, obwohl es uns eigentlich wunderbar geht. ›Wir haben kein Geld, wir müssen auf Balkonien bleiben.‹ Was für'n Wichsname auch, auch wahrscheinlich von RTL erfunden. Genauso wie Grillsaison oder Volkshandy. Ne, das ist ja von der BILD, kann ich nicht unterscheiden, RTL und BILD, ja. Kann nicht mal 'ne Zecke bei RTL, ja, auftauchen und den Peter Kloeppel Borreliose-verseuchen? Kann man nicht mal Frauke Ludawichs grillen oder irgendwas anderes? Oder irgendjemanden im Wald verscharren? Christian Heckel? Nein, es passiert immer das Falsche. Das, was man nicht erwartet. Und wenn man mal auf was wartet, dann passiert's dann, wenn man's nicht haben will, braucht, kann. Man müsste eigentlich ein Pech-Repellent mit sich führen. Etwas womit man sich einsprühen und einschmieren kann, damit das Pech einem fernbleibt wie die Zecke.

Gut, aber bald ist der Sommer vorbei, freu' ich mich schon drauf, dann kommt wieder der Winter, die angenehme Jahreszeit. Ich mag den Winter nämlich viel lieber als den Sommer, der Sommer ist verlogen. Gut, der Sommer hat auch Vorteile. Man sieht endlich mal, wie Frauen richtig aussehen, drunter. Ich hab' mich neulich zum Beispiel gefragt, gibt's eigentlich mehr Frauen auf der Welt mit dicken Titten oder mit flachen? Also, wenn man so durch die Straße geht, sieht man nur dicke Titten. Vielleicht ist es ja auch relativ, vielleicht sieht man ja auch selektiv, vielleicht fallen ja einem die dicken Titten mehr auf, deswegen sind's ja dicke Titten, die springen einem sozusagen ins Gesicht, ja. Aber ich hab' das Gefühl, es gibt einfach mehr dicke Titten auf der Welt u... u... und viel zu wenig, die man ... die man anfassen oder massieren, einölen, zum Beispiel mit einem Repellent versehen kann, ja, viel zu wenig und viel zu weit weg meistens! Also, gedacht weit weg, Lichtjahre weit weg. Warum können die nicht mal näherkommen? Wenn man zum Beispiel gerade dabei ist, zu grillen, oder 'ne Leiche verscharrt hat und einem danach ist, sein Butterbrot oder seinen Schwanz auszupacken aus der rot karierten Tischdecke, hahahahahahaha!

Ist egal, Titten sind auch nicht wichtig, es gibt höchst unwichtige Titten, solche mit so kleinen Brustwarzen, die aussehen wie bei 'ner Siebenjährigen. Woher weiß ich eigentlich, wie 'ne Brustwarze von 'ner Siebenjährigen aussieht?

Na ja ... und wer weiß, vielleicht weiß ich's auch gar nicht und hab' Borreliose oder Hirnhautentzündung und rede nur so vor mich hin, bis der Sommer vorbeigeht. Jaaaaa.

Wann wird's mal wieder richtig Sommer? So wie er früher einmal war? Hehehehe. Ja, wir feiern von September bis Mai, dass wir nach Stalingrad gefahren sind. Ne, das ist was anderes.«

SHN, Kapitel 53:
Urlaubsspecial – Ostdeutsche, McDonald's und Toilettengänge

Serdar im Auto: »Ja, woher haben denn die Drecksossis bitte schön Geld, dass sie Urlaub machen können an den teuersten Fleckchen dieser Erde? Kommste vorbei, ist schon 'n Ossi da, hat sein Zelt mit eingepackt, ja, von meinem Solidaritätsbeitrag leistet sich der Ossi 'n Urlaub, noch 'n Luxusurlaub dazu! Ihr Penner! Noch vor 'n paar Jährchen, da habt ihr nie Urlaub gehabt, nie! Und wenn, dann habt ihr mal ohne eure Badehose am Ostseestrand rumgelungert und es FKK genannt, bloß weil ihr keine Kohle gehabt habt, euch 'ne Badehose zu leisten! Ja, geili Dummies, Ossipack! Ich mag die Ossis nicht, im Urlaub wird's mir immer wieder bewusst. Sind doch so geblieben, wie sie waren. Unter der kapitalistischen Haut steckt noch 'n kommunistischer Kern, das seh' ich doch. Das Herdentier, das erkennt man an den Augen, ist geblieben, das tarnt sich nur, damit's an unsere Gelder drankommt! Und wir zahlen's auch noch, obwohl wir's gar nicht wollen, wir müssen's ja abdrücken, die Steuer reißt es uns aus den Klauen. Damit der Ossi seinen Urlaub feiern kann und irgendwo hier rumsitzt, in England, in Irland, die schönsten Flecken sind verdorben! Ostifiziert! Ja, und vermehrt haben 'se sich auch, wie die Karnickel, weil kurz nach der Freiheit ging es ihnen ja so gut, dass sie die Geilheit wieder entdeckt haben und sich um den Verstand gerammelt haben! Und Töchter und Söhne in die Welt gesetzt haben mit lila gefärbten Haaren oder mit blond gefärbten Haaren, unter denen noch 'n bisschen schwarzer Restansatz zu erkennen ist.

Armadas von Mandys und Kevins und Roccos, wie heißen die? Ja, dass Ossis mittlerweile ihren Kindern Namen geben wie ihren einstigen Klassenfeinden, also das ist doch Wahnsinn!

Und dann will man sich mal entspannen und sich 'n Hamburger zwischen die Speichel-Zähne drücken und dann geht man zu McDonald's und wer steht hinterm Tresen? Mandy! ›Wollen 'Se 'n Hämbörga?‹

Nein!

Erst sollst du's richtig aussprechen, du Kaffer!

Ja, und mit dem ergaunerten Geld fahren 'se dann wieder in Urlaub, ja. Und vermasseln mir nicht nur den Urlaub, sondern auch den Geschmack haben 'se mir verdorben! Wenn ich zu McDonald's gehe, will ich puren Imperialismus, serviert von Imperialisten, genießen! Aber nicht Tarnkommunismus. Geht doch 'ne Griletta fressen! Gut, das klingt vielleicht gemein, wenn ich so rede, aber ich meine es ja! Ist es nicht das Liebste, was man tun kann, wenn man sagt, was man meint, statt so zu tun als würde man es nur denken und nicht glauben?

Ich weiß, es sind komplizierte Zusammenhänge, aber mag irgendjemand überhaupt auf dieser Welt überhaupt Ostdeutsche? Selbst die Ostdeutschen selbst mögen sich nicht. Die verleugnen sich und tarnen ihren Akzent! Wobei das schwer ist. Wenn einmal einer jemals gesächselt hat, dann, dann lässt es sich nicht mehr verleugnen und vertuschen, tarnen, nein, das kommt immer raus, der Restossi kommt immer raus!

Ja, manche Ossis allerdings mag ich.

Katharina Witt zum Beispiel. Kommt natürlich auf die Verfassung an, in der man Katharina Witt begegnet, also die eigene sowie auch die Verfassung Katharina Witts, die sind da von großer Bedeutung. Also hauptsächlich geht's darum, dass man sie nackt sieht.

Man müsste die Ossis eigentlich nur, also die Ossi-Frauen eigentlich nur ficken. Fickmaterial, ja. Im Urlaub würd' ich sie auch ficken! Überall, würd' auch bei McDonald's auf'm Klo sie ficken. Wobei, bei McDonald's auf'm Klo kann man nicht ficken, denn da gibt's ja keine Papierhandtücher. Wenn man der Frau die Wichse vom Mund wegwischen will, dann muss man sie unter den Trockner stellen, damit die Wichse weggeht. Gut, man kann aufs Klo gehen und Klopapier ... aber man weiß ja nicht, welche Drecksossis da schon mit ihrem Arschloch dran waren! Das ist bei McDonald's immer so. Da will man billig umsonst aufs Klo gehen und dann kommt man in so eine Kaschemme. Man will ja nicht zu Sanifair, wo man 50 Cent bezahlt fürs Pissen. Weil irgendein Russe an der Kasse sitzt, mit dem man Mitleid haben muss. Der kriegt doch schon 6 Euro die Stunde. Nein, dann schmeißt man noch 50 Cent fürs Pissen, ich bitte mich, Sie ... fürs Pissen zahle ich doch nicht 50 Cent und dann kriegt man so einen Bon, damit kann man sich dann so eine Schokolade finanzieren lassen. Natürlich hat man es an der Kasse wieder vergessen. Dafür hat man dann 25 Bons in der Tasche.

Die Ossis sind doch ein abgefeimtes Verbrecherpack. Das haben die sich alle ausgedacht. Ja, deswegen fahre ich auch nicht mehr in den Urlaub. Ich sitze auf dem Klo bei Sanifair und lass' die 50 Cent sich wert sein. Jaaa, und notfalls wichse ich und stelle mir dabei Katharina Witt vor. Und wenn ich Hunger kriege, dann esse ich einen Hamburger.

›Möchten Sie einen Hämbörga?‹

Nein!

›Ich muss kotzen, wenn ich Sie sehe!‹

Scheiß Ossis!«

SHN, Kapitel 54:

Urlaubsspecial – Steuern, Wolken und Schmetterlinge

Serdar erhebt sich von einer Sonnenliege und läuft durch einen Schlossgarten: »Was mir das mit den Steuern auf den Sack geht! Zahlen, zahlen, zahlen für nichts und die Asis, die machen sich 'n Lenz von meinen Steuergeldern, und Autobahnen werden restauriert und renoviert in Ostdeutschland, wo eh keiner hinfährt. Und dann kaufen 'se sich Waschmaschinen, ja, von meinen Steuern. Gibt's denn so viel Dreck zu waschen, dass man sich von meinen Steuern 'ne Waschmaschine kaufen muss?

Man muss ja auch irgendwie sein Geld schützen, also, vor dem Zugriff Asozialer. Sind ja nicht nur Ostdeutsche, sind ja auch Ausländer, Juden, Punker, alle wollen 'se mein Geld haben, und ich hab' nicht so viel. Muss auch mal ab und zu was für mich machen.

(Serdar, jetzt an einem Swimmingpool angekommen, testet die Wassertemperatur mit seinen Füßen.)

Ui, hier ist es aber kalt! Hätte mir 'ne Heizung leisten sollen. Ja, jetzt hab' ich dem Bimbo gesagt, er soll den Dreck wegmachen, aber er hätte auch gleich mit heizen sollen.

Diese Drecks-Wolke da oben am Himmel, die müsste eigentlich mal verschwinden. Die ernährt sich auch von meinen Steuergeldern und ist aufgebläht, vollgepumpt mit Sozialwasser.

Wart du mal ab!

(Serdar legt sich wieder auf eine Sonnenliege.)

Ne, ich geh' doch nicht ins Wasser. Scheiß Schmetterlinge, geht woanders fliegen, nach Ostdeutschland!«

SHN, Kapitel 55:

Urlaubsspecial – Diarrhö

Serdar mit Sonnenbrille: »Da fährt man in Urlaub, um Hilfsbedürftige zu unterstützen und da 'n bisschen Devisen ins Ausland zu tragen und was bringt man mit? Durchfall, 'n Eimer voll Durchfall. 'Ne Wanne voll Durchfall, 'ne Wagenladungen.

Durchfall ist nicht schön, wenn man abnehmen will höchstens oder wenn man sexuelle Erregung dabei empfindet. Aber Durchfall ist doch nicht schön. Man isst was und nach einer Weile gibt's so 'n Pressdruck in der oberen Magengegend und dann denkt man na komm, bevor ich mich jetzt blamiere, geh' ich eben aufs Klo und dann geht man aufs Klo und dann öffnet sich das Arschloch und spritzt ein Zeugs raus, dass die ganze Schüssel besprenkelt ist und man nachher Angst hat, dass man es noch selbst sauber machen muss, ja. Und kaum hat man abgedrückt und sich erleichtert, das ist ja nicht wie bei einem normalen Schiss, ja, da hat man wieder Hunger, da geht man wieder in die Küche, presst sich was rein und man frisst ja kein Toastbrot oder Zwieback oder so 'ne schwule Scheiße, sondern Schokolade und rohe Hasenfilets. Da muss man wieder aufs Klo, bloß weil man sich diesen Drecksdurchfall geholt hat, irgendwo in der Dritten Welt. Wir haben denen doch genug Geld geschickt, können die da nicht irgendwelche Wasserdesinfektionsmaschinerien installieren, dass wenigstens wir wieder gesund nach Hause kommen? Die können ja meinetwegen verrecken, mir ist es ja egal. Aber wenigstens bin ich wieder zu Hause, ja. Man stelle sich mal vor, man müsste in so 'nem Land bleiben und ewig Durchfall haben und nie mehr wieder Hasenfilet und verzichten auf Bier, auf Zigaretten, auf Sex, auf nackte Frauen, das ginge ja überhaupt nicht! Dann leb' ich lieber hier und nehm' mir den Durchfall von dort mit, ich leiste mir sozusagen die Strafe dafür, dass ich wieder weg kann, obwohl ich gar nicht weiß, warum ich hingefahren bin.

Na gut, 'ne Attitüde wahrscheinlich, man muss sich ja auch was leisten, man kann ja nicht im Urlaub hier bleiben, hehe, das ist ja lächerlich, das ist ja wie 'n RTL-Zuschauer.

Im Urlaub hab' ich den ganzen Tag RTL geguckt, weil ich ja Durchfall hatte beziehungsweise nicht mehr raus wollte aus Verdacht, dass der Durchfall noch schlimmer werden könnte, zum Beispiel Cholera, ja, oder Diarrhö oder AIDS oder Lachkrampf, und da saß ich den ganzen Tag bzw. lag im Zimmer und hab' RTL geguckt, rauf und runter, meine Lieblingssendungen: *Mitten im Leben*, während sich in meinem Arsch die Klumpen zerflossen haben zu brüheartiger Konsistenz, ja. Wurd' von RTL auch nicht besser, ich glaube letztendlich, ich habe Durchfall bekommen, weil ich zu viel RTL geguckt habe. Ja, die Ausländer können's doch gar nicht verursacht haben, die sind doch harmlos, woher sollen die an meinen Darm kommen? Aber RTL dringt direkt durch mein Hirn in meinen Darm, ja, und entlädt sich dann wieder. *Mitten im Leben* hab' ich gesehen, ja. Früher waren die Prolls noch in den Talkshows und ich war froh, dass sie in den Talkshows waren, ja, jetzt drehen sie eigene Dokumentationen, weil die Fernsehsender kein Geld mehr haben, machen sie die Proleten zu den Protagonisten ihrer minderwertigen Formate. Und ich guck' es, ich guck' es, was soll ich sonst gucken? Berichte über Diarrhöverhinderung, Durchfallprävention? Was soll ich denn … gut, hätte ich es mal lieber geguckt, da hätt' ich mir RTL erspart, den Urlaub in Ruhe machen können und wär' jetzt nicht so sauer, ja. Stattdessen hab' ich jetzt beides: RTL gesehen und Durchfall und konnt' noch nicht mal den Urlaub genießen. Das ist aber auch ein unangenehmes Gefühl, wenn sich das Arschloch so nach außen stülpt und brennt und brennt und brennt wie die Feuerwehr, die es nicht löschen kann, ja. Und dann sitzt man da und denkt, wie press' ich jetzt dieses ausgestülpte Arschloch wieder rein? Mit Papier, mit meiner Hand, mit Wasser, mit … mit irgend 'nem Mädchen, ja? Man weiß es ja nicht, aber irgendwie klappt's dann doch. Und nachher hat man sich das Arschloch so blutig geschlürft … geschürft, hehe, geschlürft, hehe, nur falls es das Mädchen wieder reinstopfen sollte, dass man dann auch nicht mehr weiß, hab' ich jetzt Hämorrhoiden oder hab' ich mir zu lange am Arsch gekratzt, heiße ich Charlotte Roche, ja? Das sind komplizierte Sachen, am besten ich fahre gar nicht mehr in Urlaub, ich behalt' das alles für mich. Da kann ich auch auf RTL verzichten und hab' 'ne bessere Verdauung.«

SHN, Kapitel 56:
Richtfest

Serdar zuhause: »Keine Sorge, ich war nicht weg, ich war nur im Urlaub. Was soll man denn machen, wenn man ständig drangsaliert wird, von Du-Röhre oder Sieben-Binlad.
Ja, da muss man sich doch mal eine Auszeit nehmen, regenerieren, rekonvertieren, hahaha, rekreieren, hehehe, aber man bleibt ja nicht verschont von banalsten Meldungen. Oliver Pocher stopft das Som-

merloch, Sandy Meyer-Wölden, mal gucken, was dabei rauskommt, wahrscheinlich noch so 'n Comedian und Schmuckdesigner zugleich. Gut, Sandy Meyer-Wölden würd' ich auch vögeln, in jeder Position, sogar gratis und gegen meinen Willen, aber was soll's. Dummheit vereint sich schneller als Intelligenz. Apropos, Schmidt hat ja jetzt die Messlatte angeblich höher gelegt, das Einzige, was ich bemerkt habe ist, das meine Latte tiefer gerutscht ist. Schmidt ist so 'ne arrogante Sau, kaum auszuhalten, hält sich wirklich für was Besonderes. Na ja, die Quote wird ihn bestrafen.

Ja, gut, Bundestagswahl, hahaha, irgendwelche Duelle von Nichtssagenden, die große Koalition, dauerhaft praktizierte Missionarsstellung. Und dann legt die SPD angeblich wieder zu, weil Steinbeißer, Eiermeier sich so gut verkauft habe, hahahaha. Die Einzige, die dauerzulegt, jedenfalls habe ich das Gefühl, ist die Merkel, hehe, und zwar nicht an Wählerstimmen, sondern an Kilos.

Ja, und irgendwelche Neger laufen übern Platz und dann entpuppen 'se sich als Mann. Wer guckt denn den Negern zwischen die Beine, bitte schön?

Lass 'se doch laufen, das sind 'se doch eh gewöhnt, ja. Und Kanye West nimmt Taylor wie – wo – was 'n Preis weg. Angeblich, weil Beyoncé Knowles 'n schöneres Video gemacht hat. Ich guck' doch die Videos von Beyoncé Knowles nicht, weil sie mir ästhetisch was geben, sondern weil ich 'n Ständer haben will. Und das ist bei dieser Taylor Swift auch nicht anders. Kanye West soll sich aus 'm Staub machen oder wie Obama Bimbo Bama gesagt hat: ›He's a jackass.‹

Ja, Gott sei Dank ist der andere jackass Althaus endlich zurückgetreten worden, dafür kommen jetzt aber neue. Die Linkspartei macht's ja mit der SPD und den Grünen und mit allen, Hauptsache, an die Macht!

Gut, wer will das nicht, der Politik macht. Ich ja auch. Ah, deshalb haben wir übrigens was beschlossen. Wir lassen diese ganze scheiß Zensurkacke jetzt weg, wir gründen ein eigenes Portal, zensurfrei, mit Server irgendwo auf Tuvalu und da kann man sagen, was man will, da kann noch nicht mal die FIFA oder die NASA einen zensieren. Und wenn schon, dann suchen wir uns halt 'n Platz auf dem Mond!

Oder laufen Amok, überall wird ja jetzt Amok gelaufen. Jetzt in Ansbach sogar mit 'ner Axt, ich glaub' es hackt, hehehehehe. Und unser eigener Server und unser eigenes Portal wird dazu dienen, Hassbotschaften in die Welt zu vertreiben. Ja, und alle Hassisten müssen sich anmelden, sechs Monate, 11,99 Euro. Natürlich muss das Geld kosten. Sollen wir's der GEZ in den Arsch stecken oder der Steuer oder der katholischen Kirche oder den Zeugen Jehovas oder dem Parkknöllchenautomaten? Dann lieber mir. Ich weiß wenigstens, wo's langgeht. Bedingungslos, geradeaus, ohne Rücksicht und ohne Zensur! Und 11,99 Euro, ja, dafür kann man in der Regel noch nicht mal 'n Kaffee und 'n Brötchen essen und sich einen blasen lassen. Doch, höchstens von ukrainischen oder thailändischen Zwangsprostituierten. Es lohnt sich, ja, und dann werden wir sehen, ob die Hape Kerkelings und Christian Ulmens mit ihrer Verkleidungsnummer noch durchkommen und es als Humor tarnen, hahah, dabei ist es nichts als praktizierte Einfallslosigkeit, andienen an den Mainstream, Proletenkacke. Gut, es gibt mehr Asoziale als Intellektuelle, aber deswegen muss man sich ja nach den Asozialen schon lange nicht richten! Im Gegenteil, man sollte sie richten oder sich selbst, zumindest wenn man so komisch ist wie Hape Kerkeling, denn lustig kann man das nicht mehr nennen, ja.

Ich fahr' jetzt wieder 'n bisschen Auto und dann gucken wir mal, vielleicht überfahr' ich ja auch 'n Bimbo und sag': ›Oh, 'tschuldigung, ich dachte, es wär' 'ne Frau‹, hehehehehehe. Ach, wohin bloß mit dem ganzen Hass.«

SHN, Kapitel 57:
Schwiegermonster

Serdar im Auto: »Ich denk' ja viel über Sachen nach, ich weiß, manchmal auch zu viel, aber gestern da bin ich dann echt mal ins Grübeln gekommen, ob ich nicht doch 'n paar Leuten in die Falle gehe, von denen ich meine, ihnen überlegen zu sein. Da saß ich also so wie immer vor dem Fernseher und hab' mir irgendwas reingezogen, irgendein Scheißdreck halt, ja, abgefilmte Asoziale auf den bekannten Sendern, deren Namen ich nicht mehr aussprechen will, weil mir sonst übel wird. Da ging es in irgendeiner Sendung darum, dass sich hässliche Frauen um noch hässlichere Männer bewerben. Schwiegertochter gesucht oder irgend so 'n Scheißdreck, ich weiß auch nicht, wer sich diese Namen einfallen lässt. Und die Leute, die sich da gegenseitig ficken wollten, ich weiß es nicht oder um … um … um Gunst buhlten, ja, nicht nur meiner, sondern ihrer Gunst auch buhlten, die waren so abgrundtief hässlich, die waren so widerlich, dass mir beim Essen schlecht geworden ist und ich mich dann geekelt habe und dachte nein! Wie hässlich sind doch die Menschen auf dieser Welt? Fernsehen ist ein Prospekt geworden für die Wiederauferstehung des Mittelalters. Scheiße hat Gesichter! Im selben Moment hab' ich gedacht: Genau darauf ist es angelegt. Das haben nämlich die Redakteure in ihrer Perfidie beabsichtigt, als sie die Asozialen gecastet haben, dass ich mich, während ich es sehe, vor den Asozialen ekele und nicht vor denen, die die Asozialen ins Rampenlicht gesetzt haben, in Szene. Weil das eigentlich viel ekelhafter ist, sich über Menschen so hinwegzusetzen, bloß weil sie hässlich und fett sind und auch noch miteinander kopulieren wollen. Hat der Hässliche nicht Recht, kopulieren zu können, wann und mit wem er will?

Warum kann ich vor dem Fernseher sitzen und ihm das Recht dazu absprechen? Wer sagt, ob ich nicht vielleicht viel hässlicher bin und viel weniger kopulieren möchte?

Natürlich ist es ekelhaft, Asozialen zuzuschauen dabei, wie sie geil aufeinander werden, aber das muss ich mir nicht von 'nem Fernsehsender präsentieren lassen, da kann ich auch einfach auf die Straße gehen.

Das Leben ist schwer, wenn man alles durchschaut. Das Leben ist sehr schwer, doch viel schwerer ist es, wenn man jeden Abend vor dem Fernseher sitzt und Pizza frisst und denkt, man wäre nicht das, was man sieht, und sich vorstellt, man würde dabei nicht gesehen werden, wie man isst, mit Doppel S.

Bin ich eigentlich hässlich?

Schwiegermonster gesucht.

Gibt's doch bestimmt auch 'n Format für mich irgendwo.

Leck' mich doch am Arsch!«

SHN, Kapitel 58:
Ave Maria

Serdar im Auto: »Es gibt so viele Wichser auf dieser Welt, die Macht haben. Macht, die ihnen nicht zusteht! Weil sie sich diese Macht nicht erarbeitet haben, sondern sie ihnen zugeflogen ist. Wichser, die ihr Maul aufmachen und über andere Leute bestimmen und glauben, sie hätten was zu sagen, einfach Wichser! Und davon gibt's so viele auf dieser Welt, ich weiß gar nicht, wie viele Waffen man bräuchte und, und Bomben und, und andere Vernichtungsmittel, um die alle auszurotten. Meistens sitzen 'se ja an irgendwelchen Hebeln oder beeinträchtigen das Selbstwertgefühl, diese Pisser, diese Nichts, diese Platzhalter!

Ich müsste mich eigentlich nicht drüber aufregen, aber noch ist es ja noch nicht so weit, dass ich bestimmen kann, wer aus meinem Blickfeld zu verschwinden hat und wer nicht. Noch leide ich ja auch unter kleinen Abhängigkeiten, die ich allesamt abschaffen werde, eines Tages, wenn ich an der Macht bin und ich bin schon kurz davor!

Am schlimmsten ist, wenn diese Wichser, von denen ich spreche, Kleingeister und Nichtsnutze sind.

Ja, und trotzdem viel zu sagen haben, ob es der Schalterbeamte in der Bank ist oder irgendein Vermieter oder irgendein Versicherungsmakler oder irgendein Sachbearbeiter, der meint, er müsse jetzt auf den Knopf drücken und mir seine Mahnung ins Haus schicken! Meine Güte, was würde ich so einem gerne mal bei lebendigem Leibe die Haut abziehen. Und ich könnte es, ich hab' 'ne Metzgerausbildung, ja, und bin Schlachter zugleich.

Wenn mir eines Tages einer dieser Wichser in die Hände fällt, ja, sei es ein kleiner oder ein großer, es gibt ja auch mittelgroße und supergroße, ja, dann tu' ich das, was meine Pflicht ist! Ansetzen, abdrücken! Und dann gibt's ja auch noch Kongresse von Wichsern, die sich zu Interessensgemeinschaften von Wichsern zusammenschließen und sich gegenseitig nominieren und bejubeln und gratulieren, ja, und sich eigentlich nichts anderes als in den Arsch ficken! Auf so 'nem Kongress müsst' ich mal erscheinen oder in Erscheinung treten, man muss ja nicht immer persönlich da sein, man kann ja auch seine Handlanger vorschicken und das Ganze mal okkupieren, ja, und Geiseln nehmen! Wie gern würd' ich Geiseln nehmen, wie gern! Forderungen stellen, wie gern! Wie gern! Wie gern! Und allen ins Gesicht kotzen, die mir auf den Sack gehen. Aber ich halt' mich noch zurück, ich bin 'n höflicher Mensch, ja, noch viel zu höflich! Ich könnte anders sein, aber nein, ich bin ja Humanist, Romantiker, gedankenschwul.

Aber damit ist bald Schluss! Bald ist Schluss mit schönem Wetter, bald ist Schluss! Ich habe Waffen und ich habe die Möglichkeit und bald ist Schluss!

Noch nicht, aber bald!

Vielleicht kurz vor Weihnachten und wenn es in mir eskaliert, auch schon früher, damit Allerheiligen auch wieder 'n Sinn hat, ja, wer weiß.

Aber man muss es nicht ertragen, man muss sich nicht von Wichsern regieren lassen, man muss sich nicht irgendwelche Diktaturen aufoktroyieren lassen von Leuten, die es nicht besser können als man selbst.

Gut, wir werden nicht belohnt für unser Können, meistens werden wir bestraft, am meisten vom Finanzamt von irgendwelchen Debilen, von anderen, die sich mit uns messen wollen, obwohl sie nicht Maßstab sind.

Gut, egal! Was spielt das für 'ne Rolle? Man muss sich halt 'ne Ersatzreligion finden, ja, man muss Steckdosen ficken, man muss Leute prügeln und schlagen, damit sie's kapieren. Vielleicht ist das ja auch nur 'ne Energiesparmaßnahme, das man's nicht jeden Tag macht, vielleicht erzeugt es ja auch Energie, dass es genug Wichser gibt, vielleicht wär' ich nicht aggressiv genug, wenn es keine Wichser gäbe!

Scheiße!

Weiß gar nicht, warum ich so sauer bin?

Grad heute Morgen hab' ich noch Müsli gegessen, um friedlich zu wirken, aber es hat nichts genützt. Wahrscheinlich waren Zyankalielemente im Müsli, die mich schon wieder in die Aggression, in die blinde Wut getrieben haben!

Ja, aber es ist eine heilige Wut, die mich regiert. Es ist keine sinnlose Wut, es ist ein Antrieb, ein Motor für Kreativität, ja, aggressive Wehrhaftigkeit gegen alles, was Stumpfsinn ist. Es ist ein Motor, eine Anregung zum Nachdenken, ja, manchen könnte man's wünschen, aber die enden nur als Wichser auf Wichserkongressen, um sich wichsig zu beweihräuchern.

So, ich fahr' jetzt direkt zur Polizeistation und stelle mich.

Ich stelle mich zur Verfügung und dann guckt ihr mal, ihr Wichser, ja, in den Lauf meiner Waffe.«

SHN, Kapitel 59:
Polizistinnen

Serdar im Auto: »Welcher Teufel reitet eigentlich manche Frauen, sich dazu zu entscheiden, Polizistin zu werden, frage ich mich manchmal. Und warum gibt es für diese Polizistinnenfotzen eigentlich keine anständigen Klamotten? Diese Mannsweiber quetschen sich dann in irgendwelche Herrenhosen und ziehen sich 'ne Kapuze auf. Ich mein', ich find' Polizisten sowieso lächerlich, ja! Ich frag' mich sowieso, wie man auf die Idee kommt, Polizist zu werden und dann mit 'ner Taschenlampe rumzulaufen, nachts Leute anzuhalten, ins Gesicht zu strahlen und zu sagen: ›Herr Schmitz, haben Sie 'ne Ahnung, warum wir Sie angehalten haben?‹

Nein!

Wahrscheinlich ist das derselbe Minderwertigkeitskomplex, der Leute auch dazu bringt, in einen Schützenverein zu gehen oder Mitglied im Swinger-Club zu werden, ja, oder sich die Zehennägel weiß zu lackieren, mit schwarzen Punkten.

Ich weiß nicht, wie viele Minderwertigkeitskomplexe, wie viele Abarten von Minderwertigkeitskomplexen es auf dieser Welt gibt, die die Menschen dazu treiben, irgendwelches sinnloses Zeug zu tun.

Aber am schlimmsten sind Polizistinnen. Noch schlimmer sind übrigens Soldatinnen.

Früher waren die Emanzen ja noch auf 'nem anderen Trip, da wollten 'se Gleichberechtigung. Jetzt eifern 'se den Männern so sehr nach, dass sie die schlechteren Männer werden!

Was kann ich mich darüber aufregen, dass nachts dann irgend so 'ne Polizistinnenfotze kommt, auf die ich normalerweise eher geil werden würde, wenn 'se halbwegs anständig aussieht und mir dann ihre Taschenlampe ins Gesicht hält, statt sich 'n Vibrator in die Muschi zu schieben!

›Wissen Sie, warum wir Sie angehalten haben?‹

›Ja, weil, ich Sie ursprünglich umbringen wollte, aber dann vom Gaspedal abgerutscht bin und so einen Schlingerkurs gefahren bin, der Ihnen vielleicht aufgefallen sein mag.‹

Nächstes Mal frage ich die Bullen: ›Wissen Sie eigentlich, warum ich angehalten habe?‹

Hehehe, ja.

›Damit Sie mir mit Ihrer Taschenlampe ins Gesicht leuchten.‹

Fotzen!«

SHN, Kapitel 60:
Entschuldigung

Serdar im Auto: »Es ist nun an der Zeit, nachdem man sich massiv beschwert hat, dass ich mich in aller Aufrichtigkeit entschuldige! Man mag es kaum glauben, auch ich bin zu einer hehren Tat fähig. Ich entschuldige mich bei zum Beispiel allen Negern, die ich beleidigt habe. Bei allen Fot... äh Frauen. Fällt mir noch 'n bisschen schwer, mich dran zu halten, an das neue Gebot.

Ich entschuldige mich bei Juden, Huren, bei gläubigen Menschen, hehehehe, die sich zutiefst verletzt fühlen, weil ich sie in ihrer Gläubigkeit getroffen habe.

Ich entschuldige mich bei meiner Mutter, bei meinem Penis, weit natürlich voneinander entfernt.

Ich entschuldige mich nicht bei Guido Westerwelle, aber ansonsten bei allen.

Bei Oliver Pocher auch nicht, der ist ja so tief gesunken mittlerweile, dass er seine Ex-Freundin öffentlich beschimpfen muss, um seiner Jetzt-Freundin zu zeigen, was er für ein toller Hengst ist.

Ich entschuldige mich auch nicht bei Harald Schmidt oder bei Hella von Sinnen oder bei Mario Barth, die haben meine Entschuldigung nicht verdient, weil ich sie noch nicht ausreichend genug beleidigt habe! Da käme noch was, wenn man's abrufen würde. Fotzen-Pimmel-Lutschgesicht-Arschloch-Dreckhurennutte, zum Beispiel. Lesbenloch, hehehe! Oder Klamauk-Clown, zum Beispiel, könnte man alles sagen, sag' ich aber nicht, weil ich bin ja 'n friedliebender Mensch. 'N freundlicher, höflicher Zeitgeist, ja, Zeitgenosse … Geist … Zeit.

Also ich entschuldige mich nur halb, das ist das Fazit dieser kleinen Ansprache. Warum soll man sich für Dinge entschuldigen, die man gar nicht verursacht hat? Andere Dinge verursachen, dass ich erst in die Not komme, mich entschuldigen zu müssen. Das ist viel schlimmer, als wenn man jemanden zu 'ner Straftat zwingt.

Ja, deswegen ist es mir auch egal, die Leute sind sowieso unheimlich empfindlich geworden. Man kann ja nichts mehr sagen, ohne dass man Angst haben muss, dass man irgendjemanden beleidigt hat. Sagt man Fotze, fühlen sich sofort alle angesprochen, warum fühlen sich denn alle angesprochen, wenn man Fotze sagt? Sagt man Nazi oder sagt man Mullah oder man weiß ja gar nicht mehr, was man sagen soll. (Serdar steht an der Ampel, ein türkisches Paar überquert die Straße.) Apropos Mullah, da laufen 'se wieder. Der Mann allerdings hat 'ne Deutschland-Tasche in der Hand. Ist das geil? Hahaha, der hat 'ne Deutschland-Tasche in der Hand und seine Frau geht zwei Schritte vor ihm. Gib doch die Deutschland-Tasche wieder her! Entschuldigung, war nicht so gemeint. War nicht so gemeint, also, tut mir leid Deutschland. Geil, und da geht 'n Nazi, der hat 'ne Bomberjacke an und geht direkt auf den Mullah und seine Frau zu, die 'ne Deutschland-Tasche haben. Das ist unglaublich spannend! Ha, das ist wirklich wahr, ich erfinde es nicht!

(Serdar zeigt auf einen Fußgänger.) Da ist der Nazi mit der Bomberjacke, da geht er über die Straße. Ist jetzt … gleich begegnen 'se sich … sie begegnen … ich muss leider weiterfahren!

Entschuldigung, die Pointe ist versaut! Entschuldigung für diese versaute Pointe, hehehehehe! Manchmal schreibt das Leben die besten Geschichten, hehehehehe.«

Brauner Salon

Serdar im Auto: »Ich kann es nicht verhehlen und ich gebe es an dieser Stelle gerne öffentlich zu, auch ich besuche hin und wieder den braunen Salon, das Arschloch, ja, das Ding zwischen der Kimme, weil ich ein großer Anhänger von Arschfick bin!

Nicht aus ästhetischen Gründen, es sieht nicht gut aus, wenn man sein Rohr in so 'n braunes Ding schiebt, nein, hauptsächlich geht es um Demütigung, um das Aufzeigen unsichtbarer Grenzen und um den gewissen Überraschungseffekt, ja. Vorher den Knuddelbär geben und dann zack, rein mit dem Ding und rammeln, ja! Ich find's schön, auch das Gesicht, das man dann erahnt, man sieht es ja nicht, ja, aus Schmerz, ja, zugleich verzerrt und sich verzehrend und ein wenig Geburt ist auch dabei.

Arschfick ist schon was unglaublich Geiles, ja. Wenn man's Frauen sagt, in aller Öffentlichkeit, erntet man natürlich nur Undank und Unbill, ja, aber wenn man's macht, ja, dann wird man bewundert und respektiert, weil man Macht ausübt, nichts anderes will die Frau, dass man Macht an ihr ausübt, zeigt, dass man sie beschützen und beschmutzen kann, ja. Das wollen die Frauen, ja, aber in der Öffentlichkeit tun sie natürlich ganz anders, in der Öffentlichkeit, nein, da wollen sie nur die Beine breit machen, von vorne Missionarsstellung, knutschen, knuddeln und was weiß ich, was an Zärtlichkeiten noch alles aufzubieten ist. Aber wenn das Licht aus ist, wer dreht denn die Pornofilme? Wer lässt sich denn ins Gesicht schlunzen, von drei, vier, fünf gleichzeitig? Welche Videos sind denn von Partnern ins Internet gestellt? Meistens seh' ich da Frauen, wer hat denn das Blasen erfunden, bitte schön? Ich nicht! Ich nicht!

Hehehehe, ich nehm's nur in Anspruch, dass andere es erfunden haben, und ich bin dankbar dafür und weil mir das nicht reicht, einfach nur dankbar zu sein, dafür, dass jemand sich meinen

Schwanz sich in den Schlund steckt, geb' ich was wieder, ein bisschen Ehrfurcht manchmal auch genannt, ja, indem ich meinen wiederum reinstecke. Vorher oder nachher ist mir vollkommen egal, nachher ist manchmal sogar schöner, weil neben der Demütigung, der Unterwerfungsgeste auch noch das Sauberkeitsritual hinzukommt, ja, neugriechisch, Arschfick-Oralverkehr.

Ja, gut, nicht dass man denkt, ich würde Arschfeck... fick... feck... prinzipiell mögen, es kommt auch auf das Geschlecht an. Man muss beim Arschficken vorne schon die Titten baumeln sehen. Wenn man so 'n bisschen ... wie soll ich sagen? 'N bisschen kantiges Gefühlt hat, ja, wenn ... wenn die eigenen Eier an andere Eier dranstoßen, dann spätestens sollte man schnell wieder raus, weil man den Falschen, den Falschen erwischt hat, ja! Die Praxis ist die gleiche, das Gefühl ist anders! Das Gefühl ist anders! Und jeder, der da behauptet, egal in welches Loch, Mann, Frau, Kind, Tier, Pferd, Maulesel, Katze, Steckdose, ja, der irrt sich! Der irrt sich! (Serdar blickt aus dem Fenster.) Ja, da ist 'ne geile Negerin gewesen. Die sieht nicht nur so aus, als hätte man sie in den Arsch gefickt, die sieht auch so aus, als wär' sie ein Ganzkörperarsch, so braun ist sie, Bimbohure, ja, beschimpfen muss man auch.

Beschimpfen ist wichtig! Du Hure! Du Nutte! Ich will dir in dein Arsch ficken, du geiles Tier zum Beispiel. Manche finden so was romantisch, ich nur manchmal. Und wen ich nicht alles gerne in den Arsch ficken würde. Wem ich nicht gerne alles ins Gesicht spritzen würde. Aus machttechnischen Erwägungen natürlich einzig und allein. Das sei hier gesagt!

Auf Wiedersehen, ihr Anal-phabeten, hehehehehe.«

AWEO

Serdar im Auto: »Jetzt hab' ich an meinem Auto so 'n Zettel gefunden, was heißt Zettel, Wisch, vor einigen Wochen und da hab' ich mich gefragt, was das wohl sein mag. Ich war mir keiner Schuld bewusst, man geht ja nicht durch das Leben und fragt sich ständig, was hab' ich gemacht, was andere ärgern könnte?

Gerade just vor ein paar Tagen bekomm' ich dann einen Brief: ›Anhörung wegen einer Ordnungswidrigkeit‹, so nennt man das in diesem Land. Eigentlich muss es heißen: ›Befehl! Befehl zur Sühne!‹ Ja, nein, ›Anhörung zu einer Ordnungswidrigkeit‹, da hat sich doch tatsächlich einer meiner verfickten Nachbarn die Mühe gemacht, zu überprüfen, ob an meinem Auto auch die Umweltplakette ist. Ja, der hat wirklich wahrscheinlich jedes Auto einzeln durchgeguckt in seiner Nachbarschaft und dann sofort der Polizei oder der Gestapo, wie er es wahrscheinlich noch nennt, Bericht erstattet, dass ich keine Umweltplakette habe. Oh, welch bösartiges Vergehen! Andere Leute, die bringen Kinder um, da macht sich mein Nachbar nicht die Mühe, der Polizei Nachricht zu geben, wahrscheinlich, weil er selber die Kinder umbringt.

Die Umweltplakette müsste man ihm in sein kleines Arschloch schieben!

Meine Güte, denk' ich, was haben die Leute den ganzen Tag zu tun?

Nichts Besseres als die Autos zu überprüfen, in ihrer Umgebung nach Umweltplaketten? Aber gerade diese Leute, die aufmerksam sind dann, wenn man ihre Aufmerksamkeit nicht benötigt, ja, sind die ersten, auf die man verzichten muss, wenn man wirklich mal Aufmerksamkeit benötigt. Das sind keine Leute, die von Zivilcourage zehren oder sich Gedanken machen über den anderen, weil sie für ihn etwas empfinden, nein, es sind kleine Pflichterfüller, ja, Nazipack!

Mit solchen Leuten kann man Diktaturen organisieren! Und dann fragt man sich, wer ist es eigentlich Schuld? Das frag' ich mich jeden Tag, dass Unrecht geschieht. Sind nicht immer nur die, die oben am Ruder sitzen, es sind die Kleinen, die Kleinen, die das Rädchen zum Drehen bringen und es am Drehen erhalten. Wo sind den bitte schön die ganzen ehemaligen Grenzsoldaten der DDR? Untergetaucht, niemand kümmert sich mehr um sie. Aber damals, da hab' ich mich an ihre jovialen Fressen, da konnt' ich mich daran nicht sattsehen, ja, so ekelerregend war's. Heute sind's ganz normale Spießbürger. Leben in meiner Nachbarschaft, laufen rum und machen sich Gedanken darüber, ob ich die Umweltplakette habe, weil sie mit ihrem denunziantorischen Potential nicht mehr wissen wohin! Umweltplakette! Was ist das auch für'n Scheiß?

Umweltplakette!

Manchen Pennern sollte man 'ne Umweltplakette auf ihr Revers heften, weil 'se nach Pisse und Scheiße stinken, ja!

Anderen Leuten sollte man 'ne Umweltplakette ins Gesicht heften, weil sie Mundgeruch haben und stinken, wie 'ne Kuh aus dem Arschloch!

Aber ich, ich brauch' doch keine Umweltplakette und schon gar niemanden, der mich drauf hinweist, und überhaupt niemanden, der zur Polizei geht, um zu melden, dass ich keine habe.

Jetzt hab' ich mich so in Rage geschrien, dass ich gleich 'ne Heiserkeitsplakette brauche.

Ja, das war's. Ich hol' mir jetzt diesen Nachbarn.

Und dann mach' ich aus ihm 'ne Umweltplakette und bringe ihn zur Altkleidersammlung.

Wichser!

Hehehehe, Anhörung wegen einer Ordnungswidrigkeit! Das sag' ich zu meiner, wenn 'se statt an meinem Schwanz geblasen zu haben mir ins Ohr pustet.«

Fetti

Serdar im Auto: »Ich hab' jetzt festgestellt, ich werde immer fetter und unansehnlicher mit zunehmendem Alter. Ich kann auch nichts dafür, ich ess' nicht besonders viel. Morgens mal 'n Kleinkind und abends 'n Schaf. Aber trotzdem, man nimmt ja zu, durch das Nichtstun, ja, man nimmt zu, weil man einfach nichts mehr tut und der Körper das Gefühl hat, er muss nicht mehr auf die Jagd, deswegen sammelt er so viel Polster, wie er kann.

Ja, und davon, dass man sich andauernd einen blasen lässt, wird man auch nicht schlanker. Man kriegt ja nur 'n bisschen Flüssigkeit abgepumpt. Das holt man sich dann schnell wieder, nachdem man einen geblasen bekommen hat, weil man dann noch 'ne Flasche Schnaps auf ex trinkt, um das Gesicht der Alten zu vergessen.

Man wird fetter und fetter und fetter und hat ein immer schlechteres Gewissen.

Dass ich fett bin, ist mir egal, ich muss sowieso nicht mehr attraktiv sein, ich zahl' ja. Aber das schlechte Gewissen ärgert mich, ich will kein schlechtes Gewissen haben. Ich will einfach in Ruhe fett sein und nicht denken, ich muss jetzt auch noch 'n schlechtes Gewissen haben, weil andere vielleicht nicht die Möglichkeit haben, fett zu werden. Was kann ich denn dafür, dass andere nicht fett werden können?

Ja, warum? Weil 'se kein Geld haben oder nichts zu essen oder irgendein anderen Scheißdreck halt.

Fett sein muss man sich ja erstmal leisten können, in anderen Kulturen ist man gerne fett, weil's 'n Wohlstandssymbol ist, fett zu sein. Bei uns muss man sich auch noch schämen, fett zu sein! Dankbar sollte man dafür sein, dass man 'n bisschen was gefressen hat und sich hier unten und hier da am Bauch Schwabbelhüften und Doppelkinne bilden. Außerdem ist es viel gemütlicher, da kann man über andere Leute herziehen, ohne Angst zu haben, dass man verhungern muss.

Wenn jetzt zum Beispiel 'n Äthiopier frech wird und anfängt über mich zu lästern, dann muss er doch gleichzeitig Angst haben, dass er so viel Energie dabei verliert, dass ihn der Hungertod zur Strecke bringt.

Die Äthiopier müssen also immer schön freundlich bleiben und von der Hand voll Reis, an der sie nagen, ja, sich erstmal ... satt werden, fiel mir gerade nicht ein das Wort. Satt, hab' ich schon lang nicht mehr gehört das Wort: satt! Umso häufiger hör' ich ›Hunger!‹ Ja, satt, ich weiß gar nicht mehr, was das bedeutet. Satt.

Aber andererseits gibt's auch Motivationen abzunehmen. Zum Beispiel, um der Depression Humus zu geben, dünne Leute sind ja viel häufiger depressiv, es gäbe andere Motivationen, man will der Schnellste sein, beim 100-m-Lauf, aber da würde es auch schon reichen, wenn man 'ne Geschlechtsumwandlung manipulierte oder vortäuschte, zum anderen Geschlecht zu gehören, ja.

Es gäbe auch den Grund, dass man attraktiv sein will, aber warum soll man heutzutage noch attraktiv sein? Man kriegt ja alles gratis! Man kriegt ja eine Wichsvorlage nach der anderen!

Man kann ja auch auf'n Strich bzw. einkaufen gehen auf'n Strich, also nicht jetzt selber auf'n Strich gehen, obwohl das wär' auch 'ne Möglichkeit, ja, manche mögen's ja.

Auf solche Gedanken kommt man nur, wenn man fett genug ist, ja.

Wie die Made im Speck, ja, wie mein Freund und Mentor sagen würde.

(Serdar imitiert Adolf Hitler.): ›Wie die Made im Speck!‹

Ich hab' Hunger.«

Leben und Tod

Serdar aus dem Off: »Düdedüdüdüdüdü! Sie sehen eine Spezialausgabe der *Hatenight* mit dem *Wort zum Sonntag*, gesprochen vom Hassias.«

Hassias: »Nun, 2009 ist das Jahr der Untot-Toten: Michael Jackson, Farra Faushit, David Hasselhof und jetzt auch Robert Lembke. Sie alle hat der schnelle Tod ereilt, manche haben ihn sich auch gewünscht, herbeigesehnt, organisiert, inszeniert, sich vor den Zug gestellt und auf den finalen Elfmeter gewartet, hehehehe. Dabei ist das Sterben eine Angelegenheit Gottes. Niemand hat das Recht, über sich selbst zu richten, und niemand darf das Schicksal in die Hand nehmen und den Sarg mit der Erlösung verwechseln. Ist deswegen nicht auch das Wort ›Wut‹ angebracht? Niederträchtigkeit. Darf man den sich selbst Tötenden nicht auch im Jenseits noch schmähen, weil er den Zugfahrer zum Mörder macht, seine Frau zur Witwe und sein Kind zur Weisen? Nun, das sind Fragen, die stellt man sich ungern, weil man im Betroffenheitsduktus der Masse, die sich selten dessen bewusst ist, dass sie mit Schuld ist an der Isolation des Einzelnen, eben betroffen zu sein hat und seinen Arsch in die nächste Kirche bewegt und weint und sich schämt zugleich, weil man es viel vorher, viel früher schon hätte merken müssen, hehe, aber auch trotzdem nicht hätte verhindern können, denn nun, so wissen wir ja, ist Depression ja eine Volkskrankheit.
Welche Überraschung!
Depression ist eine Volkskrankheit, hehe!
Ich scheine der Einzige zu sein, der es nicht hat und sich deswegen auch nur im Falle eines Falles vor den Zug schmeißt. Dann wenn er beispielsweise zu viele Schulden hat, dann wenn er zum Beispiel Christoph Daum gebeichtet haben könnte, dass er kleine Kinder vögelt, irgendetwas muss ja da gewesen sein, denn so ohne Grund,

nun, ich meine ohne dass man es sich verdient hat, nun, ich meine ohne dass irgendwann im Jenseits abgerechnet wird, hat man sich das ja wohl nicht eingefangen, dass man nachts mit dem Auto vor die Gleise fährt und sich dann überlegt, wie man sich am besten vor den Zug schmeißt.

Ich weiß, für den einen oder anderen mag das pietätlos sein, ist aber nicht unser Leben viel pietätloser, wenn wir das Leid des Einzelnen nur dann realisieren, wenn er uns nah oder bekannt genug ist?

Jedes Jahr, jeden Tag, jede Minute gäbe es genug Anlass zu trauern, schließlich sterben jeden Tag genug Menschen.

Fliege oder Hase?

Sterben wir wie die Fliegen oder vermehren wir uns wie die Karnickel? Das ist die Frage, sagt am *Wort zum Sonntag* der Hassias.«

Serdar aus dem Off: »Düdedüdüdüdü! Sie hörten das *Wort zum Sonntag*, gesprochen vom Hassias.«

SHN, Kapitel 65:
Kacke

Serdar im Auto: »Kacken ist ja ein wichtiger Prozess im Leben, das merkt man ja schon als Kind, ja, dass es wichtig ist, welche Konsistenz man in die Windel scheißt. Als Erwachsener verliert man dann seinen Bezug dazu, weil die Toiletten, auf die man geht, immer hightecher werden, ja. Früher hat man einfach seine Wurst in 'ne Windel gepresst und sich danach wohl gefühlt, egal, wie viel Kacke noch am Arschloch hing.

Heute setzt man sich auf ein wohlgeformtes Toilettendeckelchen und presst eine Wurst nach der anderen fein portioniert hinein und hört's am Plumpsen, ob es 'ne dicke oder 'ne dünne Wurst war, ja. Es gibt auch keine Flachschüsseln mehr, damit man sehen kann, was man zustande gebracht hat. Es gibt auch keine Flachschüsseln mehr, die den kreativen Geist des Kackenden belohnen, indem sie ihm noch mal vorführen, welches Arrangement er zustande geschissen hat.

Nein, es gibt nur so Tiefspüler, wo es plutsch macht, ja. Und wenn man in der Öffentlichkeit scheißt und der vorher vergessen hat abzuziehen, es plutsch macht, so dass man weiß, man hat die Pisse des Vorgängers an der Kimme hängen. Wie unhygienisch doch so was ist. Ich geh' sowieso nicht in solche Toiletten, ja, ich scheiß' mir lieber in die Windel, statt in 'ne öffentliche Toilette zu gehen. Ich kann's auch nicht leiden, wenn unten und oben noch so 'n Spalt frei ist, weil ich paranoid bin und Verfolgungsangst habe. Ich geh' nur in Mutterbauch-Toiletten, die abgeschlossen und abgeriegelt sind, so dass ich in meinem eigenen Gestank aufgehe, wie der Jude vor der Vergasung. Ja, 'tschuldigung, das war ja nur 'n Beispiel. Das war ja nicht ernst gemeint. Ich will doch sehen, was ich geschissen habe, ich will doch sehen, was ich verursacht habe, ja, welchen Ballast ich in die Welt gedrückt habe. Manchmal sind's harte Konsistenzen, mühsam herausgedrückt, in einem zähen Ringen herausgepresst, eine ganz fette Kackwurst, so fett wie ein Negerschwanz, nur rückwärtig aus dem Arschloch gefallen.

Anders wär's ja nicht schön. Und darauf folgt dann noch 'ne etwas fluffigere Schicht, in der man Maiskörner und irgendwelche Hartweizenschalen sieht. Und ganz oben, noch on the top, wie die Krone auf dem Bier ein kleines Zipfelchen, manchmal noch dazwischen eine Lage Durchfall und ein Gestank, ja, ein Parfum muss man sagen, ein Gestank, der einen an seine Herkunft erinnert, an den Urwald, an die Höhle! Es ist was Archaisches zu scheißen, das kann ich mir von irgendwelchen Toilettenschüsselherstellern doch nicht vermasseln lassen!

Scheißen ist was Elementares. Sich nach dem Scheißen gut zu fühlen auch. Am schönsten ist, wenn man diese ganz glatt geschliffene, wohl proportionierte Kacke hat, nach der man das Toilettenpapier noch nicht mal mehr mit Streifen verschmutzen kann, ja, weil's glatt rausgegangen ist wie aus so 'ner Hackfleischmaschine, so schwubbeldibup, mit genug Ölanteil, wie in Nutella, ja, und dann macht's klack und dann ist das Ding draußen! Manche Leute putzen sich den Arsch ja sowieso nicht und stinken dann aus dem Arsch, wie sie vorher aus dem Mund gestunken haben, weil 'se sich wahrscheinlich ständig in den Mund scheißen lassen. Manche Leute haben ja einen sehr persönlichen Bezug zu Scheiße.

Ja gut, ich hab's auch, aber nur wenn's im Klo liegt und schon gar nicht zu Scheiße von anderen Leuten, sondern nur von meiner eigenen Scheiße möchte ich etwas haben, wenigstens den Geruch.

Komischerweise aber erträgt man den Geruch dann, wenn man kurz mal rausgegangen ist, selbst wenn es der eigene Scheißgeruch ist und hineinkommt ins Klo nicht mehr, das ist ein Mysterium der Menschheit. Warum erträgt man seinen eigenen Scheißgeruch nicht mehr, wenn es vorbei ist? Warum?

Ja, und all diese philosophischen Gedanken vermasseln einem die Tiefspül-Toilettenschüsselhersteller.

Ja, oh, ich glaub', ich muss kacken, hahahaha, oh.«

SHN, Kapitel 66:
Puff

Serdar fährt im Auto durch ein leerstehendes Parkhaus und plötzlich steht Buddy Ogün vor ihm: »Boah, Alter, ey, ich bin so geil, ey, ich muss in 'n Puff, um mir aufs Toastbrot scheißen zu lassen! Ich kenn' mich hier nicht aus, da ist 'n Typ, ich frag' den mal, warte mal.«

Serdar: »Eeeehhhh!«

Buddy: »Was?«

Serdar: »Kannste mir sagen, wo hier der nächste Puff ist?«

Buddy: »Digga, ich schwör', du bist der Onkel von Tamer, ne?«

Serdar: »Neeeiiiin.«

Buddy: »Ja, doch, Digga, ich schwör', ich hab' dich doch gestern gesehen mit Tamer in Steilshoop, du hattest so ein Tier an der Leine, Digga, Waschbär oder so, ne?«

Serdar: »Ich hab' keine Ahnung, wer ist denn dieser Tamer?«

Buddy: »Was? Was?«

Buddy beugt sich durch das geöffnete Seitenfenster in Serdars Auto.

Serdar: »Ey, tu dein Kopf aus meinem Auto!«

Buddy: »Digga, du bist doch der Onkel von Tamer oder nicht?«

Serdar: »Nein!«

Buddy: »Digga, ich hab' gehört, du bist Power-Onkel, Digga, du schenkst Tamer immer Sachen, so Obstsalat, Digga, Insekten, Federbälle, wo hast du ...«

Serdar: »Ey, Alter, pass auf ...«

Buddy: »Ist das 'n Siebener oder was?«

Serdar: »Ey, ich such' 'n Puff, ich will mir aufs Toastbrot scheißen lassen, ich weiß nicht, wer dein Tamer ist ...«

Buddy: »Digga, du bist doch der Onkel von Tamer oder nicht?«

Serdar: »Nein! Hau ab!«

Buddy: »Ich wusste gar nicht, daas …«

Serdar: »Hau … nimm die Finger weg!«

Buddy: »Digga, ich wusste gar nicht, dass du in Puff gehst …«

Serdar: »Nein! Hau ab hier ab! Leck mich! Tu die Hand raus!
Was ist das für 'n Asi, ey? Der geht mir ja total auf'n …
Was denn, was ist los?«

Buddy: »Du bist doch der Onkel von Tamer oder nicht?«

Serdar: »Nein!«

Buddy: »Normal bist du der Onkel von Tamer!«

Serdar: »Nein! Ich such' 'n Puff, du Penner!«

Buddy: »Ja, gleich hier vorne, Digga, ich schwör'!«

Serdar: »Ja, danke, das wollte ich wissen!«

Buddy: »So ein Lauch, ich schwör'.«

Serdar: »Leck' mich am Arsch!
Meine Güte, ey, was war denn das für ein Schwuli, ey?
Da will man mal in den Puff, da trifft man direkt so total komische
Typen!«

Fuckshop

Serdar im Auto: »Was mir schon seit geraumer Zeit auf den Sack geht, das sind diese Instant-Bäckereien. Backshop, Fuckshop! In einem Land, was für seine Brotkultur bekannt ist, geht man nicht mehr zum Bäcker, sondern man geht in 'n Backshop. In so 'ne Fabrik, in der dann irgend 'n Zulu steht, ja, der sich als Bäcker ausgibt, aber schon im Ansatz zu entkennen ist ... zu erkennen ist ... entkennen ist als Scharlatan, als Brötchenbetrüger!

Ich will doch, wenn ich mir so 'n Ding kaufe, so 'n Brötchen, in diesen Backshops ist es ja nicht mehr als Luft gepresst in 'ne Hülle, da will ich doch merken, dass der gute Bäcker morgens um 3.00 Uhr aufgestanden ist und ich als Privilegierter um 8.00 Uhr oder um 18.00 Uhr in die Bäckerei schlendere, um mir dann ein frisches Brötchen aus seiner Hand geben zu lassen, ja, aus seiner aufgequollenen Hand, die ganz müde und träge ist vom Teigkneten, so wie meine Hände müde sind vom Tittenkneten.

Ja, aber alle Schwuletten dieser Welt müssen ja Geld sparen und holen sich dann so Designerbrötchen im Backshop.

Ja, kann ich gar nicht verstehen! Alles muss immer günstig sein. Manchmal will ich auch mehr bezahlen, weil's mir um Geschmack geht, ja. Ich mag nicht so dünne Pommes bei McDonald's, sondern ich will Original-Pommes haben, von holländischen Händen geschnitten, geschnibbelt in Form gebracht, mindestens so dick wie 'n Vorschulpimmel.

Ja, und kross! Und kross!

Ja, aber nein, man kriegt dann so laffe Scheißdreck-Pommes! King und Burger und fuzzi und Kaka. Ja, auch weil's dann billiger ist. Ich will nicht mehr, dass Dinge billiger sind, ich will das Gefühl haben, dass sie einen originalen Geschmack haben, ja! Ich leiste es mir, originalen Geschmack. Das Billige kann ich mir auch selber machen!

Brauch' ich nicht! Da kauf' ich mir lieber genmanipulierte Tomaten und fresse sie bis an mein Lebensende, was nicht mehr weit weg ist dann, wenn ich schon genmanipulierte Tomaten fresse!

Möcht' nicht wissen, was da in diesem Backshop alles verarbeitet wird!

Welche Minderheiten und artengeschützte Tiere in dem Teig stecken, ja, den 'se aufbereitet haben mit Instant-Hefe, wahrscheinlich aus Simbabwe.

Hauptsache billig, alles muss billig sein!

Billig, billig!

Da klau' ich lieber das, was teuer ist, als dass ich bezahle, was billig ist, sein soll .... Backshop!«

SHN, Kapitel 68:

Advent, Advent

Serdar zuhause: »Jetzt ist ja bald wieder Weihnachten. Advent, Advent, ein Lichtlein brennt! Weihnachten steht vor der Tür, die besinnliche Zeit. Und dann fängt die Beschwererei auch wieder an: ›Es ist doch alles so kommerziell, nächstes Jahr schenken wir uns nichts mehr.‹

Aber wer wackelt durch die Innenstädte? Wer säuft Glühwein am Stück und wer frisst eine Bratwurst nach der anderen? Die, die sich beschweren!

Und wer sitzt am 24. wieder bei Mami am Tisch und frisst 'ne Gans, während er eigentlich spenden wollte an irgendwelche hungernden Kinder?

Ja, die Wohlstandsgesellschaft, ja und immer braucht man 'nen Anlass zum Feiern. Man kann ja nicht feiern, weil man glücklich ist. Ich zum Beispiel bin schwerst depressiv und brauch' kein Anlass, um ... um zu heulen.

Hehehehe, aber ich lass' mir auch von anderen nicht vorschreiben, was 'n Anlass ist und was nicht. Halloween, Valentinstag, Silvester, Sommer, Winter, Karneval, immer gibt's Anlässe. Und dann muss ich in 'nen Blumenladen wackeln, meiner Freundin Blumen kaufen, obwohl ich gar keine hab' oder haben will.

Und dann ist Ostern, da muss ich Eier suchen, obwohl ich lieber Eier suchen lasse, ja, und finden auch.

Und dann ist Silvester, da muss ich Knaller in die Luft jagen, dann ist Weihnachten, da muss ich mich freuen und besinnlich sein und Weihnachtslieder singen und mich beschweren zugleich und nachher muss ich durch Stadtparks hoppeln und es Nordic Walking nennen, damit die Fettpölsterchen wieder weggehen.

Immer hat irgendjemand einen Anlass, mich zu irgendwas zu veranlassen, ja. Wenn ich jemandem was schenken will, dann brauch' ich keinen Anlass, dann tu ich's aus Freude!

Aber ich schenk' niemandem was, weil ich nichts hab', worüber ich mich freuen könnte und auch niemanden, den ich kenne.

Ja.

Aber vielleicht bringt der Weihnachtsmann mir ja ein aufziehbares Äffchen mit und dann kann ich mit dem ganz viel spielen.«

SHN, Kapitel 69:
Berluskomisch

Serdar zuhause: »Silvio Berlusconi ist doch das größte Sackgesicht, das es auf der ganzen Welt gibt, gut, direkt nach Sack-ozy, den Brunetti-Puderer.

Hehe, wenn sich einer verdient hat, dass man ihm 'nen Gips-Dom auf die Fresse schmeißt, dann doch Silvio Berlusconi. Wenn man mich gefragt hätte, ich hätte ihm den original Mailänder Dom in sein Arschloch gepresst, ja, hehehehe! Ich mein', 'n Mann, der sich mit 70 'n Toupet auf den Schädel schnallt, damit er 17-Jährige vögeln kann, der hat doch nichts anderes verdient, ja. Das hat ja schon Fritzl-Qualitäten, was sich der Ministerpräsident Italiens da leistet, ja. Ich mein', gut, er repräsentiert eine Nation, die an Schmierigkeit nicht zu überbieten ist, die sich in den letzten 50 Jahren über 100 000 Regierungen geleistet hat und einmal die Kommunisten, dann die Faschisten und sich jetzt die Faschisten unter Silvio Berlusconi wählt, hehehe. Italiener sind das Schmierigste, was es gibt, und wehleidig sind sie, ohne Ende. Sitzen auf der Bank bei Bayern München und sagen: ›Ich darf nicht mitspielen!‹

Ja, warum denn, lieber Luca Toni, warum denn? Weil du dich in den Medien über deinen Trainer beschwert hast. Früher hätten sie dir die Eier abgeschnitten.

Sei froh, dass du noch auf der Bank sitzen kannst, für 500 Millionen, die du dir jede Woche in dein Täschchen schiebst, damit du dir Gel kaufen kannst.

Und dann immer in diesen Restaurants: ›Ciao, ich mache dir eine super Vitello Tonnato‹, ich hab' das Gefühl, ich bin im Italienischkurs. Dabei will ich mir bloß irgendwelche Spaghetti zwischen die Kiemen pressen!

Ja, und es sind ja noch nicht mal Italiener. In der Regel sind's irgendwelche Ukrainer oder noch besser, es sind Albaner!

Ja, die sich ja dessen bewusst sind, dass niemand in ein albanisches Restaurant gehen würde, was gäb's da auch zu essen? Kakerlaken? Menschen-Föten, gerillt?

Nein, deswegen geben sie sich als Italiener aus. Der Albaner denkt, er wäre ein besserer Mensch, wenn er Italiener ist, ja, hahahaha, und dann und dann spricht der so: ›Ciao, make so.‹ So wie manche Vietnamesen auch denken, sie wären bessere Menschen, wenn sie sich als Chinesen ausgeben.

Aber ich kann das alles unterscheiden, ja. Ich kann das Toupet vom Kopf wegreißen und in den Schädel hineingucken und sagen: ›Berlusconi, du bist 'ne kleine Krücke‹, und den Dom hast du dir redlich im Gesicht verdient, der alte Mann und der Dom, hehehehe. Da muss man noch nicht mal verrückt sein, das kann man bei stocknüchternem Verstand machen, sich aussuchen, wem man alles 'nen Dom ins Gesicht schmeißt. Ich würd' anfangen bei Helmut Kohl, bei Angela Merkel, bei Westerwelle, bei Helmut Schön und bei Hellmuth Karasek würd's weitergehen.

So viele Dome, Döme, Dumme gibt's gar nicht auf der Welt, wie man sie zu beschmeißen hat.

Aber ich weiß auch nicht, wer eigentlich legitimer Ministerpräsident von Italien sein dürfte.

Doch! Michael Schumacher!

Aber der macht sich ja jetzt auch davon, der geht wieder zu Mercedes, weil er doch dem Deutschen in sich wieder stattgeben möchte. Der hat zu lange bei den Spaghettis rumgehangen, ja, der hat sich die Kohle geholt, weil die haben ihn ja in Euro bezahlt, da waren sie ihm noch gut genug. Und jetzt geht er wieder in 'nen Mercedes, weil er sich langweilt, ja, davon, dass man jeden Tag die gleiche Alte pudert, wird man ja nicht satt!

Hehe, da fällt mir Tiger Schniedelwutz ein.

Hahahahaha, meine Güte! Der hat ja eine nach der anderen eingelocht, ja, dieser geile Bimbosack, hahahaha. Dabei hätte mir die Alte, die er zuhause hat, vertrocknen lassen schon gereicht, um sie zu durchlöchern wie einen 18-Loch-Golfplatz!

Ja, aber die Bimbos werden ja nie satt, die müssen überall ihren Lümmel reinpressen. Das haben sie mit den Italienern gemein, ja, die Italiener und die Bimbos, die vögeln sich um den Verstand, da sollen sie sich auch nicht wundern, wenn sie irgendwann mal 'nen Dom in die Fresse kriegen, hehehehe, ja. ›Ciao, ich mach' dir eine super dicke yellow‹, hahaha.

Ich glaube, ich werde in meinem nächsten Leben Harald Schmidt. Hehehehe.

Ach.«

SHN, Kapitel 70:
Eventkultur

Serdar zuhause, umrahmt von Weihnachtsdekoration: »Was mir auch total auf den Sack geht, sind diese dauernden Events.

Irgendwas wird immer erfunden, damit alle es jederzeit mitmachen, bis irgendwann man kein Bock mehr darauf hat, weil alle es mitgemacht haben. Es ist egal, welches Event es ist. Jetzt ist es wahrscheinlich wieder der Jahresrückblick. Du schaltest den Fernseher ein, es ist ein Jahresrückblick nach dem anderen.

Bis man das Jahr schon auswendig rezitieren kann: ›Öh, Flugzeug abgestürzt im Hudson River.‹

Ja, ich hab's schon fast wieder vergessen, so wichtig war es nicht. Ähm, eh, Berlusconi hat 'nen Dom in die Fresse bekommen.

Ja, das war schön, hat aber nicht länger gehalten als 'ne Minute, ja, und was weiß ich, was noch alles passiert ist. Irgendwelche Meisterschaften und, und irgendwelche Doping-Affairen. Irgendwelche Wahlen, die gewonnen und verloren werden.«

Einspieler: »Achtung, Achtung, wir unterbrechen das Programm für eine aktuelle Ansprache des Führers.«

Der Führer: »Was hat eigentlich die Schweiz, ja, was hat die noch auf unserem Planeten zu suchen, ja? Erstmal will sie doch gar nicht einer von uns sein und außerdem hat sie auch niemand gefragt, ob sie es will, ja. Die Schweizer haben so gehörig den Arsch offen, das glaubt man überhaupt nicht, ja.

Aber das kommt davon, ja, wenn Bauern zu viel Geld haben. Da darf man sich auch nicht wundern, wenn die Bauern sich so verhalten, wie ihr Ursprung es ihnen vorschreibt. Ich mein', wenn man Schweizer fragt, ob sie Minarette wollen, dann wissen sie gar nicht, worum's geht, ja. Die wissen nur, sie sind gefragt und dann stimmen sie so ab, wie sie möchten. Darum geht's den Schweizern nämlich.

Es geht denen gar nicht darum, 'ne Entscheidung zu treffen über Gut und Böse, sondern sie wollen nur ihrem Minderwertigkeitsgefühl Ausdruck geben.

Darum geht's in der Schweiz schon seit Jahren! Warum gibt's diese lächerliche Drecksssprache? Damit die Schweizer nicht verwechselt werden können mit den anderen Bergdeutschen, den Österreichern. Oder warum sagt man Velo zu Fahrrad? Ja, warum sagt man Töffli zu Mofa, ja? Warum durchlöchert man den Käse, damit er anders aussieht als 'n Gouda? Weil man Schweizer ist und noch nicht mal UN-Mitglied sein möchte. Aber was würde passieren, wenn der Tsunami mal über die Schweiz schwappen würde?

Dann würde man die UN-Hilfstruppen als Erstes in Anspruch nehmen. Dann würde man die UN-Hilfstruppen als Erstes in Anspruch nehmen. Was würde passieren, wenn man von Zins und Zinseszins, den man sich aus den Zahnfüllungen der Juden ergattert hat, wenn man von dem nicht mehr leben könnte? Dann müsste man bei der EU betteln darum, dass man aufgenommen wird. So aber kann man sich die Attitüde des Selbstgefälligen geben und abstimmen über Minarette oder Nicht-Minarette. Gut, ich mag' auch kein Minarett, aber ich weiß, dass in der Schweiz nicht über das Minarett, sondern über den Ausländer, der dahintersteckt, abgestimmt wurde, und da ist sich der Schweizer ganz sicher und allen voran die SVP, die legitime Nachfolgepartei der NSDAP, dass er sein Kreuzchen, sein Hakenkreuzchen doch an der richtigen Stelle zu machen hat!«

Serdar: »Es gibt heute kein faschistischeres Drecksland auf dieser ganzen Welt als die kleine kleinkarierte Schweiz. Wenn ich abstimmen dürfte, ich würde die Schweiz ins Weltall verbannen und ihnen ein Minarett in ihr Arschloch pressen. Ja, so viel dazu.

Das ist eben der Zyklus der unwichtigen Dinge. Der kommt und geht jedes Jahr. Und dann werden Jahresrückblicke gemacht und rauf und runter erzählt in Quizform verpackt. Dann muss Günther Jauch mich noch fragen nach den wichtigsten Ereignissen.

Damit ich auch überprüft werde, ob ich's mir gemerkt habe. Ich komm' mir vor, wie in einer ständigen Prüfung, und die Belohnung kommt nicht, ich krieg' keine Belohnung. Die Belohnung ist, dass mir dann Fragen gestellt werden, die an Banalität kaum zu überbieten sind. Was ist die Hauptstadt von Russland? Moskau oder ihre Mutter? Damit ich wieder mit gar nichts belohnt werde. Ich kann dann 'ne SMS irgendwo hinschicken und mich anmelden bei RTL.

Das ist sowieso das Übelste, dass man sich neuerdings überall anmelden muss, ja, und Geld dafür bezahlen muss, dass man seine freie Meinung äußern darf, und Geld dafür bezahlen muss, dass man Teil einer Community werden darf. Ich hab' doch das Recht überall mitzumachen, wo ich will! Ja, und außerdem, ich zahl' das Geld nicht. Da geh' ich lieber zu denen, die ihre Programme kostenlos anbieten: zur NPD, zur katholischen Kirche, zur GEZ, zu denen die Parkknöllchen schreiben, ja. Wie oft gibt man sowieso sinnlos Geld aus, also bitte, lassen wir doch die Kirche im Dorf, ja. Wie oft gibt man Geld aus für Sachen, die total uninteressant sind. Da fragt man auch nicht auf Dauerhaftigkeit und nach Inhalt, ja. Für 'n Glas Bier oder für Sanifair oder für die nächste Thai-Nutte oder was weiß ich?

Ja und dann muss das Wetter aber mitspielen. Sonst wird man ja sauer und dann muss man Peter Klöppel fragen.

Aber ich mach' das nicht mehr mit. Ich kauf' mir jetzt 'ne Schneekanone und dann fahr' ich in den Sudan und dann sage ich: ›Schluss mit dem Weihnachtstauwetter im Bimboland!‹ Und dann schieß' ich den Bimbos mal ordentlich Schnee auf die Birne! Damit 'se wissen, dass sie eigentlich die Schokoladenweihnachtsmänner sind, hahaha.«

Off-Stimme: »Und nächstes Jahr sehen Sie …«

Serdar als Beifahrer, am Steuer sitzt Sarah Kuttner.

Sie: »Hast du das Gefühl, dass alle Leute oder dass die meisten Leute, die sich das angucken, wenn du das machst, den Teil auch verstehen?«

Serdar: »Ich glaube, die Leute ahnen, dass darin irgendwas Wahrhaftiges ist.«

Off-Stimme: »Die *Hatenight* wünscht ein hasserfülltes Fest und viel Schmerz beim Rutsch ins neue Jahr.«

SHN, Kapitel 71:

Deutschsein

Serdar im Auto: »Meine Güte, was geht mir Deutschland auf den Sack! Dieses ganze Gelabere um originäres Deutschsein und Kultur, Leid oder Gleit… ja, was geht's mir auf den Sack! Dieses undefinierbar Diffuse. Ob Ressentiment oder Behauptung, was geht's mir auf den Sack! Dabei weiß ich gar nicht, was es ist. Das Deutschsein an sich, aus welchem Loch ich gekrochen sein muss, um mich deutsch nennen zu können. Ob ich nur deutsch sprechen muss oder ob ich deutsch brechen muss oder ob ich mit dem Deutschsein brechen soll. Aber deutsch ist deutsch, da helfen keine Pillen! Seit Jahrhunderten schon versucht man zu definieren, was es bedeutet, deutsch zu sein. 'Ne Zugehörigkeit zu einer Sprachgruppe, ja, eine ideomo- oder eine ideologische, oder eine Zugehörigkeit zu einer Volksgruppe, ja, dann sind aber auch die Russen deutsch oder die Polen und die Möchtegerns und die, die man noch haben will, aber nicht haben konnte, erobern muss. Deutsch und wie integrier' ich mich? Beiß' ich in die Bratwurst, ja, drück' ich mir das Sauerkraut in den Hals oder nippel ich noch oder nippe am Bier, bevor ich abnippel. Woher kommt überhaupt das Wort ›Nippel‹? Ist das auch deutsch? Ficken die Deutschen gut, schlecht, besser oder halb so gut? Warum kann man den Deutschen überhaupt die Frauen vom Markt vögeln? Sind sie frustriert, ausgetrocknet? Haben sie gewartet, ja? Dass die deutschen Frauen überhaupt die Türken an sich ranlassen oder die Türken ihre eigenen Frauen bumsen, weil sie keine Lust mehr auf die deutschen haben, das sind alles Fragen, die einem Sara-Nazi nicht beantwortet! Und auch die deutsche Gesellschaft nicht, die sich in Blogs auskotzt, befragt von der *BILD*-Zeitung nach ihrer wahren Meinung! Wenn man mich mal nach meiner wahren Meinung fragen würde, würd' ich sowieso alles und jeden eliminieren lassen, der nicht deutsch ist.

Ja, aber mich fragt keiner nach meiner wahren, richtigen, rechten Meinung!

Dann wär' ich auch viel mehr deutsch, teutsch! Täusch, teutsch! Deutsch, täusch! Verfickte Kacke!

Aber schöne Sprache, kann man viele Wortspiele mit machen, die Bedeutung ändert sich silblich, ja.

Ein Wunder, dass ich diese Sprache überhaupt beherrsche, im Gegensatz zu dem ganzen anderen Pack, was ich auf RTL sehe! Was untertitelt werden muss, meistens auch aus Deutschland stammend, nur Ostdeutschland, ja.

Ein Wunder, ich kenn' auch nur Ukrainer, Russen, Serben oder Kroaten oder Serbo-Kroaten oder Kroato-Serben, Albaner-Kosovo oder Kosovo-Albaner, Rumänen, die auch kein Deutsch können. Amis, Belgier, ja, aber da fragt keiner nach, weil der Ausländer, der Ausländer, der Ausländer, ist der Türke, für mich auch.

Für mich ist der Türke das Sinnbild des schlechten Ausländers, ja, ein Abbild eines Hurenkinds, geboren aus Integration und Intriganz, aber das versteht keiner. Keiner von denen, die kluge Bücher schreiben, erst recht keiner von denen, die in Aufsätzen referieren über das, was niemand nachweisen kann. Keiner versteht es! Aber jeder will es definieren, das Unsichtbare, ja, jeder will es inhalieren, diesen Qualm, der dabei entsteht, wenn man aufeinanderreibt, die Hände, die man eigentlich zum Gruß recken sollte.

Was für ein schönes Gedicht! Schreibt euch das hinter die Ohren! Deutsches Pack! Und nehmt es hin, dass ich der Führer bin! Und nicht dieses graubärtige Hitler-Monsterlein, das Imitat, das Plagiat. Man muss auch schreien können, wenn man Wut hat, und nicht nur schreiben, wenn man Wut unterdrückt. Ficken.«

SHN 1, Folge 72:
Fucktose-Intoleranz

Serdar im Auto: »Ja, die neue Pest, ja, die neue Pest, das sind nicht die Spießer und die Nazis von anno dazumal, ne, das sind die Ökos, die Saturierten, die Arrivierten mit dem vielen Geld in der Tasche, aber nicht mehr ganz Öko, Öknonom-Ökos, ja, haha, 45 oder 50, laufen in so Outdoor-Klamotten durch die Innenstädte, wohnen unter ihresgleichen in irgendwelchen Altbausiedlungen und haben Kinder, was weiß ich, wie diese Drecksblagen heißen und kaufen bei Alnatura im Biomarkt teures Zeug, weil sie Bewusstsein haben, für Ökologie, ja. Und sind militant gegen alle anderen! Mittlerweile ist man ja Anarcho, wenn man CSU wählt oder NSDAP, was ja eh das Gleiche ist. Und dann steht man mit diesen Wichsern in der Schlange, weil man ja einer von ihnen ist, schließlich ist man ja ungefähr im selben Alter und kleidet sich auch noch ähnlich, mit Military-Kostümen, so als würd' man gleich den Himalaya besteigen wollen, obwohl's hier in der Regel nicht kälter als 10 Grad werden. Ja, und dann steht man da im Supermarkt möchte sich seine Biobrötchen kaufen und guckt diesen ollen Schrapneldas in den Nacken. Seit fünf Wochen haben sie sich nicht gewaschen, diese drecksverklebten Fotzengesichter und stehen dann Schlange, um sich irgendwelche Dinkelbrote zu kaufen oder Haferschleimkekse oder irgendwelche Schokoladenkuchen, ja, die glutenfrei sind oder irgendwelches Eiweiß nicht haben gegen das diese miesen Fotzen allergisch sind. Trinken auch nur laktosefreie Milch, obwohl Milch nichts anderes ist als pure Laktose, ja! Und im Restaurant wird auch ständig umbestellt: ›Kann ich bitte den Fleischteller ohne Fleisch haben?‹ Weil sie abends nur noch kohlenhydratfreie Scheiße fressen, bestellen sie dann abends nur noch Fleisch, obwohl sie tagsüber kein Fleisch fressen, und Kartoffeln mögen 'se auch nicht, müssen biologisch-dynamisch angebaut sein. Und Bionade trinken 'se den ganzen Tag rauf und runter, obwohl 'se nicht wissen, dass Bionade mittlerweile zu Dr. Oetker gehört, ja.

Drecksscheiße, verlogene Kacke! Und trinken dann meistens aus diesen Dreckstassen ohne Henkel ihren Milchkaffee, mit beiden Händen so, wärmen sich daran, als säßen 'se am Lagerfeuer und sprechen nur über Dünnschiss und kaufen sich dann bei Tschibo 'ne Yogamatte, weil sie Yoga machen, Yooooga! Früher war es Turnen, ja, die Inder lachen sich wahrscheinlich über uns kaputt, bei denen ist es Yoga, weil sie kein Geld haben für 'n Turnverein oder für 'n Tennisverein oder für 'n Schießverein! Bei uns ist es Yoga, weil es so unglaublich modern und hip und öko und hippie ist, so 'ne Scheiße! Und rasiert wird sich auch nicht mehr unten rum, weil das ist ja antifeministisch, deswegen haben 'se so Riesenurwälder zwischen den Beinen und verstopfen die Saunas mit ihren orangenhautgestählten, was weiß ich, bindeschwachen Oberschenkeln, aus denen die Kinder ja plumpsen, als wären 'se irgendwo losgelassen worden, Scheiße, ey!

Scheiße, geht mir das auf den Sack, ey! Scheiße!

Bärlauch-Pesto-Generation, Bionade saufendes Pack.

Scheiße, geht mir das auf den Sack! Dinkelkeksköpfe!

Scheiße, geht mir das auf den Sack! Gesundheitsdrinks vernichtende, Müll entsorgende, dreckig stinkende, unrasierte Fotzenfeministinnen!

Fffff …. hahahahahahaha! Hahahahaha!«

Haiti

Serdar zuhause: »Erdbeben auf Haiti, als ob mich das interessieren würde. Es gibt doch eh genug Menschen, da sollen mal 'n paar verrecken, damit wir hier mehr Fraß und Kohle haben! Wir, die wir hier auf der besseren Seite des Lebens stehen.

Und überhaupt, ständig wird irgendwo verreckt, mal sind's Indonesier, dann sind's Sri-Lankesen, Hund, Katze, Äffchen, Maus, mir doch egal! Und dann soll ich auch noch spenden, ja. Gut, manchmal spende ich, aber nur kurz vor Weihnachten, wenn ich mein schlechtes Gewissen beruhigen will. Kann doch nicht ständig spenden, jedem dahergelaufenen Erdbebenopfer aus Haiti schon gar nicht.

Außerdem, was kann ich dafür, dass die auf Haiti leben? Wussten die nicht, dass es da Vulkane gibt, dass es da manchmal tektonische Unregelmäßigkeiten gibt? Wie kommt man denn auf die Idee, nach Haiti zu ziehen? Da kann ich ja noch nicht mal in Urlaub hinfliegen. Da sollen 'se sich auch nicht wundern, wenn sie den Zorn Gottes auf sich ziehen und die Erde 'n bisschen wackelt.

Dann soll ich Mitleid haben, Mitleid hier, Mitleid da, mit allen soll ich Mitleid haben, mit AIDS-Kranken, mit Tsunami-Opfern, mit hungernden Kindern, ich hab' auch Hunger. Mit mir hat keiner Mitleid. Mir geht's auch nicht immer gut, ich krieg' auch keine Spende von irgendwelchen Haitianern, ja. Was ist mit mir? Nee. Nee, hab' ich kein Mitleid, nee.

Wir gehen sowieso viel zu verschwenderisch mit unserem Mitleid um, ja. Aber nur dann, wenn's uns auffällt, ansonsten halten wir raus mit unserem Mitleid. Wenn die Meldung groß genug ist, ja, dann wackeln wir zur Postbank und spenden, aber wenn wir nichts davon mitkriegen, dann geht's uns am Arsch vorbei, gelinde gesagt. So viel Mitleid kann man gar nicht haben, wie es Leid gibt, ja, das man mitzubekommen hat. Müsste man dauerhaft Konten einrichten, überall auf der ganzen Welt, ja. Und jetzt eben Haiti, na und? Oder war's Tahiti? Keine Ahnung, Hauptsache viele!

Ist doch auch 'n Regulativ, ob jetzt 'n Meteor einschlägt oder 'n Stück von der Erde abbröckelt, ja, es gibt nicht für alle Platz, hin und wieder muss auch mal gestorben werden und Gott sei Dank wird dort gestorben, wo man sowieso wenig Geld hat.

Da hat man auch nicht mehr aufzubauen, ich mein', wär' ja viel schlimmer, wenn man jetzt Frankfurt am Main wieder aufbauen müsste, das sind ja teure Gebäude. Gut, deswegen stürzen 'se auch nicht ein, aber in Tahiti, die paar Lehmhütten, die kann man eben wieder hinkotzen, so wie sie vorher wahrscheinlich schon hinge-kotzt wurden. Da muss man doch mit 'nem gewissen Risiko leben, das muss man doch in Kauf nehmen, wenn man auf Haiti ist, da kann man sich doch nicht wundern, wenn man plötzlich unter dem Geröll liegt, kann man doch nicht erwarten, dass unsere Leute hin-fliegen für teures Geld, um die da wieder rauszuholen, und unsere Hunde deren Schweiß schnüffeln. Was hat den mein deutscher Schäferhund bitte schön mit irgendwelchen Bimbos zu tun, die unter haitianischem Geröll liegen?

Außerdem kenn' ich diese Leute nicht, wie soll ich mit denen Mit-leid haben? Die haben mich vorher nicht interessiert, warum sollen sie mich jetzt interessieren? Doch nur, weil ich mein Schicksal auf sie projiziere und mir vorstelle, wie ich unter dem Geröll liegen würde. Das ist kein Mitleid, das ist pure Egozentrik. Und deswe-gen hab' ich auch Recht, weil der Haitianer interessiert sich auch nicht für mich, wenn ich hier sitze. Ich interessier' mich auch nicht für Leute, die im Amazonas verrecken, weil sie in 'ne Giftschlange gebissen haben.

Hehehe, also ich mein', die Giftschlange sie gebissen hat. Verreckt man eigentlich, wenn man in 'ne Giftschlange beißt? Kommt wahr-scheinlich drauf an, wo man in die Giftschlange beißt, also wo man in die Giftschlange beißt, nicht wo man steht, während man in die Giftschlange beißt, hehehe. Aber da muss man aufpassen, darf man auch nicht zu oft machen, sonst heißt es: ›Immer mehr Leute sterben, ja, weil sie in Giftschlangen beißen‹, und dann wird 'ne Spendenaktion ausgerufen für die Giftschlangen, die vom Aussterben bedroht sind, hehehehe.

Ich geh' jetzt erstmal spenden.

Meinen Samen.

Dann wachsen wieder neue Leute nach, die dann beim Erdbeben sterben können, ist doch auch 'ne Idee.«

SHN, Kapitel 74:

Autoaggression

Serdar im Auto: »Ey, wie viele Mongos auf dieser Welt haben eigentlich einen Führerschein?

Für alles andere muss man Prüfungen ablegen noch und nöcher, aber den Führerschein, so scheint's mir jedenfalls, bekommt man geschenkt.

Leute, die mit dem Auto gucken, das Blinken vergessen oder irgendwelche Hofeinfahrten suchen und dann auf der Straße stehen bleiben und einfach nur blockieren, einfach nur blockieren, so wie ihr eigenes Hirn wahrscheinlich einfach nur blockiert ist.

Ich weiß, ist sehr gewöhnlich, über Autofahrer zu motzen, die nicht Auto fahren können, aber irgendwann geht's einem nur noch auf den Sack, diese Autofahrerei von Debilen, denen sie den Führerschein offensichtlich geschenkt haben. Die könnten wahrscheinlich auch nicht Fahrrad fahren oder Dreirad, wahrscheinlich können sie auch nicht zu Fuß gehen, aber haben 180 oder 580 PS unterm Arsch!

Das Geilste sind die Leute, die auf der linken Spur drängeln, um bei der nächsten Ausfahrt rauszufahren. Da könnt' ich wirklich wahnsinnig werden!

Noch geiler sind Leute, die auf der linken Spur fahren und dann kommt eine Baustelle, dann wird's ihnen aber zu eng, dann gehen 'se wieder rechts rüber und ach, dann machen sie eine Lichthupe, weil man 'se überholt hat und sie einem mitteilen wollen, dass man 10 Stundenkilometer zu schnell fährt.

Hilfspolizisten, die hinterm Steuer sitzen wie andere Leute im Schießschacht!

Meine Güte! Das Auto ist ja 'ne Waffe, besonders, wenn man's nicht benutzen kann, wenn man nur blockiert die ganze Zeit. Oder Leute, die aus 500 Metern Entfernung eine Parklücke gesehen haben und dann meinen, sie hätten einen Besitzanspruch da drauf, und weil sie zu doof sind ja, fangen 'se dann wieder an zu hupen, das Einzige, was sie kennen, ist eine Hupe. Blinker? Nein! Schaltung? Nein! Hupe! Hupe! Die reden mit der Hupe, wahrscheinlich kommen sie auch zu Hause an und sagen zu ihrer Frau: ›Düdüüüt! Düüüt, düüüt, düüüt!‹ Was heißen soll: ›Mir fällt gerade 'ne Kackwurst aus'm Arschloch!‹ Oder: ›Ich will dich ficken oder meine Kackwurst in dich reindrücken!‹ Ich weiß es nicht!

Diese scheiß Autofahrerei nervt mich sowieso den ganzen Tag! Und dann gehst du in eine Tankstelle und da wirst du nur sinnloses Zeug gefragt!

›Haben Sie eine Smartkarte?‹

›Nein!‹

›Sind Sie ADAC-Mitglied?‹

›Nein!‹

›Sammeln Sie Punkte?‹

›Nein, Ich sammele Leichen! Ich will hier nur tanken! Ich will nur, dass die Karre voll wird und ich so schnell wieder weg kann, wie ich will!‹

Ich will kein Gespräch führen oder was gefragt werden. Ich will wieder alleine sein. Dreckige Wichsnutten! Irgendwelche Polakensäue mit rot gefärbten Haaren stehen bei Shell und belästigen mich und dann kommen auch noch Tankwärter, ja. Warum können die nicht weiter Hartz IV bekommen, warum muss man die teilzeitbeschäftigen, damit sie mich …«

Serdar brüllt plötzlich einen Vorbeifahrenden an: »Guck du doch, du Arschloch! Mit deinem FC-Köln-Aufkleber in deinem Focus, weil du dir nichts anderes leisten konntest!«

Serdar im Auto: »Das Geilste ist, wenn Leute, die meinen, Recht zu haben, einen auch noch überholen und dann so ins Fenster reingucken. Ja, sie wollen ja den Delinquenten noch persönlich sehen! Sich noch einen Eindruck verschaffen vom Verbrechen. Wichser! Mein ganzes Leben lang hab' ich noch nie einen Unfall gebaut, aber heute glaub' ich ist es so weit, ja. Und egal wie schnell man fährt, es gibt immer einen, der schneller ist und an der nächsten Ausfahrt unbedingt raus muss! Aber so unbedingt, da musste er noch überholen, um dann noch auf der linken Spur auf die Bremse zu treten. Arschloch! Drecksficker!
Ja, ist doch wahr!
Der Einzige, der einen Führer-Führerschein verdient hat, bin schließlich ich!
Ja, muss man sich ja nicht mit anderen drum streiten.«

SHN, Kapitel 75:
Sauna

Serdar im Auto: »Was nützt das ganze Nachdenken, wenn am Ende doch nur Stuss dabei rauskommt? Ja, ich denke über so viele Dinge nach und ich weiß gar nicht, warum. Aber ich werde ja gefüttert, mein Kopf ist voll mit Müll, den ich irgendwo aufschnappe. Ich habe die unwichtigsten Botschaften in meinem Kopf gespeichert und für jede Botschaft, die ich in meinem Kopf speichere, weil nämlich mein Speicher schon längst voll ist, fällt eine andere raus, ja. Texte von Kafka habe ich schon längst vergessen, stattdessen weiß ich, wie es zwischen den Beinen von Britney Spears aussieht.

Ja, und was für Müll wird einem da nicht alles angelastet, wenn man anderen Leuten zuhört, in der Bahn, auf der Straße, am Telefon im Taxi. Meine Güte, was erzählen die Leute für ein Dreck!

Im Fernsehen, in Talkshows, im Radio, am Schalter, im Bahnhof, auf dem Golfplatz, in der Sauna. In der Sauna ist es am schlimmsten! Ich geh' sowieso sehr ungern in die Sauna, weil ich nicht gerne nackte Menschen sehe und auch nicht gerne nackt gesehen werde.

Aber manchmal muss man ja irgendwo schwitzen. Kann ja nicht ständig im Bett schwitzen so wie man auch nicht immer ins Klo furzen kann. Manchmal kommt's eben raus, dann hat man einen Fleck in der Hose und ist entledigt. Und manchmal geht man eben auch in die Sauna und dann reden Leute: Am besten ist wenn sie sagen: ›Huuh, ist das heiß!‹

Ja wo sind wir denn? In der Sauna sind wir! Da ist es immer heiß, würd' ich denen gern zurufen, aber ich hab' keine Lust, mit solchen Leuten zu reden, ich will nicht personifizierbar sein. Ich will ein stilles, lebloses Stück sein, das in der Sauna sitzt und beobachtet.

Vor allem aber möchte ich nicht zuhören. Bist du gestern auch dagewesen? Was hast du so und so? Ich möchte auch nicht wissen, wie diese Leute heißen, aber ich erfahre es zwangsläufig, Rüdiger oder Hannelore oder Pimmelkopf oder Tittennutte. Weiß ja nicht, wie diese Leute heißen. Aber ich kenn' sie, ich kenne ihre Körper sogar, ich sehe ihre Muschis und ihre Fleischlappen an ihnen runterhängen und ihre Schwänze, hinter einem Büschel von Schamhaaren versteckt.

Ja, und ihre kleinen Vorhäute, die aussehen wie irgendwelche Schläuchchen. Die sitzen dann in der Sauna und grabbeln sich an den Eiern rum und schmieren sich so den Schweiß von der Schulter. ›Huuh, ist das heiß hier! Huuhh, ist das heiß hier!‹

Ja, ja. ›Hat jemand was dagegen, wenn wir 'n Aufguss machen?‹

Ich antworte dann nicht. ›Ich wär' ja nicht in der Sauna, wenn ich was gegen 'n Aufguss hätte‹, schreit mein Inneres und ich hab' schon sämtliche Pistolen gezückt, mit denen ich diese Leute erschießen könnte, aber ich spar' es mir, weil die größte Genugtuung ist, sich vorzustellen, wie diese Leute irgendwann sowieso verrecken, von selbst. Schlechte Leute verrecken immer von selbst, an Krebs, an Hirntumor, an Arschrosettenpfeiferdrüsischem Fieber.

Ja, aber die nehmen mir Platz weg und müllen mich zu!

Ich guck' immer, wenn ich in die Sauna gehe, ob ich alleine drin bin, und deswegen sitz' ich auch immer in der 30-Grad-Sauna und langweile mich.

Vielleicht sollte man gar nicht mehr reden, einfach nur die Klappe halten, nur gucken, aufsaugen und sich dann wieder entledigen oder entsorgen, der überflüssigen Materie, indem man sie dann den anderen ins Gesicht schreit, wenn sie's nicht erwarten, in der Sauna plötzlich ›Heil Hitler‹ ruft, zum Beispiel. Oder: ›Ich liebe meine Mutter!‹

Oder irgendwelches sinnlose Zeug, ja, so dass denen die Fleischlappen um die Ohren wedeln. ›Ich will 'n Aufguss machen mit Ihnen! Legen 'Se sich auf den Aufguss-Grill!!‹

Sado-mauna! Hehehe.«

SHN, Kapitel 76:
Verchecker

Serdar im Auto: »Man muss sich das mal vorstellen, die Bundesregierung arbeitet jetzt mit Vercheckern zusammen. Die Bundesregierung, ja, mit Vercheckern!

›Ey, ich hab hier noch 'ne Tüte voll mit Daten, wollt ihr die haben, ja? Will nur 'n paar Millionen und freies Geleit.‹

Das ist ja Erpressung! Dem Typen würd' ich nicht nur die Eier abschneiden, ich würd' 'se auch noch auffressen lassen, von Desirée Nick in seiner Gegenwart.

Oder die Eier von der Merkel. Wo leben wir denn?

Meine Güte, Steuersünder, Steuersünder! Ist es 'ne Sünde, Steuern zu hinterziehen? Man müsste 'n Orden dafür bekommen, dass man's macht! Danke, liebe Schweiz, dass du unseren Steuersündern eine Heimat gewährst. Aber die Bundesregierung ist sich ja für nichts zu schade, schon seit Jahren, ob's Waffenverkäufer sind oder Drogendealer oder Kanzler, die mit Geld in 'ner Tüte durch Bundeshauptstädte laufen.

Ja, und wir sitzen zuhause und denken, wenn wir mal ein Brötchen geklaut haben bei Aldi: ›Hoffentlich erwischt uns der Schäuble nicht‹, ja, weil wir's nicht angegeben haben in unserer Steuererklärung.

Meine Güte, mit zweierlei Maß wird hier gemessen, aber das ist ja 'ne alte Geschichte. Ja, die, die's haben wollen, die nehmen sich's einfach, die, die nichts haben, die müssen sich's nehmen lassen.

So 'n Scheißdreck!

Ja, und dieser Willy, ja, dieser angebliche Willy, der diese Daten-CD, was der auch seriös ist, ja, sitzt der in seiner Bank und fertigt Daten-CDs an, da macht sich der Schäuble keine Gedanken darüber, dass der Typ, mit dem er diesen Deal eingeht, unseriöser ist als die Typen, die er über den Deal bekommt, ja. Ist der Steuersünder schlimmer oder ist der Typ schlimmer, der in der Bank sitzt und Steuersünder verrät?

Gleich und gleich gesellt sich gern. Wahrscheinlich ist der Schäuble selbst der Steuerläuble, der Leugenstäuble, selbst 'n Steuerhinterzieher, ja, und denkt sich: ›Na ja, ja, wir sind doch alle auf der gleichen Seite, solange ich die Kohle dafür kriege.‹

Was ich mich frage, ist, mit welchem Geld wird da eigentlich bezahlt?

Mit meinem Steuergeld werden Erpresser abgefunden!

Ja, das ist ja Wahnsinn!

Ja, ich ruf' jetzt auch bei der Bundesregierung an, ich hab' hier noch 'n paar Leichen im Keller. ›Zahlen 'Se mir noch 'ne Abfindung, ja, dann sag' ich Ihnen, wer die Leichen sind!‹

Hahahaha, so eine verfickte Scheißwelt, huaaaa, da kann ich ja gleich zu den Juden gehen. Hehehehe, aus! Aus! Sonst gibt's noch 'ne Daten-DVCDP mit den Informationen, die ich hier eigentlich der Masse vorenthalten wollte. Ich muss telefonieren!«

SHN, Kapitel 77:
Hateline

Serdar im Auto: »Ich weiß nicht, ob ich das schon erwähnt habe, aber mir gehen Telefonate auf den Sack! Grundsätzlich, vor allem sinnlose noch viel mehr als grundsätzlich. Wenn man angerufen wird von irgendwelchen Handlangern, die in irgendwelchen Zentralen arbeiten, um mir ihre Abos aufzuschwatzen, und erstmal mit 'ner Gegenfrage konfrontiert ist, ja, nicht mit den elementaren Riten der Höflichkeit, guten Tag, mein Name ist Schmitz, ich möchte Ihnen ein scheiß Abo andrehen, sondern mit wem sprech' ich denn bitte? Ja, wer hat denn bei mir angerufen, du Fotze? Und wenn man dann unfreundlich reagiert, was ja selbstverständlich ist, weil man nicht belästigt werden will zu Tag- und Nachtzeiten, dann wird auch noch schnippisch geantwortet: ›Ich frag' ja nur!‹ Oder sonst so 'n Scheißdreck. Mir geht sowieso diese erlernte Höflichkeit auf'n Sack, die nichts anderes ist als ein Ritual, als ein Eingang zu 'nem sinnlosen Gespräch, zu 'ner viel sinnloseren Verkaufsveranstaltung, ja. Auch wenn ich irgendwo anrufe, bei 'ner Hotline für 5,99 Euro, weil ich irgendwas reparieren lassen will, dann hebt irgend so 'n Drecksossi ab, nachdem ich 15 Minuten in der Warteschleife versauert bin, und spricht erstmal 'n 20 Sekunden langen Opener, ja: ›Hanhanuha deutsche nahahahana‹, und am Ende kommt dann ›Guten Tag‹, hätte man auch kürzer sagen können: ›Hallo!‹ Dann hätt' ich Geld gespart. Und meistens haben diese Wichser von nichts 'ne Ahnung, man muss erstmal sein Problem erklären, ich mach's immer minutiös, ja, mein

Vibrator ist kaputt gegangen oder meine Kaffeemaschine lässt sich nicht mehr in den Waschapparat stopfen, ja, oder die letzte Frau, die ich gefickt hab', quietscht seltsam, ja, das muss man ja in adäquate Worte fassen, damit sich dieser Dreckshandlanger nicht irritieren lässt, ja, und dann sagt er: ›Moment, ich verbinde Sie weiter.‹ Und dann ist man schon wieder in der Warteschleife und zahlt schon wieder sein teures Geld. Für die Zeit, in der ich da gewartet habe, hätte ich das Gerät 10 Mal gratis zerstören können, ja, deswegen hasse ich Telefonate.

Ich hasse aber auch sonstige Förmlich- und Höflichkeiten, wenn ich in irgend 'nem Hotel einchecke: ›Hininininininini hawewewewe, mein Name ist Schmitz, guten Tag!‹ Drecksau! Gib mir das Zimmer und halt' die Schnauze!

Ja, man könnte viele Dinge abkürzen, wenn man auf Höflichkeiten verzichten würde. In Wirklichkeit verbirgt sich dahinter ja auch nichts anderes als 'ne Strategie, ja, es geht gar nicht um die Höflichkeit, als ob sich die Tussi hinter dem Tresen dafür interessiert, dass ich mich gut fühle, bloß weil sie mich freundlich empfängt. Ihr geht's um die Kohle, die sie am Ende des Monats auf ihrem Konto hat und darum dass ihr Chef sie nicht rausschmeißt, weil sie ihr wahres Wesen gezeigt und 'n bisschen dreckig gelacht hat oder was weiß ich, sich unterm Tresen an der Muschi rumgeschrappt hat, ja. Ich werde auch mal 'ne Hassline aufmachen: ›Hass! Guten Tag‹, ja, und dann kann man mir seine Problemchen erzählen und dann schrei' ich durch'n Apparat. Das hat kathartische Wirkung, danach fühlt man sich gleich wohler, weil man, wenn man aufgelegt hat, weiß, dass nur noch Gutes kommen kann, nachdem man das Schlechteste schon überstanden hat. Wär' eh einfach, wenn man mich fragen würde: Alles abschaffen und nur eins einführen, hehehe, den erigierten, hassistischen Penis!

Hahahahahaha, ja. ›Hihnhehnhnehnehen, mein Name ist Schmidt, wie kann ich Ihnen helfen, guten Tag.‹

Halt die Schnauze! Nimm ihn in den Mund, Hure! Hehehehehehe.«

Karneval reloaded

Serdar im Auto: »Wenn es ein Fest auf dieser Welt gibt, was mir megamäßig auf die Eier geht, dann ist das Karneval!

Teteee! Ja, der rheinische Karneval, die Kölner, die sich immer selbst feiern: ›Wir sind so tolerante Leute, ne.‹

Einzige Toleranz, die die Kölner aufzuweisen haben ist, dass sie sich gegenseitig in den Arsch ficken!

Fahr' ich lieber nach Südafrika und feier' Karneval oder so und lass' 'n paar Neger tanzen, indem ich ihnen auf die Füße schieße!

Gib mir mal die Kohle! Dann mach' ich euch mal anständige Witze! Öh äh! Na ihr Sackratten! Habta nichts zu lachen, wa! Ihr Faschos! Dededede, dededede! Was ist das für 'ne Kacke?

Schlimmer als das Gedanken-KZ!

Fünf Tage umringt von Vollidioten! Die Asozialen haben das Zepter in der Hand und bilden sich ein, sie hätten irgend 'ne Kultur entdeckt, ist ja noch schlimmer als die Kultur von Orang Utans. Ja, sich verkleiden, saufen, vögeln, kotzen.

Scheißdreck, so ein Scheißdreck, hehehe, teteee, öhööö, Scheißdreck!«

Katholfick

Serdar zuhause, er trägt Brille und Wollmütze, hält einen Stoffbären im Arm: »Wo sollen denn diese ganzen Priester, wo sollen die denn auch mit ihrer Geilheit hin? Ich meine, man kann sich doch von keiner Instanz des Universums vorschreiben lassen, wann einem der Schwanz steht und wann nicht. Und selbst wenn man dann eine Kutte trägt, wo soll man denn damit hin? Man kann ja nicht dauernd in die hohle Hand. Also sucht man sich was, entweder 'ne Phantasie oder 'n Heft oder was weiß ich, oder halt 'n kleines Kind, einen Ministranten, Messdiener oder irgendwas, was man auf der Straße sieht.

Geilheit ist eben gottgegeben und deswegen gibt es auch kein Dogma, weder eines, das von der Kirche erfunden ist, noch das vom Propheten entdeckt wurde, das einem die Geilheit nimmt, und das ist auch gut so, denn das ist der Sinn des Lebens, ja, dass man sein Pimmelchen in ein Loch steckt, aus dem dann 9 Monate später wieder etwas herauskommt, das, wenn's gut läuft, auch 'n Pimmelchen hat, ja, hahaha. Und alle, die so tun, als wär' Geilheit nicht existent, ja, als könnten sie's mit ihrem Glauben und ihren Gebeten verhindern, dass ihnen irgendwann 'ne Latte auf'm Zaun wächst, die irren, die Irren und irren!

Und es sind nicht nur die Katholiken, es sind auch die Mohammedaner und Muslime, es sind auch die Buddhisten und was weiß ich, woher sie überall kommen, um uns die einzig wahre Botschaft zu verkünden. Und dabei ist die einzig wahre Botschaft nur die, dass je asozialer der Rezipient ist, desto dogmatischer muss die Religion sein, die ihn führt oder verführt, in welche Richtung auch immer.

Ein normaler Mensch braucht ja kein Gott oder er ist Gott, so wie in meinem Fall.

Ja, haha, und dann kann er so viel wichsen und vögeln, wie er will, ja, und meistens sogar dann auch noch mit den richtigen Leuten, denn bei den anderen ist es ja so, dass sie ihre Geilheit nicht nur loswerden, indem sie's an den Richtigen auslassen, sondern sie suchen sich ja Ersatzleute. Ist ja nicht so, dass ein Priester mal in den Puff geht, sondern er holt sich was Kleines, Unschuldiges, damit er das In-den-Puff-Gehen verhindern kann.

Ja, haha, und das ist auch nicht Gottes beste Lösung, hehe.

Warum fragt man mich nicht? Ich wüsste viele Wege, diesen Leuten ihre Geilheit zu nehmen: einfach den Schwanz abschneiden, beispielsweise, oder ihnen 'n Stock ins Arschloch schieben. Oder das mit ihnen machen, was sie mit anderen machen, hehe, dann wär' die Welt doch schöner, hehehehe!

Aber irgendwie haben die Priester auch Recht, ja, was sollen sie denn machen? Auf der einen Seite predigen sie das ewige Leben, auf der anderen haben sie ständig einen stehen.

Das muss man erstmal verkraften, diese Ambivalenz zwischen Gott und geil, ja. Und die sexuelle Revolution, die hat auch dazu beigetragen, dass wir nicht mehr wissen, wohin mit unserer überschüssigen Ejakulatsenergie.

Ja, ständig wird man ja überfallen von Nackten, ständig muss man ja im Internet suchen, ständig muss man sich's ja antun, ständig fordert man sich ja selbst dazu auf, zu lügen.

Huh (Serdar küsst den Teddybären). Kleine Hure, du!«

SHN, Kapitel 80:
Antiminent

Serdar im Auto: »Jetzt hab' ich am Sonntag nichts Besseres zu tun als vor dem Fernseher zu sitzen so wie von Montag bis Samstag auch. Aber sonntags ist das Geschehen, was ich da sehe in diesem viereckigen Diktator, besonders interessant, weil ein Einblick gewährt wird in das Privatleben von vermeintlich Prominenten. Auf VOX, dem Appendix von RTL gibt's das Promi-Duell.

Da treffen sich vier vermeintlich Prominente, um bei sich zuhause zu kochen und ahmen das nach, was sie aus derselben Glotze haben wie die, in die ich gucke. Irgendwelche Feinschmeckerarrangements in ihren Wohnungen, die auch bestückt sind mit denselben Möbeln, die ich zuhause habe.

Das überrascht mich ja am meisten. Sind einerseits prominent, aber dann doch wieder so mitten im Leben, dass sie ihre Möbel bei IKEA kaufen müssen. Ich dachte, Prominente kaufen im Himmel.

Ich wusste gar nicht, dass Prominente von denselben Tellern essen wie wir die Bilge.

Die Untermenschen, die die Prominenten dabei beobachten können, wie sie ihr wunderschönes, zuckersüßes Leben leben und über Drecksscheiße sprechen und dieselbe Drecksscheiße fressen so wie sie als Drecksscheiße auch serviert wird.

Aber wenn ich diese Prominenten sehe, dann seh' ich auch immer 'ne Depression. Dann seh' ich die Bilder vergangener Tage an ihren Wänden, ungleichmäßig aufgehangen. Dann seh' ich in ihren Augen den Alkohol, den sie getrunken haben, literweise, die Zigaretten, die sie verraucht haben und die Hoffnungen und die Träume, ja, die zerstoben sind im Nichts und sie dazu veranlasst haben, dem Appendix von RTL zusagen zu müssen, um überhaupt noch 'ne Präsenz im Fernsehen zu haben und sei es auch nur das Privatleben in die Öffentlichkeit zu zerren und so zu tun, als sei man irgendein Teil einer edlen Kaste.

Ich will die Küche dieser Leute nicht sehen, aber ich gucke es mir an, weil mich gleichzeitig auch eine Neugier treibt und ein Verlangen danach, diese Menschen zu demütigen.

Ihrem Ausdruck nach Selbstdarstellung auch ein Ziel zu geben, denn sonst kämen sie nicht da an, wo sie hingehören. Im Club der Minderwertigen, die sich als Prominente tarnen. Und davon gibt es viele, ich wünschte, ich könnte einige andere Prominente auch beim Promi-Dinner eines Tages sehen. Den Oliver Pocher mit seiner Frau oder Freundin oder diesem Bombenabwurf-Teil, ja, unfuckable Sandy-Meyer-Fotze. Oder Dieter Bohlens oder Westerwelles oder Hannelore Elstners oder sonst wen, die über rote Teppiche wackeln, wenn amerikanische Filme präsentiert werden in Berlin, ohne dass jemand merkt, dass sich die amerikanische Filmindustrie einen Scheißdreck drum kümmert, wer sich in Deutschland für prominent hält oder nicht, ob Jan Josef Liefers oder irgendwelche C-, D-, F-, P-Sternchen, die dann auf *RTL Exclusiv* wieder verarbeitet werden, bis sie so unprominent werden, dass sie dann nur noch im

Promi-Duell oder Koch- oder ich weiß nicht, wie diese Sendungen heißen, landen!

Ich sitz' dann sonntags davor und reg' mich auf. Und doch findet es seine Erfüllung in mir, weil das Aufregen in mir ja eine Art Sport geworden ist und ich vielleicht dadurch abnehme, ja, oder wieder zunehme dadurch, dass ich den anderen beim Essen zugucke. Ich ess' kaum was, aber ich nehm' zu, wenn ich zugucke. Mir wird genauso übel, als hätte ich mir die Wampe vollgeschlagen.

Und ich fühl' mich als Teil dieser Promiwelt, ja, das kommt dazu, ich identifizier' mich mit den Promis. Ich sehe, ah, die haben die gleichen Wohnungen wie ich, die gleichen IKEA-Möbel, die kochen die gleiche Scheiße wie ich und die fressen die gleiche Scheiße, die scheißen in die gleiche Kloschüssel, ja, die zupfen sich genauso oft am Zipfel rum wie ich, ja. Prominent sind sie nur, im Gegensatz zu mir, prominent. Pro – mi – nent. Antiminent eher. (Pause) Und das alles sonntags. Statt *Tatort* zu gucken, dreieinhalb Stunden lang Promi- (Pause) Duell, obwohl 'se sich ja nicht erschießen, leider.«

SHN, Kapitel 81:
Schlimm

Serdar im Auto: »Ich hab' jetzt überlegt, was ist eigentlich das Schlimmste, was man sagen kann. Also das schlimmste Wort, das einem einfällt, das man sagen kann. Fotze zum Beispiel, das ist schon einigermaßen schlimm, oder Judenfotze, auch nicht so unschlimm. Oder KZ-geile Huren-Juden-Fotzen-Sau, auch okay. Oder Drecksschwein-Neger-Huren-Juden-Fotzen-Sau-KZ-Gas-kammer-Popel-Pimmel. Für mich nichts besonders Schlimmes, aber ich glaube, schlimmer wird's, wenn man es zu jemandem sagt, dann kriegt's 'n Wert. Also wenn ich jetzt zu 'ner Fotze... Kazen... Judo-Sau... vergessen, was sage, dass sie es ist, dann fühlt sie sich beleidigt, weil ich es ihr sage, obwohl sie vielleicht, dass sie es ist, weiß.

Noch schlimmer ist, wenn man gar nichts Schlimmes sagt, aber was Schlimmes meint. Also Farbiger zum Beispiel zu 'nem Neger sagt oder zu 'nem Bimbo also zu dem Farbiger sagt, obwohl man eigentlich Bimbo denkt oder Nigger. Nigger ist auch 'n schlimmes Wort. Und am schlimmsten ist, wenn man Dinge sagt, die sich im Kopf des Gegenübers zu etwas Schlimmen vereinen, jahaha. Zum Beispiel menstruationsblutschlürfendes Drecksschwein-Lutschgesicht-Arschkimmen-Fotzennutte. Dann baut der andere das in seinem Kopf zusammen. Der sieht das Menstruationsblut strömen, ins Arschfotzengesicht. Ja, und beschwert sich dann aber bei mir, weil ich das Bild in seinem Kopf habe entstehen lassen.

Schlimm ist auch Mongo zum Beispiel. Mongomuschi ist auch ganz schlimm. Mongo-Fotzen-Muschi-Juden-Sau. Jude muss immer dabei sein, das ist schlimm, weil's verboten ist und weil die Juden sich so herrlich aufregen, wenn man was über sie sagt. Und KZ ist so 'n Ding, je nachdem, wo man's sagt. In Deutschland ist KZ nicht so gern gehört, in Polen zum Beispiel 'ne gängige Abfolge von Konsonanten, sehr unverdächtig. Kaczynski, da ist auch KZ drin, da erinnert man sich nur an 'n Flugzeugabsturz, aber nicht gleich an Öfen und Gaskammern. Übrigens auch 'n sehr heikles Wort: Gaskammer. Alles, was mit Gas zu tun hat. Für mich ist eines der schlimmsten Wörter, die ich kenne, ›nein‹! Ja, nein! Oder nicht. Oder niemals! Oder nö. Oder nee, nee, hehehe. Ja, weil es irgendwas wie eine Haltung ausdrückt, die gegen ist, erstmal gegen mich, wenn ich nein höre. Aber natürlich für mich, wenn ich nein sage, insofern ist nein auch wieder ein ambivalentes Wort. Schlimm bleibt es, weil man ja Mut braucht, um selbst nein zu sagen, und Kraft, um das Nein der anderen zu ertragen. Nein ist also nichts besonders Gesprächsförderndes. Nein ist was Gesprächsabbrechendes, was Kriegserzeugendes. Nein! Nein! Nein! Ja, kommt auch drauf an, wie man's sagt, also ob man sagt: ›Neeiin! Neeein!‹ Oder ob man sagt: ›Mmmh, joooa, äääh, nein.‹ Ja und dann regen sich Leute noch darüber auf, dass man Fotze sagt, wo es doch viel, viel, viel, viel schlimmere Dinge gibt.

Wenn man 'n Kind zum Beispiel fragt, was das schlimmste Wort ist, dann sagt das Kind: ›Pummi pummu pamma pipi popo balla tiki kaka kuku kiki‹, weil das Kind auch in seiner Vorstellung darin etwas ganz Schlimmes sieht.

Es kommt also nicht auf die Formulierung an, sondern auf die Absicht. Und wenn die Absicht sauber ist, wenn die Absicht nur dafür gedacht ist, irgendetwas auszudrücken, was man sonst mit Worten nicht ausdrücken kann, dann ist es in Ordnung.

Wenn aber die Absicht verunreinigt ist und die Formulierung nur sauber klingt, dann ist es eine Schweinerei.

Ich fahre jetzt zu meinem Nachbarn oder zu dem nächsten Nachbarn, den ich finde, dann klingel' ich an der Tür und habe eine Motorsäge in der Hand. Ich reiße ihm die Kleider vom Leib und säge mit der Säge einen Hof um seine Brustwarze, Warzenhof, und entnehme die Warze und stopfe in dieses Loch essiggetränkte Krapfen, ja, hahaha. Essiggetränkte Krapfen, die ich dann nachher auch noch mit Menstruationsblut von der trächtigen Wildsau übergieße und dann einen Judenneger zwinge, es auszulutschen, oder ihm androhe, ins KZ zu kommen.

Hahahahaha. Pipi pupu kaka Schwein, du.«

SHN, Kapitel 82:
Hatenight-Zensur

Serdar im Auto: »Was für 'ne Woche, ja. Da verabschieden wir uns in den wohlverdienten Urlaub, saufen, was das Zeug hält, um das Geld zu verprassen, das wir nicht verdient haben, und schwupps, fallen wir aus allen Wolken, weil wir zensiert werden. Der Inbegriff der Demokratie, ja, das Mutterland der Freiheit und des Friedens, die USA fühlt sich dazu ermächtigt, unsere heilige *Hatenight* samt Kanal und allen Folgen aus seinem Medium zu schmeißen.

Hühühühü, da waren wir natürlich sauer! Ja, und haben überlegt, was machen wir jetzt? Wir machen's wie die Taliban. Wir nehmen uns nicht nur Afghanistan als Operationsbasis, sondern auch Somalia und Europa dazu und installieren Schläfer. Ja, und genau das sind unsere Zuschauer.

Wenn wir jetzt also möglichst viele von unseren Abonnenten rüberziehen zu sevenload und binnen kürzester Zeit ein Heer von Hassisten auf die Beine stellen, sagen wir 5000 bis 50 Millionen, dann werden wir uns in Zukunft solche Frechheiten nicht mehr bieten lassen müssen, denn schließlich haben wir ja nichts Schlimmes gesagt und getan. Anderenorts wird viel Schlimmeres gesagt und getan. Da werden Leute gemeuchelt und gemetzelt, verraten und gemordet, ja, betrogen und korrumpiert und kommt da irgend 'ne Zensuranstalt und sagt: >Nein.<?

Da wär' die Welt viel heiler und ohne Krieg, aber das ist 'ne falsche Sehnsucht, die ich vielleicht in mir trage.

Na gut, hab' ich mir überlegt, dann gehen wir halt zu den anderen, so lange, bis die uns rausschmeißen, und wenn die uns wieder rausschmeißen, dann gehen wir wieder woanders hin, zum Schluss landen wir eh da, wo alles landet, hehehe. So wie die größte Ikone aller Zeiten, die Ikone, 'ne Figur der Zeitgeschichte, deswegen hat's auch jeden Willy auf der Straße berührt, als wär' gerade sein Haustier gestorben, ja. Ja, wer ist es?

Farrah Fawcett.

Nein!

Michael Jackson! Ex-Bimbo, Kreischhase, Zwischen-den-Schritt-Greifer, ja, der jetzt nur noch singen kann: >I'm dead, I'm dead<, hehehe. Ich hab' mich gewundert, ich dachte, der war doch schon vorher tot! Ist doch keine Meldung! Der lief doch nur noch mit 'ner Hülle rum und außerdem wo, wenn überhaupt, hab' ich mit dem je was zu tun gehabt? Muss ich jetzt Mitleid haben, weil eine Nummer weniger in meinem Katalog ist? Ja, vielleicht war er ja 'n ganz netter Mensch, er hat ja in den Leuten was berührt. *Heal the world*, hat in den Leuten berührt, dass sie klein sind und groß sein wollen, ja. Aber wenn man klein ist und groß sein will, dann stirbt man einen sehr einsamen Tod. Was hat das eigentlich mit mir zu tun? Ich bin ja nicht Michael Jackson und außerdem bin ich vielleicht auch schon tot, wer weiß? Ich sprech' ja durch virtuelle Medien. Nur eine Hülle hält mich am Leben.

Leben ist sowieso nicht wichtig, überleben, das ist viel wichtiger.

Deswegen, wir kommen wieder, Anfang August, pisst euch nicht ins Hemd, wie man so schön sagt, ja, es gibt ja viel zu trauern, auch ohne mich, und dann, wenn ich dann wiederkomme, ja, dann aber mit Nieten und Nägeln, mit Rüstung und Schutzanzug, mit Kalaschnikows und Pumpguns und dann wird jeder, aber auch jeder, der sich mir in den Weg stellt, vernichtet, eliminiert und zu Staub erklärt!

Ja, ist noch 'n bisschen früh, aber von der Tendenz her ist es doch irgendwie schon ganz okay, oder? Hehehehe.

›You know I'm bad, I'm … ne, I'm dead …‹, muss ich noch üben.«

SHN, Kapitel 83:
Der Tod des Hasspredigers mit Rückblick auf frühere *Hatenights*

Serdar spricht mit verfremdeter Stimme: »Hiermit erkläre ich, dass ich mich von allen meinen gemachten Äußerungen ausdrücklich distanziere.«

Äußerungen von Serdar aus vergangenen Kapiteln im Zusammenschnitt:
»Ich habe gefickt, es getrieben, gehurt!«

»Dass Gott durch mich wieder geboren wird.«

»Auch ich besuche hin und wieder den braunen Salon.«

»Ich will einfach in Ruhe fett sein!«

»Ich bin ja ein friedliebender Mensch.«

»Fernsehen ist ein Prospekt geworden für die Wiederauferstehung des Mittelalters!«

»Man kriegt eine Wichsvorlage nach der anderen.«

»Scheiße hat Gesichter!«

»Hahaha.«

»Das war auch 'ne Ein-Mann-und-ein-Parteien-Koalition, hehehe.«

»Wer dreht denn die Pornofilme? Wer lässt sich denn ins Gesicht schlunzen von drei, vier, fünf gleichzeitig?«

»Hehehehe.«

»Meistens seh' ich da Frauen. Wer hat denn das Blasen erfunden, bitte schön? Ich nicht! Ich nicht!«

»Man muss beim Arschficken vorne schon die Titten baumeln sehen.«

»Ist es nicht das Liebste, was man tun kann, wenn man sagt, was man meint, statt so zu tun, als würde man es nur denken und nicht glauben?«

Serdar spricht mit verfremdeter Stimme: »Ich gelobe, nie mehr wieder vulgäre Ausdrücke zu verwenden wie Fo, Fotz, Ho… Mohotz … Aaahhh … Moo …«

Äußerungen von Serdar aus vergangenen Kapiteln im Zusammenschnitt:

»Wichse.«

»Fotzen.«

»In sein kleines Arschloch schieben.«

»Juden, Huren.«

»Wichser.«

»Arschfickoralverkehr.«

»Lesbenloch, hehehehe.«

»Samstag, 23.00 Uhr, hier sagen wir das, was andere sich nicht zu denken trauen.«

»Einfach Wichser!«

»Ihr Penner!«

»Fotzenpimmel-Lutschgesicht-Arschloch-Dreckhurennutte!«

Serdar spricht mit verfremdeter Stimme: »Ich gelobe, weder andere Menschen zu beleidigen noch sie zu verunglimpfen aufgrund ihrer künstlerischen Tätigkeit oder ihrer politischen Ambitionen.«

Äußerungen von Serdars aus vergangenen Kapiteln im Zusammenschnitt:

»Ja, Nazipack!«

»Mandy!«

»Wie 'ne Kuh aus dem Arschloch!«

»Polizistinnenfotzen!«

»… einer meiner verfickten Nachbarn die Mühe gemacht, zu überprüfen …«

»Hehehehe.«

»Die sieht auch so auch aus, als wär' sie ein Ganzkörperarsch, so braun ist sie. Bimbohure!«

»Weil sie mit ihrem denunziatorischen Potential nicht mehr wissen wohin!«

»Ja, beschimpfen muss man auch! Beschimpfen ist wichtig! Du Hure! Du Nutte! Ich will dir in deinen Arsch ficken! Beschimpfen ist wichtig! Du Hure! Du Nutte! Ich will dir in dein Arsch ficken!«

Serdar spricht mit verfremdeter Stimme: »Ich gelobe weiterhin Herrn Guido. He! Ha! He! Ha! He! Ha! Mein ausdrückliches Beileid und meine Solidarität beizupflichten für jegliche politische Handlung und jeder seiner Aussagen, jede, 'tschuldigung. Ich gelobe, auch viel besseres Deutsch zu sprechen.«

Äußerungen von Serdar aus vergangenen Kapiteln im Zusammen-
schnitt:
»Ich bin Übergangs-Transexueler und brauche 'n Kopftuch.«
»Deutschland!«
»Ich krieg' mich nicht mehr ein, ich werd' wahnsinnig!«
»Das Gefühl ist anders! Das Gefühl ist anders!«
»Bei mir kommt aus'm Arsch Kacke raus!«
»Nein hat sie gesagt! Ich werd' wahnsinnig!!«
»Jede Minderheit hat ein Recht auf Diskriminierung.«
»Hehehehe, ich gelobe ab heute nur noch lustig zu sein, ohne böse
zu wirken.«

Äußerungen von Serdar aus vergangenen Kapiteln im Zusammen-
schnitt:
»Manche macht Arbeit sogar frei.«
»Ja!«
»Arschfick!«
»Nein!«
»Wie gern! Wie gern! Wie gern!«
»Aaaaaaah! Aaaahhhh!«
»Nein!«

Serdar spricht mit verfremdeter Stimme: »Ich gelobe, meinen
eigenen P... P... P... P... P... P... Peter nicht mehr von fremden
Frauen in den Mund nehmen zu lassen ... lassen ... fass... fotz
hehehe ... ich schwöre ...hahahah ... Hilfe! Hilfe!«

Kreuzinschrift wird sichtbar: »*Hatenight* *14.6.2008, † 5.3.2010«

Buch 2:
Serdars Mega Hatenight, Kapitel 1–26
(2010–2012)

SMHN, Kapitel 1:
Rücktritt vom Rücktritt

Live-Ticker: +++ Sensation: Hassias lebt +++ Überraschung: Kachelmann gesteht Selbstmord +++ Kompromiss: Köhler wird neuer Ministerpräsident in NRW +++

Serdar im Studio hinter seinem Schreibtisch: »Ja ein hartes, aber herzliches Willkommen hier aus Köln am Rhein vom ersten ordentlichen Parteitag der NSDAP.

Wir waren lange weg, sind wieder da, die Gründe sind zahlreich und sollen hier nur angedeutet werden. Wir brauchten Zeit, existentielles Zeug halt zum Nachdenken zur Rekreation zur Regeneration und zur Masturbation, sage ich nur.

Und nun sind wir wieder hier, härter als je zuvor, härter als ein Sextaner-Schwanz und bereit einzustoßen in jede Gelegenheit, die sich uns bietet. Vorne, hinten, oben, unten, Kniescheibe, Mundwinkel, Augen oder Zehenloch.

Es gibt einiges, was passiert ist, was unbedingt kommentiert werden sollte, das lassen wir natürlich außer Acht. Wir machen's ja nicht denen nach, die um Quote buhlen, die sich zum Deppen machen bloß damit sie einige Zuschauer mehr erreichen. Nein, wir nutzen die vielfältigen Möglichkeiten des Internets, um die frivolen Dinge auszusprechen, um den Kram wirklich auch zu besprechen, den sich andere Leute noch nicht mal unter ihrer angefeuchteten Bettdecke trauen zur Sprache oder zu Gehör zu bringen.

Ich weiß nicht, ob Jörg Kachelmann schon entlassen ist aus dem Gefängnis. Ich find' die Nummer, die er abgezogen hat, ja ziemlich geil! Also mit mehreren Weibern gleichzeitig, das ist ja gang und gäbe bei uns Männern, aber dann auch noch den Weibern was zu versprechen, das Blaue vom Himmel, sie zu vögeln, sie zum Teil zu heiraten und sich dann zu wundern, dass die eine von diesen Zicken den Modergeruch der anderen Muschi riecht und vermutet, dass da irgendwas dazwischengekommen ist, also zwischen diese Liaison zwischen dem Wetterfrosch und den Billignutten.

Wie billig muss man als Nutte eigentlich sein, um sich von seinem Stecher erklären zu lassen: ›Ich hab' gerade Krebs, ich muss mal nach Kanada‹?

Ich weiß es aus Erfahrung, ich hab' schon Beziehungen geführt mit mehreren Frauen, parallel, und es ist wirklich schwer, ab der Zahl von fünf nicht in Erklärungsnot zu geraten, und noch schwerer ist, die einzelnen Frauen nicht zu verwechseln. Also während man die eine bumst nicht an die anderen zu denken und so, wie es bei uns üblich ist, ihren Namen zu sagen, zum Beispiel: ›Monika, du geile Nutte!‹, und dann ist es gar nicht Monika, sondern Lorielle London, hahaha und ich sag' dann: ›Ach, ich hab' dich verwechselt!‹, und sie sagt: ›Ja, ich glaube in mehrerlei Hinsicht.‹

London übrigens ist ihr Nachname, nicht das Kondom, das man sich übern Schwanz ziehen muss, damit man sich bei ihr nicht Bimbosud infiziert.

In den vielen Wochen, in denen wir Zeit hatten, uns dessen gewahr zu werden, was eigentlich unser Auftrag ist, nämlich jenseits von political correctness und Geseiber von Toleranz, jenseits von allem, was andere für uns noch nicht mal besser machen, einen Punkt zu setzen in dieser vielfältigen Medienlandschaft, in der man ja schon nicht mehr weiß, was man denken darf und soll und kann und dürfen sollte, wenn man es könnte oder wollte, jenseits also von alldem also einen Punkt zu setzen, eine klare Linie zu ziehen, manchmal auch ein Kreuz daraus zu basteln und nur wenn man sich verläuft, wird es ein Hakenkreuz, wenn man es richtig macht, wird es zuweilen auch das Rote Kreuz und wenn ihr es richtig machen wollt, dann kauft ihr dazu noch dieses wunderbare Exemplar meiner aktuellen DVD (Serdar hält seine DVD *Der Hassprediger* in die Kamera). Das bin ich, das ist der Titel, die DVD kostet 88 Neandertaler, man kann sie überall erwerben, vor allem auch im Tschad, im Sudan und in Bangladesch, sie beinhaltet einige Anweisungen zum modernen

Terrorismus und zum unbefleckten Geschlechtsverkehr mit Unter-
gebenen auch in der katholischen Kirche, das ist das Bonusmaterial.
Apropos: Was haben die sich nicht um den Verstand gevögelt. Die
Padres und Patrones, haben sich kleine Jungs bestellt und dann zum
Schluss gesagt: ›Entschuldigung, wir haben uns verwichst, war 'n
Kindergesicht im Weg.‹
Ja, so macht man das nicht, bitte schön. Wenn schon, dann richtig, fragen sie Fritzl, der hat damit jahrelange Erfahrung. Man kann
sich ja auch seine Bumsgschöpfe halten und sie so lange still halten,
bis dass das Verbrechen, das man begangen hat, verjährt ist und die
Kinder, die man erzeugt hat, schon groß, schon volljährig geworden sind. Das ist klüger, als wenn man immer so einen auf zöli-
batär macht, so: ›Nein, wir wollen eigentlich gar nicht, aber dann,
vielleicht schieben wir's doch 'n bisschen hinten, oben, unten.‹ Und
wenn's dann auffliegt, sagt man nicht: ›Tut uns leid!‹ Man entschul-
digt sich erst bei den Iren, so: ›Tut uns leid, Irland!‹, und dann sagt
man: ›Wir wollen doch nicht, dass die Polizei recherchiert‹, nein
wir setzen eine Untersuchungskommission ein.
Ich überfall' also jetzt demnächst eine Bank und dann sagt der
Richter: ›Hör' mal du Kanacke, was gehst du in die Bank?‹ Dann
sag' ich: ›Tut mir leid! Ich setz' 'ne Untersuchungskommission ein,
warum ich's gemacht habe.‹
So geht die katholische Kirche mit Recht und Unrecht um. Da lob'
ich mir doch den Islam, wo man gezüchtigt wird, wo man Anleitung
und Anweisung gibt zum Zusammenleben zwischen Mann und Frau,
so wie Gott es wollte! Vor allem machen das nicht mehr die Isla-
misten und Mohammedaner selbst, es machen ja jetzt die Konver-
titen, Konver-Titten, die spirituell umgepolten, die schlimmer sind
als die Araber. Die Kaftane tragen und Anleitung und Tipps dazu
geben, wie man seine Frau am besten zu schlagen hat. Erst soll man
sie ermahnen: ›Heeee, lass das!‹, wenn sie dann nicht hört, soll man
sich von ihr abwenden: ›Heeee! Leck' mich am Arsch!‹, und wenn
sie dann nicht pariert, soll man sie mit einem fingerdicken Stock an

Stellen züchtigen, die man in der Öffentlichkeit nicht sieht. In der Öffentlichkeit sehe ich doch von dieser Kopftuchnutte gar nichts, sowieso! Soll ich jetzt durch das Gitter der Burka stechen?

Und was ist nicht noch alles passiert, als wir versucht haben, uns auf uns zu besinnen. Roland Koch ist zurückgetreten. Aber ich glaub' es nicht ganz, der ist so korrupt, dieses Toupet-Schädel-Monster, der wird doch jetzt in NRW auftauchen und sagen: ›Öh, ich hab' Spaß gemacht.‹

Dann wird die Kraft wieder dahin geschickt, wo sie herkommt, wahrscheinlich nach Polen. Wahrscheinlich ist die in diesem abgestürzten Flieger einfach durch den Hinterausgang rausgesprungen, bevor das Ding auf den ukrainischen Boden oder den weißrussischen oder wie dieser Dreck auch da im Osten heißt geprallt ist. Noch nicht mal das ist eine Geschichte für sich. Die gesamte polnische Elite stürzt in einem einzigen Flugzeug ab, das muss man sich mal vorstellen! Ein Flugzeug reicht, um die gesamte polnische Elite zu vernichten, das muss man sich mal – außerdem war die gar nicht vernichtet. Der Kaczynski stand doch am nächsten Tag vor seinem eigenen Sarg. Das ist ja 'ne Horrorvorstellung! Man stelle sich mal vor, die gesamte deutsche Elite würde bei einem Flugzeugabsturz vernichtet werden: Oliver Pocher, Mirja Boes, Mario Barth, Dieter Bohlen und Angela Merkel, und am nächsten Tag steht die Merkel vor ihrem eigenen Sarg und sagt: ›Ätschibätsch, ich war's gar nicht! Meine Schwester Andrea Merkel lebt noch!‹

Das ist ja ein Albtraum!

So wie all das andere, was uns widerfahren ist, ein Albtraum ist. Übrigens, ich rede im Pluralis Majestatis, weil ich die Institution, die uns seit Wochen und Monaten auf den Fersen ist, mit in meinen Vortrag einbeziehe. Auch das war ein Grund. Wir wurden verfolgt von Tropenmedizinischen Instituten, die besorgt waren um das Wohl der Juden, äh, der Jugend. Wir wurden verfolgt von Koalitionären des guten Geschmacks, weil man uns vorgeworfen hat, wir würden zu sehr über die Grenze gehen. Dabei haben wir doch die Grenzen nicht gesteckt, he! Was können wir dafür, wenn andere Leute Grenzen haben, die wir nicht tolerieren.

Außerdem Kunst! Kuuuuuuunst! Kunst kennt keine Grenzen, sonst ist sie Hurendienst!

Ja! Und deswegen bedanken wir uns auch beim Tropenmedizinischen Institut in Mannheim an der Saale. Da fällt mir Lena Mannheim-Saale-Unstrut ein, das Knödelgesicht: unfuckable forever! Wer hat die auserkoren Deutschland zu vertreten? Gibt es nicht wieder richtige deutsche Sänger, die beim transslawischen Volksbarden-Gesangskongress ein strammes deutsches Lied von sich geben? Zum Beispiel: ›Die Fahne hoch!‹ Aber nein, dann gewinnen wir nicht nur, dann müssen wir auch noch das ganze Russenpack aus dem Osten bei uns internieren, die wir ja dann als Kriegsgefangene mitnehmen würden.

Aber mich fragt niemand! Nein, stattdessen glotzt man sich wund, von RTL bis Sat1, stattdessen ist Oliver Pocher immer noch auf Sendung, stattdessen schwängern sich Asoziale um die Wette, bis ihnen die Embryos aus der Muschi fallen wie Mandelkörner. Mich fragt man nicht und die Quote machen die anderen. Und dann wundert man sich, wenn der Pocher auf dem Judensender Sat1 seine sechs Millionen erwirtschaftet und komische Assoziationen entstehen könnten, mich hätte man fragen sollen! Aber nein, nein, davon will man nichts wissen.

Wir bleiben dabei: Wir bleiben hier, wir senden, bis wir tot umfallen! Ab heute wird zurückgeschissen! Danke schön, auf Wiedersehen, schnell die DVD holen für jeden der Hassist sein will!«

Griechensteuer

Serdar im Studio hinter seinem Schreibtisch: »Wir leben ja in einer traumatisierten Gesellschaft, das muss hier mal gesagt werden. Jeder und jedes treibt sich in den Wahnsinn und landet dann irgendwann in einer Psychiatrie oder auch in einer psychotherapeutischen Praxis oder bei der katholischen Kirche, wahlweise. Und dann kommen diese Therapeuten, Trauma-Therapeuten, die Vindaloo-Schmidt-Meyer heißen, und sagen so Sachen wie: ›Du musst dein Karma verbessern, aber vorher möchte ich deine Muschi lutschen.‹«

Einspieler: »Achtung, Achtung, wir unterbrechen das Programm für eine aktuelle Ansprache des Führers: ›Ich weiß nicht, ob das jemand kennt, vielleicht lebe ich ja auch in einer anderen Welt, aber mit Geld, was man verdient, ist es genauso wie mit Scheiße, die man kackt. Kaum hat man irgendwo was verdient, da kommen Leute, die es einem aus den Klauen reißen. Kaum hat man irgendwo was geschissen, da kommen zwanzig dieser Drecksschmeißfliegen mit den grünschimmernden Körpern und setzen sich drauf, um sich ihr Stückchen rauszureißen. Und jetzt sollen wir also alle den Gürtel enger schnallen. Das große Sparpaket, während ich um mich herum nur immer fetter werdende Leute sehe, soll ich auch noch den Gürtel enger schnallen. Warum denn? Um es den Griechen noch weiter in den Arsch zu schieben? Ja, die Griechen mögen es ja, wenn man ihnen was in den Arsch schiebt oder sie anderen was in den Arsch schieben. Uns ihre Lügen, wir ihnen unser Geld.
Ja, Steuer, Steuern hier, Steuern da. Ständig werden neue Steuern erfunden. Abgaben. Abgaben hört sich nicht so schlimm an, hört sich an, als würde man es gerne tun. Hehehe, man wird ja auch veranlagt. Es wird einem nicht aus der Tasche gerissen. Und wohin geht die Kohle? In Gebäude die niemals gebaut werden.

Wenn sie anständig verwendet würde, dann hätten wir auf den Autobahnen keine Schlaglöcher und könnten mit unseren Foxis, irgendwann sind es ja nur noch VW-Foxis, mit 80 wenigstens geradeaus fahren.

Nein, stattdessen leben die Harz-IV-Empfänger von meinen Steuern, sitzen vor ihren Flatscreens und saufen ein Bier nach dem anderen und werden fetter und lassen sich von der Super Nanny auch noch Tipps geben, wie sie ihre Drecksblagen erziehen sollen. Damit die auch noch groß genug sind, von meinen Steuern zu profitieren. Aber wenn die Griechen kommen, dann kriegen sie eben mal 180 000 Milliarden in die Kippe gepustet, diese Malakka-Ficker, diese Kacka-Ficker-Malakka-Säck-Sacke-Malakas-Pusties.

Ja, ich hab' nichts gegen Griechen, aber hinter allem, was auf dieser Welt stattfindet, steckt irgendwo doch ein Grieche. Das ist doch schon der Name der Sexualpraktik, der es vermuten lässt, dass da irgendjemand in irgendwas penetriert hat. Selbst die Öl-Pest. Da weiß man ja nicht, haben es die Griechen vielleicht angebohrt, damit das Öl den Golf von Mexiko verschmiert und sie irgendwann sagen können: ›Wir brauchen die Kohle.‹«

Serdar im Studio hinter seinem Schreibtisch: »Vielleicht muss ich jetzt auch mal zu einer Therapie. Ich überlege mir, ob ich nicht vorher noch einen anständigen Drogen-Cocktail zu mir nehme. Wahlweise beispielsweise Whiskey mit Straußensperma, was unglaublich gut gegen Depressionen sein soll. Desirée Nick weiß davon ein kleines Märchen zu berichten.

Oder ich trinke einfach was anderes. Wasser. Ich konzentriere mich neuerdings auch seitdem ich die Therapie mache auf die wesentlichen Dinge des Lebens.

Das ist doch schon Gemotze, Umweltverschmutzung. Warum bohrt denn BP bitte schön im Golf von Mexico nach Öl? Damit wir mit unseren Foxis wieder über die Schlaglochautobahn fahren können. Wir könnten ja das Autofahren lassen, dann müssten wir auch keine

Angst mehr vor der Ölpest haben. Ja gut, oder wir könnten Autos bauen, die nur mit Strom fahren.

Aber das geht auch nicht, dann haben wir wieder eine Wirtschaftskrise. Dann müssen wir wieder, um unser Wirtschaftswachstum zu steigern, irgendwelche Dritte-Welt-Länder in die EU aufnehmen, weil die arbeiten ja billiger, und wenn sie billiger arbeiten und mehr Geld verdienen, dann ist das Wirtschaftswachstum ja bei ihnen. Deswegen nehmen wir sie in die EU auf, ohne zu prüfen, ob es Malaka-Kackas sind oder Rumänen-Memenen oder Albaner-Albaner. Ja, und dann am Ende stellen wir fest: ›Huch, die waren ja gar nicht kreditwürdig, die sind ja pleite, die sind ja alle korrupt ohne Ende.‹

Ja, feiere doch demnächst mal deinen Geburtstag in Bukarest, dann weißt du, wie es in Rumänien aussieht. Aber sich nur das Auto liefern zu lassen, den Dacia für 5000 Euro und zu sagen: ›Also Rumänien ist absolut demokratisch‹ und zu vergessen, wann die Demokraten geworden sind, die Polen, die Bulgaren, die Arschficker, die Malakka-Kackas, das reicht eben nicht aus. Und ich soll das aushalten, ich soll das aushalten.

Dann erklären einem irgendwelche Sachbearbeiter, dass man verpflichtet ist zu zahlen. Die Steuerpflicht ist ja eine Bürgerpflicht. Ja und was bekommt man dafür? Nichts! Einen Zettel, auf dem steht, wie viel man nächstes Jahr vorauszuzahlen hat. Das ist ja der ewige Kreislauf. Verdient man mehr, zahlt man mehr. Verdient man weniger, kriegt man nichts zurück. Das hasse ich, wenn die Leute einem sagen: ›Das kriegen Sie ja am Ende des Jahres zurück.‹ Hahaha, ja wer's glaubt, wird selig. Am Ende des Jahres gibt es 20 neue Gesetze und ich kriege nie wieder etwas zurück.

Das Beste ist immer, man hat das, was man hat, und behält es so lange, bis einer kommt und einen mit der Waffe bedroht, damit man es rausgibt. Aber vom ewigen nicht Kacken wird man auch nicht gesünder. Da kommt einem die Kacke irgendwann aus den Poren geschossen. Hoffentlich den richtigen Leuten ins Gesicht, den Griechen. Die sind den Umgang mit Kacke ja gewohnt. Nachher werden sie noch geil davon.

Wir sehen uns nächste Woche oder morgen, vielleicht schon heute Nacht in Ihren Albträumen. Gehen Sie zum Trauma-Therapeuten! Und ich verschwinde nach Köööln.«

SMHN, Kapitel 3:
Schwuluzela

Serdar im Studio hinter seinem Schreibtisch, Vuvuzelageräusche übertönen kurz seine Worte: »Ah, was geht mir Fußball auf den Sack. Diese Drecks-WM. Das kommt davon, wenn man Bimbos das Organisieren überlässt. Ja, und diese Vuvu-Vuvu-Vuvuvenezuelas, die einen Sound machen, dass man impotent davon wird, wenn man es nicht schon war. Oder schwul und lesbisch zugleich.

Die gehen mir so was von auf den Sack. Ja, und ohne Ton ein Fußballspiel gucken ist auch scheiße. Das ist wie mit einem Eimer auf dem Kopf bumsen.

Dieses Gemotze geht mir so auf den Sack. Diese Schwuluzelas. Als ob es sonst nicht genug Krach geben würde, über den man sich beschweren könnte. Schreiende Säuglinge, röhrende Hirsche, scheppernde Polizeisirenen.

Ja, was will man schon von Bimbos erwarten, denen man die Organisation eines Weltereignisses überlassen hat? Dass sie auch noch die Verantwortung übernehmen für unsere kulturelle Identität.

Da höre ich lieber 'ne Schludu-mudu-Mongozela. Ja, Drecks-Fußball-WM. Drecks-Fußballer. Mit Fußball hat das überhaupt nichts mehr zu tun. Es ist Stolzieren auf dem frisch gemähten Rasen.

Ja, ein Fußballer, der kämpft noch um seine Ehre, um jedes Tor, das er schießt. Aber die gucken vorher auf den Gehaltszettel, bevor sie ein ›Schüßchen‹ ablassen. Ja. Drecksscheiße. Das Einzige, was dahintersteckt und der Einzige dem es nützt, ist Coca Cola. Und McDonald's und all die Werbeträger, die als offizieller Sponsor dieser Scheiße auftreten. Die nichts anderes ist als Ersatzkrieg.

Die ganzen Ronaldos und die ganzen Messis und die ganzen, was weiß ich Badstubers und was weiß ich für Leute. Die haben nichts mit Fußball zu tun. Die sind Stellvertreter einer Generation, die sich in Beschwichtigungshaltung ergeht. Deswegen ist Fußball auch eine Kacke, die ich mir nicht mehr antue. Schon gar nicht, wenn es von Bimbos organisiert ist. Fußball, es hat von seiner Seele vieles verloren und ja, und deswegen ist die Vuvuendzela auch das richtige Instrument. Wenn ich es wäre, ich würde so laut trompeten, wie ich könnte, all denen ins Ohr und das Ende ins Arschloch stecken. Die meinen, dass es irgendwas mit ernsthaften Anliegen zu tun hat, dieses ganze Verkaufsspektakel, und allen voran den Deutschen würde ich es ins Arschloch stecken. Die ja nicht verlieren und nicht gewinnen können. Gewinnen sie, haben sie gleich Komplexe, verlieren sie, schieben sie die Schuld auf andere. ›Der Schiri hat nicht gut gepfiffen.‹ Ja. Wir haben den Krieg auch nicht verloren, die anderen haben gewonnen.

Aus, aus, aauus. Das Spiel ist vorbei. Der Neger liegt am Boden. Deutschland ist Weltmeister.

Dass man den Afros diese WM gegeben hat. Der Blatter, diese korrupte Drecksau. Ja, bloß weil er wahrscheinlich aus Südafrika irgendwelche Entwicklungshilfegelder in seine eigene Tasche ziehen wollte. Das weiß doch jeder Mensch, dass in so einem Land nichts, also was ist denn da für eine Fußballkultur. Die laufen doch so, als wären sie auf der Flucht vor einer Gazelle.

Und diese von Taktik zerfressenen Spiele. Die Fußballer sind ja auch keine Fußballer mehr, das sind Werbedarsteller mit Nebenberuf Fußballer. Die gehen dann zwischen Snickers-Werbefilmdreh und Coca-Cola-Dreh zwischendurch mal zum Training und laufen dann rum und schütteln ihre gestählten Körper, damit die Schweißtropfen abperlen. Ja, Dreckssicker und so eine satte

Scheiße gucke ich mir an, weil ich selber reingefallen bin auf die Werbeindustrie, die mir suggeriert hat, dass es das Ereignis aller Ereignisse ist. Fußball-WM, Fußball-WM. So eine Scheiße.

Ja, jetzt sind die Deutschen ja wieder im Durchmarsch begriffen und am Ende, wenn sie mal gegen einen richtigen Gegner spielen und nicht gegen irgendwelche Unter-Nationen, die Fußball mit einem Kuheuter verwechseln, dann werden sie wieder verlieren und schrecklich jammern: ›Huää, wir haben wieder verloren.‹

Hm, da gucke ich lieber Frauenfußball, gucke ich lieber Lesben, zu wie sie auf dem grünen Rasen pussieren, nachdem sie sich vorher die Muschi weichgeleckt haben.

Oder Hahnenkampf, auch eine schöne Sportart. Hahnenkampf-WM. Hm ja, müsste man allerdings nach Thailand. Joa gut, das könnte man verbinden mit einem kleinen Besuch im Kinderpuff. Hehe, Dreck. Spiiiel, Bimbo. Nachher tanzen sie dann wieder, wenn sie mal gewonnen haben, wie ums Lagerfeuer, wenn sie ein Gnu erlegt haben. Äh.«

SMHN, Kapitel 4:
Urlaubsspecial – Kleine Mädchen (Song)

Manche stehen auf reife Frauen
finden lange Beine geil
Haben ein Herz für scharfe Sauen
Lust auf jedes Körperteil
Lecken alte Omas wund
andre ihre Ehefrauen
Küssen sich die Lippen wund
werden richtig fest verhauen

Weiß nicht, ob ich mich schämen soll
ob ich jetzt kriminell bin oder was
Weiß nicht, ob ich mich grämen soll
ob ich nur sexuell bin oder krass

Ich steh' auf kleine Mädchen
ganz junge Mädchen
auf frisch gewaschen und rasiert
so junge Mädchen
Am besten freche Mädchen
blutjunge Mädchen
parfümiert und nicht blasiert

Manche finden's scharf zu diskutieren
reden dann kein Wort
Würden sich was amputieren
machen's gern am stillen Ort

Manche springen auch vom Dach
andere kochen Ratatouille
Manche spielen sogar Bach
schreien kieksig Pfui

Ich weiß nicht, ob ich mich schämen soll
ob ich jetzt kriminell bin oder was
Weiß nicht, ob ich mich grämen soll
ob ich nur sexuell bin oder krass

Ich steh' auf kleine Mädchen
frisch gewachst und perforiert
Ich stehe auf frische Gören
pasteurisiert und gut verpackt

Ich steh' auf kleine Mädchen
frisch gewaschen und rasiert
Am besten freche Mädchen
parfümiert und nicht blassiert

Ich geb' dann mal 'ne Zeige an
sagt's nicht dem BKA
dann hol' ich mir 'ne Kleine ran
und spiel' ihr den Papa
wenn dann die Polizei mich holt
streite ich das Ganze ab
Die Klapse mein Geschlecht umpolt
sag' ich paperlapap

Ich steh' auf mini Mädchen
und andere stehen auf Boys
So süße kleine Mädchen
das sind nur meine Toys
Ich stehe auf junge Dinger
produziert und nicht gebraucht
Ich steh' auf Zuckerhäschen
abgeleckt und unversaut

Steht ihr auf junge Mädchen
ungebraucht und unbenutzt
Stehst du auf junge Mädchen
andere stehen auf Boys
Stehst du auf kleine Blümchen
stehst du auf kleine Mädchen
stehst du auf kleine Mädchen

Türken

Liver-Ticker: +++ Endsieg für Deutschland: Fifa annulliert WM-Finale +++ Spitzen-Hitze: Bahn eröffnet Rekordsommer +++ Sommerloch: Merkel gesteht Vergewaltigung +++

Serdar hinter seinem Schreibtisch im Studio:»Schöne Zähne für alle. Es reicht doch, wenn ich schöne Zähne habe! Hier sind wir wieder aus Kölle. Hahaha, hihihoho neues Video, Taliban drohen Deutschland. Explizit Deutschland drohen die Taliban. Warum eigentlich die Taliban? Ist Taliban die Mehrzahl von der Taliba? Ich weiß es nicht und was haben die ständig zu drohen? Sind die schlecht drauf? Haben die dünnflüssige Koks geschluckt, oder was? Sitzen da in der Wüste und sagen: ›Komm, jetzt drohen wir mal wieder den Deutschen zur Abwechslung.‹«

Einspieler:»Achtung, Achtung, wir unterbrechen das Programm für eine aktuelle Ansprache des Führers: ›Früher hatte ich ja noch Hass auf Serbokroaten, auf Albaner, auf negroide Juden, auf Chinesen, auf Abchasen, auf Holländer, auf Engländer. Auf alle eigentlich, mit Ausnahme mich. Heute hasse ich auch Türken. Türken, was sind das für Leute? Sind ja gar keine Türken, sind Pseudos. Türken sind ja eigentlich ganz nette Leute aus Zentralasien. Ziehen sich die Schuhe aus, wenn sie in eine Wohnung kommen, und schütten sich Kölnisch Wasser auf die Hände. Aber das, was sich heute Türke nennt, nennen darf in des Deutschen Gnaden, das ist viel mehr Jemenit.
Oder Sudanese oder Sudajemenit oder Judaseminit. Hahaha, Türken. Besonders dann in diesen Großstädten Köln und Berlin haben sie sich dann Zweckgemeinschaften, Parallelgesellschaften gebildet, in denen sie sich zusammentun, um ihrer obskuren Religion zu frönen und ihren weltfremden Anschauungen näher-

zukommen. Ihre Frauen zu peitschen, ihre Schafe zu schächten, ihre Kinder zu triezen, ihre Kopftücher zu schnüren. Das, was sie bei sich zuhause nicht dürfen, das wollen sie hier umso mehr. Ja, geht rüber, hier ist zwar kein Zebrastreifen, aber ihr seid wenigstens Deutsche, komm' du auch Oma, kennst doch den Führer noch persönlich und jetzt sitzt er dir gegenüber im Auto und du erkennst ihn nicht wieder.

Türken, das ist so eine Sache für sich. Und dann haben sie ihre Communities gebildet. Es gibt ja auch intellektuelle Türken, aber irgendwie leiden Türken alle unter der gleichen Krankheit. Sie sind dumm. Ob sie intellektuell sind oder nicht. Sie sind dumm, ausgedünnt im Hirn.

Ja, entweder sie tragen Kopftücher, dann sind sie so dumm, dass sie nicht wissen, dass das Kopftuch ein Symbol der Unterdrückung ist, oder sie schminken sich wie Nutten. Ich hab' noch nie 'ne Türkin kennengelernt, die intelligent ist. Wahrscheinlich kann man die intelligenten Türkinnen gar nicht erkennen und denkt sie wären Polinnen.‹«

Serdar hinter seinem Schreibtisch im Studio: »Wenn so ein Taliban jetzt vor der Kamera sitzt, geht der in den Mediamarkt, weil er sich dann die Kassette für die Kamera holt? Denkt der da mal einen Augenblick drüber nach, wer eigentlich die Kassette hergestellt hat? Ich mein', Jetuci ist jetzt keine pakistanische Firma. Es wird zwar in Pakistan hergestellt, aber es steht dann doch letztendlich ›Made in Japan‹ drauf. Oder die Kassette, ich mein', es gibt ja Maxell zum Beispiel, das ist eine Ami-Firma und dann gehen die Taliban-Honks in den Mediamarkt, weil sie eine deutsche Drohung loswerden wollen, und schenken den Amis Geld für eine DVD-Kassette, oder DV sagt man ja, 'tschuldigung, hab' mich versprochen. Ich gehöre halt nicht zu dem erlauchten Kreis derer, die regelmäßig Taliban-Drohungen in Fremdsprachen ablassen.«

Einspieler: »Achtung, Achtung, wir unterbrechen das Programm für eine aktuelle Ansprache des Führers: ›Und mit den Männern ist es auch nicht anders. Mit ihren sprachlichen Fähigkeiten und sonstigen Minderbegabungen auch nicht. Woher die Türken überhaupt die Kraft genommen haben, ganze Kontinente zu erobern? Worauf sich die Türken was einbilden, dass sie eine Kultur hätten. Da haben ja Ameisen mehr Kultur als die Türken. Die Kreuzritter hatten schon Recht. Sie haben ihren Job nur nicht anständig zu Ende gebracht. Das ganze Ding hätten sie in Schutt und Asche legen sollen. Der Einzige, der es halbwegs zustande gebracht hat, war dieser Ober-Kanack Atatürk, aber der ist dann viel zu früh gestorben, hat abgelebt, konnte sein Werk nicht zu Ende bringen. Kopftuchträgerinnen schlachten und schächten. Das Land so weit europäisieren, bis es nicht mehr zu erkennen ist als das, was es war. Die Griechen, die sind nett, die sind so wie Türken ohne Kopftuch, das sind anständige Leute. Die wissen auch, wie man 'ne Moussaka bereitet. Die Türken höchstens, wie man ein Massaker veranstaltet. Die Griechen sind nett. Selbst die Italiener sind mir lieber, oder Spanier, auch in Ordnung, aber Türken, kann man doch verstehen, warum jedes CDU-Mitglied als erstes ins Mikrofon rülpst, dass die Türkei nicht EU-Mitglied werden darf.

Die machen sich halt unbeliebt, die Türken, und haben einen Hang zur Überfettung. Guck sie dir doch an, machen sich alle so Bärtchen, warum haben die alle so Fotzenkratzer im Gesicht? Weil sie eine latente Angst davor haben, homosexuell zu sein. Kein Volk der Welt hat mehr Angst davor, homosexuell zu sein, als die Türken. Aber in jeder Schimpftirade eines ordinären Türken kommt das Wort »Arschfick« mindestens einmal vor. Da hat er doch dann irgendwie schwule Elemente in seinem Denken, die er verneint. Dann doch lieber Eselficken, der Sodomie frönen. Als ob das weniger unanständig wäre. Gut, sagen dann manche Türken, der Esel war ja kein Mann, es war ja ein weiblicher, eine

Eselin. Aber es macht den Schwulen nicht weniger schwul, wenn er einem Tier ins Arschloch fickt. Dann ist er halt sodoschwul oder Sodomist, was ja das Gleiche war, jedenfalls im Mittelalter nannte man das Schwuleficken auch Sodomie.

Türken, überall, und dann drehen sie sich an ihren Dönerspießen vor und zurück. Dann fordern sie Gleichberechtigung von Integrationsbeiräten gesponsort. Dann machen sie unsere Innenstädte voll mit ihren Drecksgesichtern. Mann und Frau, Türken, Kopftuch, da gehen sie, Mann Kappi, amerikanisch, Symbol des Imperialismus. Frau einen Schritt dahinter, Kopftuch, Symbol der Unterdrückung. Fotze!

Dass ich selbst Türke bin, das (lange Pause) macht hier nichts zur Sache. Aus!‹«

Serdar hinter seinem Schreibtisch im Studio: »Die Messlatte hängt jetzt ganz weit oben und meine Latte, die pocht ganz fest gegen den Reißverschluss. Voorsicht, die Taliban bedrohen uns!«

SMHN, Kapitel 6:
Lovestampede

Liver-Ticker: +++ SSV bei Aldi: Theo dankt ab +++ Abenteuerurlaub Pakistan: 152 im freien Fall +++ Lovestampede: Endlich keine Schwulen mehr +++

Serdar im Auto: »Ich bin ein sehr gläubiger Mensch, Gott wird durch mich wiedergeboren.

Ich bin eine Leihgabe Gottes.

Ich habe sozusagen der Menschheit das Leben verliehen.

Wir sind ja nichts anderes als Platzhalter und wie wir diesen Platz nutzen, ob wir ihn mit Kreativität vollstopfen, das ist eine Frage, die wir uns dank Gott, also mich, am Ende unseres verfickten Lebens eines Tages stellen.«

Hinweis an den Leser: Die Bilder und Serdars Rede in dieser Folge sind mit Technomusik unterlegt, zu sehen sind ausgelassen feiernde Loveparadebesucher, zwischendrin Bilder einer religiösen Massenveranstaltungen und am Ende Bilder der schicksalhaften Duisburger Loveparade aus dem Jahr 2010.

SMHN, Kapitel 7:
Ssaraspleen

Liver-Ticker: +++ Iran eröffnet Olympia: Steinigung als Volkssport +++ Spielverderber Obama: Kinderspielplatz Irak geschlossen +++ Geologen jubeln: Atlantis in Pakistan entdeckt +++

Einspieler: »Achtung, Achtung, wir unterbrechen das Programm für eine aktuelle Ansprache des Führers: ›Eigentlich wollte ich mich an dieser ganzen Debatte nicht beteiligen, aber ich komm' aus dem Urlaub und was sehe ich: Ein schnauzbärtiger Typ redet über Juden und über die angeblich genetisch erblich bedingte Veranlagung von Untermenschen zur Dummheit, die das deutsche Volk unterwandert. Meine Güte, denke ich, schon wieder ein Hitlerfilm: Helge Schneider, Bruno Ganz und jetzt dieser mittelmäßige Knallcharge mit dem unaussprechlich ausländischen Namen.
Gut, wenigstens haben sie darauf geachtet, dass er auch einen Schlaganfall hatte, aber gelispelt hat Hitler nicht und gestottert auch nicht. Die Wahrheit ist übrigens subjektiv und nicht nach Zahlen zu bemessen, manchmal ist es auch nur eine gefühlte Wahrheit.
Aber es ist langweilig. Ich hab' einen alten Hut und einen langen Bart.

Gut, dieser Hitler-Imitator einen viel zu langen Bart, der Hitler hat ja nur so einen kleinen. Haben die da keinen anderen finden können? Mich zum Beispiel? Ich könnte Hitler aus dem SS, äh FF spielen. Aber ich würd' es nicht tun. Langweilige Rolle! Verkauft sich nicht mehr besonders gut.

Oder war es vielleicht doch der Hape Kerkeling? Ja, der Hape Kerkeling hat sich einfach eingeschlichen bei *Hart aber dünn* oder *Weich oder fett*, um den Friedmann mal so richtig draufzuschicken und ihn wieder in seine Grenzen zu weisen und zu sagen: ›Sieh mal Friedmann, kann auch anders gehen‹, und nachher nimmt er die Maske ab und sagt: ›Ätschi bätsch, ich hab' euch alle verarscht‹ und krallt sich dann den Deutschen Fernsehpreis. Hm, wer weiß.

Ja, es erreicht das, was sie wahrscheinlich erreichen wollen, nämlich, dass sich die blinde Masse auf seine Seite schlägt und sagt: ›Endlich, endlich sagt mal wieder einer die Wahrheit.‹«‹‹«

SMHN, Kapitel 8:
Deutschland

Live-Ticker: Paparazzi: Hassias und Sohn Mirco im Park gesehen +++ Die Lottozahlen der nächsten Woche: 22672Y4 +++ Big Brother Chile: 5 Monate, 30 Männer und nur 1 Loch +++

Serdar im Studio hinter seinem Schreibtisch: »Hab' ich eigentlich schon erwähnt, dass *MTV Home* meine Lieblingssendung ist? Quatsch, es war *MTV Homo*, ich hab' mich vertan, haha.«

Serdar mimt den Hassias und spricht in gebrochenem Deutsch eine nicht sichtbare Person unter dem Tisch an: »Ey Abdul, gib' mal den Gewehr hier de Bild.

Alhamdulillah, wir sind hier die Gruppe von Hassisten, sitzen in Kölle in de Bergverließ und wünschen alle Deutsche herzliche Glückwunsch für der Tag der Tag der deutsche Geilheit, weil wir werden euch das nächstes Mal Killer-Fick machen, wenn wir kommen, um Muschi, Musche, Muschi zu lutschen, zu bau, bau, Moschee zu bauen.

Wir haben viele Gewehre in de Keller, machen Piff, puff, paff.

Könne Rede halten in alle Sprachen.

Kann man übersetzen auf Al Jazeera und dann kommen wir auch Ostdeutschland. Zu den Glatzkopfe-Nazi und machen euch de Muschi Minarette in de Popoloch. Jaha, das hier sprechen Deutsche, ich Hassisten-Boss-Hassias sagen: ›Für alle Leute Sarrazin Nazi, die sagen Ausländer sind scheiße. Wir Ausländer sind sowieso scheiße.‹

Aber de Deutschen essen unsere Scheiße.

Deswegen Tag Deutsche Geilheit, herzliche Glückwunsch, nächste Mal machen Piffpaff kaputt, Dreck-Hure.

Viele Grüße an Angela Merkel und Josef Köhler.

Tschüss! Nimm' de Waffe weg, du Hurensohn aus meiner Loch.«

Serdar im Studio hinter seinem Schreibtisch: »Viel Spaß, Gott zum Gruße. Deutschland, Deutschland über alles. Deutschland schafft an.«

SMHN, Kapitel 9:
Köln-Cotzedy

Live-Ticker: +++ Endlich, Jogi gibt auf: Sarrazin neuer Nationaltrainer +++ Mappus versteht nur Bahnhof: Castor bleibt +++ Goldene Katzenberger-Regel: Blutiger Giftschlamm verseucht Ungarn +++

Serdar im Studio hinter seinem Schreibtisch: »Ja, hello again. Hier sind wir, die *Hatenight* jeden Samstag, wenn wir wollen um 23.00 Uhr, wenn nicht, dann den nächsten. Heute sprechen wir ein bisschen über Humor. Deutschen Humor, der ja sehr tiefgründig ist, manchmal auch unverständlich, für Außenstehende jedenfalls. Es stehen wieder Preisverleihungen an, habe ich mir sagen lassen. RTL vergibt den Deutschen Comedypreis. Das ist für manche Leute schon ein Ding der Unmöglichkeit, RTL und Comedy, wobei wenn man es sich genau anschaut, ist es Comedy. Aber dass die auch noch einen Comedypreis vergeben und an wen sie den vergeben, ist sehr interessant. Ich hab' mir mal die Liste der Preisträger durchgeguckt und dieser Herr, den wir hier hinten an der Wand sehen (zeigt auf ein Bild von Mario Barth), war glaube ich die letzten gefühlten 8000 Mal bester Comedian der Welt, bester Comedian des Universums, bester Live-Act, bester Frauen-Versteher, bester Krümelmonster-Darsteller und bester Hitler-Imitator. Mario Barth. Dicht gefolgt von Flanell-Dame Cindy aus Marzahn. Es genügt ja einigen Leuten schon, dass jemand einen Flanell-Anzug trägt und berlinert, um es lustig zu finden. Dicht darauf der nichtssagende, aber unglaublich lustige Rüdiger Hoffmann, gefolgt von diversen anderen Knallchargen, bei denen sich noch nicht mal mein Arschloch zu einem Furz bewegt, der sich als Lachen verständlich machen könnte.«

Einspieler: »Achtung, Achtung, wir unterbrechen das Programm für eine aktuelle Ansprache des Führers: ›Bo hey, für mich gibt es keine asozialere Stadt in Deutschland als Köln.
Köln, Asipark, größter Castingpool für irgendwelche Daily und Weekly Soaps oder Super-Nanny- und Peter-Zwegat-Schuldenberater-Folgen.
Köln ist echt nicht nur Molloch, Köln ist ein dreckiges Scheißloch. Alle haben sich hier getroffen. Die Asozialen, die asozialen Kanacken, die kanackischen Asozialen, die Nazis, die Vollproleten, die Prolldolskis, die Junkies, die Karnevalisten, die Fetischisten und die

Schwulis, allen voran die Schwulis. Köln, diese Wichsstadt, die ja so unglaublich in ist und so angesagt. Was geht mir das auf den Sack, wenn Städte angesagt sind. »Köln ist so angesagt, also in Deutschland, meine liebste Stadt ist Köln.« Leckt mich!‹«

Serdar im Studio hinter seinem Schreibtisch: »Die einen finden es lustig, wenn ein kleines Kätzchen übern Ball stolpert, und schreiben dann sofort: ›Fünf Sterne, Hammer Alter, das Geilste, was ich je gesehen habe.‹
Man schmeißt ja eh mit Superlativen um sich herum. Unter wie vielen Videos habe ich nicht schon gesehen: ›Das Geilste, was ich je gesehen habe‹. Wie viele Videos heißen nicht: ›Das Geilste, was ich je gesehen habe‹ oder ›Das lustigste Video aller Zeiten‹.«

Serdar im Auto spricht als Führer: »Meine Lieblingsstädte sind die kaputten Städte. Halle an der Saale, Halle Neustadt insbesondere. Merseburg oder Teutleben auch sehr schön, obwohl sich das noch nicht mal Stadt nennen darf. Wo es außer dem Straßenverkehr nichts anderes gibt als Analverkehr mit eigenen Angehörigen, Familien, Verwandten oder wem auch immer. Das sind meine Lieblingsstädte: Nürnberg, Stadt der Reichsparteitage. Gut, dann kam auch die schmachvolle Niederlage vor den Nürnberger Richtern. Oder München, die Hauptstadt, also die eigentliche Hauptstadt, verschwiegene. Frankfurt, gut wegen der Würstchen. Hamburg wegen der Nutten, aber Wien wegen des Anschlusses.«

Serdar im Studio hinter seinem Schreibtisch: »Ich persönlich finde andere Dinge lustig. Zum Beispiel Behinderten mit einer Bohrmaschine ins Knie bohren. Wirklich geil, so ein sabbernder Spasti und dann noch mit so einer Bohrmaschine und gucken, ob er davon noch spastischer wird. Oder ob man unterscheiden kann zwischen dem schmerzverzehrten Gesicht und dem normalen Gesicht. Ich sage nur, fragen Sie Dr. Schäuble.«

Serdar im Auto spricht als Führer: »Köln ist verseucht, multikulturell, polosiert, buäääh, Köln ist ekelig, überall Blitzer, überall Stricher, überall grau in grau und dieser Dom, ich würd' ihn in die Luft jagen, wenn ich könnte. Mitsamt all denen, die ihn toll finden. Ja, guck' du nur, du Kölsches Arschloch, aber nachher heulste wieder, weil der FC 20 zu 0 verloren hat, auch das geht mir auf den Sack. FC Köln, einmal gewonnen: UEFA-Cup, zweimal verloren: Abstieg. Himmelhoch jauchzend, zu Tode betrübt, das ist das einzige Charakter-Merkmal, das mir zu dieser verfickten Stadt einfällt.«

Serdar im Studio hinter seinem Schreibtisch: »Ich hab' übrigens nichts gegen Spastis, meine Wortwahl ist ein bisschen ungehobelt. Das liegt daran, dass ich ständig im Internet bin und mich die sprachliche Finesse des Internets so durchtrieben verseucht hat, dass ich nicht mehr unterscheiden kann, ob man jetzt Spasti, Behinderter, maximal Pigmentierter, Hurennutte oder Klappergestell ohne Beine sagt. Auch das ist Humor, dass die, über die man lacht, es aushalten, dass man Witze über sie macht. Nur wenn Witze über mich gemacht werden, ist Schluss, das halte ich nicht gerne aus, ich lass' mich auch nicht gerne beschimpfen als krummnäsiges fettes Ausländerschwein. Dann wird zurückattackiert, dann rufe ich nämlich Catcher und Kampfcomedy-Hund Mario Barth an, der mit den 70 000 Asozialen aus'm Olympiastadion direkt an Ihrer Tür klingelt, um den besten Witz seines Lebens zum Besten zu bringen, nämlich, dass er 'ne kleine korrupte, widerliche – hier muss ich leider abbrechen, die Sendezeit ist vorbei, vielen Dank fürs Zuhören. Erfinden Sie sich doch ihren eigenen Witz.«

Falsche Zärtlichkeit

Liver-Ticker: +++ Hasstarismus: Klimawandel endlich am 2.11.2010 +++ Schmidt trauert: Fremde stehlen Spielzeug-Lokimotive +++ Hass IV endlich kostenlos: Prostitution soll sich wieder lohnen +++

Serdar hinter seinem Schreibtisch im Studio: »Die Frage, die wir uns schon seit Wochen stellen: Ab wann gilt eigentliche eine zärtliche Berührung als Vergewaltigung?

Man kann ja mal antesten, indem man den Zeigefinger in adäquate Körperöffnungen steckt, daran riecht und weiß, ist die Dame paarungswillig oder sträubt sie sich noch. Manche sträuben sich ja, damit man paarungswilliger wird, manche sträuben sich, um nachher zu behaupten, sie wären nie paarungswillig gewesen. Den Finger aber muss man auf jeden Fall mal reingesteckt haben, um diesen Prozess erstmal in Gang zu bringen und den Prozess, der dann folgt, überstehen zu können.«

Einspieler: »Achtung, Achtung, wir unterbrechen das Programm für eine aktuelle Ansage des Führers: ›Selbst das Wichsen wird immer komplizierter. Früher, da hat man nur eine Vorstellung gehabt, hat sich was eingebildet, da war schon das Loch einer Klopapierrolle eine Ansatzvagina. Aber es wird immer komplexer und komplizierter, je mehr Möglichkeiten man hat. Dann hat man sich irgendwann mal für teures Geld irgendwelche Pornoheftchen gekauft und gewichst, was das Zeug hielt, rubbelrabbelrubbel. Immer wieder die gleichen Bilder haben ausgereicht, um einem einen Ständer zu machen, mit dem man das World Trade Center zweimal in die Luft gejagt hätte. Aber das war dann auch nicht genug, irgendwann kam das Internet. Datex J und BTX mit diesen verpixelten Bildern, die sich so langsam aufgebaut haben, das sah aus wie ein Tetris-Spiel, das man nur schlecht beherrscht, aber man hat dahinter Titten assoziiert, man hat gedacht dahinter, könnte 'ne Fotze sein. Da könnte so 'ne Nutte in Amsterdam liegen und sich irgendein Dildo in die Muschi schieben oder einen Finger, nachdem sie sich dann wieder eine Spritze in den Arm drückt.‹«

Serdar hinter seinem Schreibtisch im Studio: »Was lohnt es sich, jemanden gar nicht vergewaltigt zu haben, wenn er behauptet, man habe ihn vergewaltigt. Da vergewaltigt man ihn doch lieber oder baut ein Präventivgefängnis. Wie mein Lieblingspolitiker und Garagen-bauer Werner Priklopil, zugleich auch Gastgeber von Natascha Kam-pusch. Die reüssiert ja jetzt in sämtlichen Talk Shows der Republik und erzählt von 3096 schamvollen Tagen im Bumsbunker. Schade, dass sich Priklopil umgebracht hat, er hätte bestimmt ein tolles Buch drüber schreiben können, wie er die Kleine ausgebildet hat. Vom acht-jährigen Straßenluder zum 80-jährigen Blasmonster.«

Serdar im Auto spricht als Führer: »Meine Güte, auf was für billige Flittchen ist man nicht geil geworden, auf was für billige Flittchen werden Leute ohnehin geil, wenn sie am Straßenrand stehen und sich eine Nutte kaufen? Für 50 Euro, blasen, lutschen, Arschfick, Fixpreis. Na, dann war das auch nicht genug, ja dann wurde das Internet immer schneller und die Begierden, die man hatte, immer größer. Aber je größer die Begierden wurden, desto weniger reichte das einem aus, was man da bekam. Man wollte ja immer mehr haben, aber geil war man immer weniger.«

Serdar hinter seinem Schreibtisch im Studio: »Daran ergötzen wir uns schon seit Wochen und ich bin sicher, einige werden nachvoll-ziehen können, dass solche Gedanken einen auch ein bisschen feucht machen.«

Serdar im Auto spricht als Führer: »Jetzt sind wir bei Youporn und Wet-Tube angekommen, wo man alles umsonst haben kann. Alles kann man gratis bekommen. Freewichsing all the time, Wanking-Parade. Ja, aber trotzdem passiert nichts und das was passiert, wird so komplex, dass man gar keinen Bock mehr drauf hat. Da muss man jetzt auf den Rechner spritzen. Man muss den Rechner jetzt mitnehmen, früher hatte man so ein Heftchen, da konnte man sich noch im Klo verschanzen. Jetzt muss man hoffen, dass der Wirelesslan-Adapter so einen starken Empfang bzw. so einen starken Sender hat, dass man nicht mitten im Wichsen auf irgendeinem eingefrorenen Bild hängen bleibt, während sich die Alte den Schwanz in den Rachen steckt, und die Erektion wieder verschwindet, weil es ist ja nur noch eine Kurzzeiterektion. Wir leben ja nicht mehr von der Phantasie, sondern nur noch von der Illustration unserer geheimsten Phantasien, deswegen brauchen wir Illustrationen, damit es funktioniert, und ganz am Schluss kommt dann die Realität. Liegt dann mal 'ne Alte vor dir, macht sie dann mal die Beine breit, dann macht sie aber noch lange nicht die Gesichter, die die Nutten auf YouTube machen. Sie nimmt nicht den Schwanz so schön, so akkurat in den Mund wie diese billigen Huren, die sich in jedes Loch spritzen lassen. Nein, sie möchte gestreichelt werden und betüddelt, da musste noch 'ne Blume kaufen und Essen kochen und danach, danach haste so wenig Erektion wie ein Fibrom, das man wegoperieren oder lasern kann. Könnte man gleich auch die Geilheit wegoperieren, Scheißdreck!«

Serdar hinter seinem Schreibtisch im Studio: »So weit zu diesem Thema, wir freuen uns, dass Sie wieder da sind und uns akute Gedanken machen. Uns plumpsen sozusagen die kleinen geformten Kackwürstchen aus unserem Schädel. Es wälzen sich Kackkanonaden aus unserem Ohrloch, manchmal sogar aus dem Schwanzloch und die Vergewaltigung an sich wird plötzlich zur Freude.
In diesem Sinne, bleibt froh und munter hassistische Gemeinde und spendet so viel ihr könnt, fühlt euch lieb in den Arm genommen und plötzlich von hinten vergewaltigt, und beschwert euch nicht beim nächsten Richter, ihr hättet es nicht gewollt.«

Requiem für eine Laune

Live-Ticker: +++ Castor: Stuttgart gewinnt neue Castorshow +++
Irak testet Schwulenehe: Schröder und Bush ganz privat +++ Guido
gesteht: »Ich war Alice Schwarzers Lustsklave« +++

Serdar hinter seinem Schreibtisch im Studio: »Ich weiß gar nicht,
darf man das sagen: ›Ich würde gerne Daniela Katzenberger ficken.‹
Also ich würde wirklich gerne Daniela Katzenberger ficken. Ich
würde sie gerne ficken, aber so richtig ordinär, also erst so brutalst
möglich, von allen Richtungen, während sie noch ein Vortrag hält
über Sartre, und dann wie das in diesen Pornos auch üblich ist,
nachher noch in den Arsch und dann sich den dreckigen Schwanz
von ihr ablutschen lassen. Ich meine, das ist ja mein gutes Recht, sie
hat sich ja in mein Bewusstsein gekämpft, hartnäckig von VOX über
RTL 2 zu RTL auf Pro7, jetzt ist sie Gast, mit ihren hoch tätowier-
ten Augenbrauen, und gibt es keinen Menschen-Mann auf dieser
Welt, der sagt: ›Ich finde diese Frau interessant.‹ Nein! Alle denken
das Gleiche wie ich, wir wollen diese Frau bumsen.«

Einspieler: »Achtung, Achtung, wir unterbrechen das Programm
für eine aktuelle Ansage des Führers: ›Ey, wenn mir eins megamäßig
auf den Sack geht, dann ist es dass immer das passiert, was man nicht
erwartet, dann wenn man es nicht braucht und dann wenn man mal
was braucht, nichts passiert und man stundenlang, ein Leben lang
darauf wartet, bis man verrostet. Da will man mal Kohle haben,
die große Ausschüttung, da kriegt man 'ne Rechnung. Da will man
bumsen, ficken in jedes Loch, da hat man Hodenkatar. Immer das
Falsche zur richtigen oder das Richtige zur falschen Zeit. Es sind
manchmal so banale Sachen, wo jeder denkt, ja darüber muss man
sich eigentlich nicht aufregen, aber die banalen Sachen sind manchmal die schlimmsten Tragödien.‹«

Serdar hinter seinem Schreibtisch im Studio: »Das ist sowieso bei Prominenten so, ich frag' mich manchmal, warum die prominent werden. Es gibt ja einen bunch of Promis, of Celebrities. Zum Beispiel die Ur-Luder Tucke-Tunte Verona, Ex-Bohlen now Pooth. Was hat die jemals gemacht? Also sie hat sich von dem Bohlen irgendwie glattbügeln lassen, dann diesen Franjo Pooth, diesen Handy-Verchecker irgendwo kennengelernt und dann über rote Teppiche gelaufen, sich Shampoo auf den Kopf geschüttet, bisschen Zentis zwischen die Kiemen gesteckt und jetzt ist sie prominent. Ich meine, ich wäre auch gerne prominent nur weil ich irgendwas an mir runterhängen lasse, aber das interessiert ja keinen, was wie lange, wie fest an mir runterhängt.«

Serdar im Auto spricht als Führer: »Ein Pickel zum Beispiel ist was ganz Banales. Da kann ich mich wochenlang drüber aufregen, wenn er gerade dann kommt, wenn ich eine Alte anbaggern will. Oder kein Wechselgeld haben, 'ne Cola trinken wollen, aber nur ein Schein in der Tasche. Im Flugzeug auf dem falschen Platz landen. Kotzen müssen, wenn man eigentlich Hunger hat. Das sind die paradoxen Seiten des Lebens, die ich nicht mehr ertrage. Dabei ist das Leben so leicht unerträglich, das Sein und es gibt so viel Verantwortung, die man für andere tragen muss, gepaart mit Schuld, die sie einem übertragen, dass man manchmal verzweifelt und denkt, warum kann ich mich nicht einfach umbringen, vorn Zug schmeißen oder andere umbringen, vorn Zug schubsen? Das wären einfache praktikable Lösungen, statt sich immer wieder im Kreis zu drehen und zuschreiben zu lassen – sich die Schuld, den anderen die Verantwortung, was weiß ich.«

Serdar hinter seinem Schreibtisch im Studio: »Bei mir sagt man nur: ›Du nicht‹, und dann lande ich bei Sendungen wie *VOX-Prominent*, wo ja der Abschaum, wo ja die Bilge sich trifft, auf dem Sprungbrett ins *Dschungelcamp*. Das ist übrigens, falls es vergessen worden ist, es gab ja mal eine Staffel Pause, das KZ von RTL, also der Gulag der Privaten. Wenn man als Promi weder kochen darf noch seine Titten in den Bildschirm hängt, weder hochtoupierte tätowierte Augenbrauen noch irgendwas sonst an sich hat, dann muss man Insekten fressen im Dschungel-KZ. Schade eigentlich, dass ich nicht dabei sein kann.«

Serdar im Auto spricht als Führer: »Deswegen hasse ich auch alles um mich rum, jeden. Die vergehende Zeit, das Immer-älter-Werden, das Kommen und Gehen, den Lauf der Dinge, ich hasse ihn! Am liebsten würde ich alles anhalten, zementieren, festsetzen, bestimmen und nicht bestimmen lassen. Ich ertrage einfach das Schicksal nicht. Das hört sich sehr depressiv an, aber ich leiste mir die Depression als Luxus, weil sie meine Langeweile verdrängt. Was gibt es Schöneres? Andere Leute spüren sich noch nicht mal selbst und sind die personifizierte Langeweile und überraschen sich dann, wenn die Depression 'se rücklings, heimtückisch überfällt. Da mache ich mir lieber Gedanken und rege mich auf, dann hat mein Leben einen Sinn. Weiß gar nicht, worüber ich noch alles nachdenken soll, was man mir eintrichtert. Ich hab' doch schon genug Zeit damit verplempert, meiner Göttlichkeit den passenden Rahmen zu geben, aber man ist umgeben von kleinkarierten Arschfickern, die nutzen, die ausnutzen, die Luft wegatmen, die man ihnen gibt. Vieeeh! Und die sich dann nur bestimmen lassen, wenn sie mal einen Fehler gemacht haben. Verurteilen lassen von Richtern, die in ihren dicken Autos sitzen, durch die Gegend fahren auf der linken Spur, hupen, weil sie überholen wollen, aber nichts ertragen, ihre Nichtsnutzigkeit noch nicht mal.

Drecksscheiße, du in deinem Wohnmobil, fahr' doch nach Amerika du Kack-Imitator, meinste hier macht ein Wohnmobil Sinn? Hobby 600 aus Siegburg. Wo hab' ich denn in Siegburg ein Hobby, außer im Knast zu sitzen oder Frauen oder Kinder zu misshandeln, vergewaltigen? Drecksack!«

Serdar hinter seinem Schreibtisch im Studio: »Prominent sein ist übrigens auch anstrengend, habe ich mir sagen lassen. Wenn ich mir Costa Cordalis angucke, der ist ja jahrelang um die Gunst seiner Zuschauer gehüpft, bis er es satt war, und jetzt ist er so satt, dass er 180 Kilo wiegt. Also gefühlte 180 und demnächst im Abspeckcamp von Vera Int-Veen ins Bassin plumpst. Da bin ich ja noch nicht mal so fett, obwohl ich halb so prominent bin. In diesem Sinne, halten Sie sich bereit für den finalen Tag, an dem auch Sie fürs Dschungelcamp entdeckt werden und Ihnen eine Kakerlake in die Kimme spritzt.«

SMHN, Kapitel 12:
Völkische Weihnachten

Live-Ticker: +++ WikiLeaks veröffentlicht geheime *Hatenight*-Protokolle +++ Wer konnte es ahnen: Weihnachtsmann ist ein Jude +++ Sensation: Russland hat sich für die Weltherrschaft nominiert +++

Serdar im Studio: »Ja, hallihallo, wenn wir schon über Deutschland reden, müssen wir auch über Volksmusik reden, denn Volksmusik ist ja eine Untat aus deutschen Landen. Ich frag' mich ehrlich gesagt: Wer kann dieses Grauen eigentlich genießen? Also ich hab's schon mal geschafft, wir haben unter Freunden ein Spiel und zwar stellen wir einen dieser Sender ein, WDR 4, SWR 2 oder wie sie auch immer heißen, auf denen Volksmusik läuft, und versuchen so viele Tracks auszuhalten, bis wir fast kotzen müssen. Um das Spiel aber 'n bisschen schwerer zu machen, schließen wir alle Fenster und Türen des Autos, in dem wir fahren und drehen die Heizung volle Pulle auf. Ich hab' schon acht Tracks geschafft und als letzten Roland Kaiser, nach dem ich wirklich schreiend die Tür aufgerissen hab' und gesagt hab': ›Ich geb' zu, ich hab' verloren.‹«

Einspieler »Achtung! Achtung, wir unterbrechen die Sendung für eine aktuelle Ansprache des Führers.«

Serdar im Auto, Weihnachtsmusik im Hintergrund hörbar: »Jetzt geht ja wieder diese verfickte Weihnachtszeit los, ja. Seit Mitte Oktober schon werden wir belästigt, ja, mit Ankündigungen, dass die besinnliche Zeit uns wieder bevorsteht, besinnlos, besoffene Zeit uns wieder bevorsteht. Die Weihnachtsmärkte sind ja auch schon aufgebaut und die Weihnachtsmänner schimmeln im Regal vor sich hin! Ja, seit Anfang Oktober kann man schon Glühwein saufen, mach' ich auch. Dann fress' ich 'ne Bratwurst hinterher und dann kotz' ich das Ganze wieder aus!«

Serdar im Studio: »Roland Kaiser ist so 'n Typ, das ist kaum zu erklären, was für 'ne Ausstrahlung der auf Frauen hat. Also deutsche Frauen, Volksmusik-Liebhaberinnen, ja, Roland-Kaiser-Groupies also, das ist unvorstellbar, die werden feucht, wenn der anfängt zu singen.
›Ich hab' deine Muschi gerochen‹, oder irgend so ein Scheiß.«

Serdar im Auto, Weihnachtsmusik im Hintergrund hörbar: »Dann lauf" ich über diesen Weihnachtsmarkt und guck' mir den Scheiß an, den die Hippies da verkaufen, ja. Schnürbändchen und so, ja, Lappenmützen und irgendwelche Kerzen, ja. Ich kauf' die Scheiße nicht, nein, ich guck' sie mir nur an. Ich kauf' mir auch keinen Schal, wenn's draußen 20 Grad warm ist. Weihnachtskacke! Ich lass' mich doch nicht beeinflussen, bloß weil der Geschäftsklimaindex irgendwie zugrunde liegt, diese ganze Euphorie. Ich soll ja kaufen, damit die Industrie sich freut. Und nachher sagen 'se im Januar wieder: ›Das war nicht so gut, das Weihnachtsgeschäft.‹
Wie gut darf's denn sein, bitte schön? Soll ich mir den Scheiß, den ich mir die letzten zehn Jahre gekauft habe, zum 100. Mal kaufen? Nein! Am 24. gibt's eh 'n böses Erwachen, da liegt die Kacke dann

auf'm Tisch und niemand will sie haben und man merkt, dass man Opfer war dieser ganzen Taktik, sich einlullen zu lassen!«

Serdar im Studio: »Apropos Scheiß erzählen lassen, ich hab' mir ja erzählen lassen, dass sich die meisten Volksmusikstars im Puff auf Toastbrot scheißen lassen. Das ist der Ausgleich wahrscheinlich, bei Florian Silbereisen sieht man's auch 'n bisschen. Der hat so 'ne Puff-Frisur. Oder dieser Trompeter oder diese Pärchen immer, die dann herkommen, als wären sie seit 40 Jahren zusammen und so 'ne heile Welt spielen, Hand in Hand und in Wirklichkeit ist er wahrscheinlich schon längst im Tierpuff gewesen und sie schafft an bei Otto Versand oder so, hehe, ich weiß es nicht. Das Ganze ist jedenfalls sehr zwielichtig und ich glaube auch, dass diese Musik, die diese Leute hören oder vorgeben zu hören, eher ein Kompensat ist zu der wirren Welt, in der sie sich befinden, ja.«

Serdar im Auto, Weihnachtsmusik im Hintergrund hörbar: »Und gefressen haben wa auch, eine Gans nach der anderen, schon seit November, seitdem es Martinsgans hieß, mit Äpfeln gestopft und Klößen und Rotkohl dabei, bis man selber aussieht, wie 'ne gestopfte Gans und diese Kacke nicht mehr sehen kann! Es ist ja so, wenn mal was kommt, dann frisst man's solange, bis man's nicht mehr sehen kann, ob's der Spargel im Frühjahr ist oder irgendwelche anderen Sachen. Die Industrie suggeriert einem, dass man's zu essen hat, nicht der Hunger signalisiert, dass man es essen will. Diese ganze Kacke mit diesen beschissenen Liedern! Stille Nacht, heilige Nacht … von irgendwelchen Heitschi-Bumpeitschis, die auf Rössern reiten und von Propheten gestrietzt und gestriegelt werden, diese Kacke!«

Serdar im Studio: »Dieses Deutschland, von dem die da singen, gibt's ja gar nicht. Also, ich hab's mal gesucht, ich musste weit fahren und war dann in Österreich, ja, es ist also eher österreichische Volksmusik, die als deutsche verkauft wird. Deutsche Volksmusik ist Muftimusik, also auauauauäuä, weil wir sind ja unterwandert von Muftis, das ist ja kein Geheimnis mehr, seitdem wir (Serdar imitiert Hitler) die richtigen Bücher, die rechten Bücher lesen.

Deutsche Volksmusik ist so wodkatrunkene russenseelige Tataren Tatarenmucke.

Ja, das ist Deutsch! Ja und darüber ärgert man sich als Deutscher!«

Serdar im Auto, Weihnachtsmusik im Hintergrund hörbar: »Da lob' ich mir die Moslems! Die fasten das ganze Jahr, die singen nicht, die dürfen noch nicht mal an sich selbst rumfingern, hehe, ja. Und wenn sie singen könnten, dann würden sie schön singen, so: ›Schrille Nacht, heiliger Krieg, alles schläft, Djihad wacht.‹ Hehehehe, ja, Scheiße! Kein Bock auf diese ganze Feierscheiße! Ich schließ' mich ein und dieser Schnee, was geht der mir auf den Sack, ja! Die Leute freuen sich ja, wenn es pünktlich zur Weihnachtszeit schneit, dann wird die Schneewahrscheinlichkeit ausgerechnet, es schneit, es schneit! Warum heißt es eigentlich schneit und nicht geschnien? Es heißt doch auch schreit und nicht geschrien! Ja, leck' mich!«

Serdar im Studio: »Deutsche Volksmusik, wie sie mal war, also zu Zeiten von Johannes Heesters, das ist 'n großer Zeitraum, ich weiß, aber ich mein' so den mittleren Zeitraum, sagen wir's offen: zwischen '33 und '45, also die deutsche Volksmusik, die hatte ja noch Hand und Fuß, also rechte Hand gestreckt und Fuß im Stechschritt, ja. Heute ist alles so verwässert, man weiß nicht, was man machen soll und deswegen: Am besten noch immer die Heizung aufdrehen, dann tut's richtig weh! Und wer die acht Tracks, die ich geschafft hab', schlagen kann, der bekommt von mir eine Gratis-, eine Freikarte zum nächsten Florian-Silbereisen-Konzert und kann sich's dann so richtig geben lassen! In diesem Sinne, schönen Abend noch, hehehe!«

Froh und Fest

Live-Ticker: +++ Festtagswunder: Japanische Hasen legen Eier +++ Skandal: Gaddafi disst North Africa United +++ Klare Sache: Maskenmann erfand »Ein Herz für Kinder«-Logo +++

Serdar im Studio hinter seinem Schreibtisch: »Hehe, was für ein Spaß!«

Einspieler: »Achtung, Achtung, wir unterbrechen das Programm für eine aktuelle Ansage des Führers: ›Ich verstehe die ganze Scheiße nicht. Warum brauche ich jemanden, der zwischen mir und einer übergeordneten Instanz vermittelt? Eine Institution? Warum brauche ich ein Prozedere, das sich immer wiederholt? Jesus wird geboren, keiner weiß, woher er kommt und wer ihn gemacht hat, und dann wird er wieder ans Kreuz genagelt. Irgendwer fastet, weil ein anderer es gesagt hat. Ist es nichts anderes als Selbstregulierung oder der Versuch, ein Regelwerk zu finden für die Dinge, die man an sich selbst nicht kontrollieren kann? Die Abgabe von Verantwortung an irgendjemanden, von dem man gar nicht weiß, was er damit anstellt? In der Regel viel Schlimmeres als was er von mir verlangt? Ja, die Welt ist doch voller Verbrecher. Die Welt ist doch voller Kinderficker und irgendwelchen anderen Leuten, die klauen oder ihre Eltern umbringen und ihre Frauen betrügen. Es hat also nichts gebracht. Wir kommen alle in die Hölle.‹«

Serdar im Studio hinter seinem Schreibtisch: »Huähäähää.«

Serdar mit Sonnenbrille im Auto: »Dann brauchen wir auch keine Angst zu haben, aber wahrscheinlich ist die Angst der Grund, weshalb wir diese Verantwortung an die höhere Instanz abgeben und gleichzeitig auch damit die Verpflichtung, darüber nachzudenken, wer wir selbst eigentlich sind und was wir selbst eigentlich wollen. Die Angst ist es, Angst vor Tod, vor Krankheit vor Elend, vor Not. Und wenn wir diese Angst erstmal abgegeben haben, können wir viel beruhigter meucheln. Dabei geht es um nichts anderes als die Definition des Individuums durch die Zugehörigkeit zu einer übergeordneten Gruppe. Man hält sich einfach nicht aus, deswegen tut man sich mit seinesgleichen zusammen und zelebriert immer wieder den gleichen fucking turn around. Ja, ans Kreuz nageln, abhängen, ans Kreuz nageln, abhängen. Fasten, Fressen, Fasten, Fressen. Ficken, Wichsen, Bumsen, Lutschen.«

Führer: »Bumsen, ficken!«

Serdar mit Sonnenbrille im Auto: »Ja, oder Joggen oder was weiß ich, Kinder in die Welt setzen. Motorradfahren, Bionade saufen. Immer dieselbe Scheiße.«

Führer: »Hehehe.«

Serdar mit Sonnenbrille im Auto: »Hauptsache, sich selbst nicht spüren, den Gott in sich selbst nicht finden oder den Teufel, manchmal ist es auch der Teufel. Deswegen nehme ich die Sünde in Kauf und auch die Hölle, mal gucken, wer mich dort erwartet. All diejenigen, die Liebe predigen, aber Hass zelebrieren. Ja, denen kann ich dann noch ein bisschen was vormachen, hoffentlich. Und dann packe ich meinen Schwanz aus und nagele alles ans Kreuz, was mir in die Quere kommt. Hallelujah.«

Serdar im Studio hinter seinem Schreibtisch: »In diesem Sinne: Frohes Fest!«

Lesbosex

Live-Ticker: +++ Sensation: Bushido wird neuer Präsident von Tunesien +++ Tunesische Außenministerin Katzenberger feilscht mit Ägypten um ein nordafrikanisches Bündnis +++

Serdar hinter seinem Schreibtisch im Studio: »Uäää, ja herzlich willkommen hier aus dem Stinkpalast. Wir sind guter Dinge, ich allen voran. Ich bin ja dabei, das Leben zu ergründen, und mir ist aufgefallen, es gibt immer mehr Lesben neuerdings. Früher waren es ja Schwule oder Übergangsschwule, die nicht wussten, dass sie es sind, oder welche die schon lange wussten, dass sie es sind, aber es nie zugeben wollten, und jetzt so im Rahmen dieser Selbstfindungsmaschinerie kommen immer mehr Lesben dazu. Wir Männer haben ja ein ambivalentes Verhältnis zu Lesben, also wenn sie es uns zur Liebe machen, sage ich mal, ja also wenn sie so geil sind, dass sie es kaum aushalten, bis wir dazustoßen, und sich selbst schon mal befingern und belutschen, dann nehmen wir es in Kauf und sagen: ›Diese Huren, wie geil sind die drauf, die lecken sich selbst die Muschis.‹ Wenn aber die Lesben dazu übergehen, ohne uns Spaß haben zu wollen, und uns sogar ersetzen durch Apparaturen, ja dann wird's scheiße und ich meine dann werden auch die Frauen scheiße. Ich glaub', die Frauen waren vorher schon scheiße, die hätten wir gar nicht gewollt. Also ich will so 'ne Hella von Sinnen nicht in Aktion erleben. Da hätte ich einen Schaden fürs ganze Leben. Ich will auch nicht Anne Will dabei sehen, wie sie irgendeiner anderen die Muschi rundlutscht. Da reicht mir, dass sie lesbisch ist, da mache ich einen riesen Bogen drum.
Aber eigentlich verpassen die Lesben auch was, also wenn man mich kennen würde, als Lesbe, da würde man abschwören: ›Ich schwöre ab, ich nehme ihn doch wieder in den Mund, überall.‹

Was machen die Lesben eigentlich, wenn die alleine sind? Reicht das denen, wenn sie mit ihren Muschis übereinanderschrubben? Nein! Es reicht ihnen nämlich nicht, die schieben dann doch mal einen Finger rein und penetrieren oder schnallen sich so ein Dildo-Gewehr um. Ja, oder die eine spielt Mann oder dann gehen sie am Strand auf Spiekeroog spazieren so kleiner Finger an kleiner Finger mit Jack-Wolfskin-Jacken an und die Haare so kurz geschoren, vorne noch so ein lila Strähnchen. Die sind doch gar nicht lesbisch! Ha, das könnt ihr anderen Leuten vormachen, nicht mir, hab's doch durchschaut! Das ist ein Manöver und um den Männern zu sagen, die ja verweichlicht sind – innerhalb von 30 Jahren Emanzipation sind die Männer ja erst schwul geworden, dann sind sie zu Weicheiern geworden, jetzt wissen sie gar nicht mehr, was sie sind, jetzt sind sie metrosexuell, heißen David Beckham und sitzen auf der Ersatzbank der englischen Nationalmannschaft –, haben die Frauen eine neue Taktik entwickelt, die da nicht lautet: ›Wir wollen so sein wie ihr.‹ Das war noch zu Alice Schwarzers Zeiten, die hatte aber noch den nötigen Anstand und die gehörige Portion Restgeilheit, um Männer an sich ranzulassen, nein jetzt sagen die Weiber: ›Wir wollen nicht mehr so sein wie ihr, wir können auch ohne euch.‹

Ja, dann macht's doch ohne uns, macht euch doch mal ein paar Kinder ohne uns, da müsst ihr euch die Wichse einspritzen lassen im Spermainstitut. Das ist ja das Gleiche, da könnt ihr doch auch sofort das ganze Prozedere mitmachen.

So ist das mit den Lesben. Wir lassen uns nicht von Lesben unterdrücken, wir gehen über zum Gegenangriff. Wir bumsen Lesben wieder gerade. Das ist doch eine Initiative. Aktion ›Bums die Lesbe wieder gerade‹, also ich würde mich gerne bereitstellen, wenn es jetzt nicht gerade Hella von Sinnen, Anne Will oder was weiß ich wer ist. Aber ich glaube, das hätte auch einige Tücken, wenn Mann jetzt die Lesbe wieder geradebumst, als Heterosexueller, ist man dann nicht auch ein Stück lesbisch? Also ich bringe das irgendwie gerade durcheinander. Also am besten ist doch einfach, jeder macht es so, wie er will. Wir leben in einer toleranten Welt und wenn die Lesben einem zu sehr auf den Sack gehen, ab in Gulag. Nein, das war nicht so gemeint. Fotze zugenäht, Titte abrasiert und Pflock in den Anus. Nein, das war auch die falsche Lösung. Kübelweise Sperma über's ... nein, das ist auch scheiße! Ach, ich weiß nicht mehr, was ich sagen will.

Tschüss, es war 'ne schöne Folge, wir sehen uns irgendwann.«

SMHN, Kapitel 15:
Kinder-*Hatenight*

Einstieg: Abbildung »FSK Freigabe 0«, darunter die Info: »Die folgende Sendung ist für Zuschauer unter 0 Jahren nicht geeignet.«

Serdar im Studio hinter seinem Schreibtisch, sein Kopf durch eine Comicmaske ersetzt: »Herzlich willkommen, hier sind wir wieder live aus Köln.«

Serdar im Auto spricht als Führer: »Ich glaube, ich bin nicht der Einzige, dem es aufgefallen ist, aber die Welt ist voll von Arschlöchern. An jeder Ecke lauert eins, bereit dich vollzuscheißen. Es gibt die kleinen Arschlöcher, die Politessen, Mindercharakter, innerlich vertrocknet, die andere Menschen verraten, damit sie Geld verdienen, an der Ecke stehen und lungern und spähen und dann Rechnungen schreiben, weil ich falsch geparkt habe, und vor Gericht noch nicht mal die Verve haben, sich zu ihrem Vergehen zu bekennen, sich nicht benennen so wie sie wirklich sind. Denunziant, Verräterschwein!

Weil man Zeuge genannt werden soll. Bis hin zu den mittleren Arschlöchern, die im Internet in Foren ihre Meinung kundtun, urteilen im Sekunden-, im Stunden-, im Tagestakt über andere.

So tun, als wären sie besser, als wüssten sie alles, als hätten sie die Macht zu korrigieren, zu verlangen, Ansprüche zu stellen, wo sie noch nie in ihrem Leben in einer Sekunde ihre eigenen Ansprüche erfüllt haben. Geschweige denn die der anderen, die sie gar nicht kennen wollen, weil sie schon lange nicht mehr altruistisch sind, sondern nur noch egozentrische dumme Schweine, die sich wahrnehmen wollen dadurch dass sie da sind, ja die nur verlangen, aber nichts bringen.

Bis hin zu den großen Arschlöchern, die sehr variabel sind. Mal sind sie Freund, mal sind sie Feind, mal sind sie Rebellen, dann werden sie zu Regierungen, dann werden die Regierungen, die sie zu Rebellen erklärt haben, zu Rebellen, dann werden Revolutionäre erkoren und neue Diktatoren geschoren. Dann wird verfolgt und gemeuchelt und gemordet und geheuchelt.

Jahaaa, so ist die Welt und ständig passiert etwas, ständig wird eine Perspektive auf das geworfen, auf das, was passiert, ständig wird verdächtigt und verlangt und ermächtigt. Aber es ist nur Echauffage, dabei ist es nur Lobbyismus. Ob der Schwule denkt, dass ich vor Schwulen Angst habe, oder es selbst war, es sein könnte, nie geworden bin, sein sollte. Oder der Veganer möchte, dass ich in seine Wurst beiße, oder kotzt, wenn er in meine Wurst beißen muss. Der Salafist, der in der Seifenkiste durch die Innenstadt fährt, weil er mit seinem roten Schambart versucht andere davon zu überzeugen, dass er selbst nicht überzeugt ist. Oder Terroristen, die plötzlich Katholiken sind, auf einsamen Inseln irgendwelche Multikulti-Partys zerschießen. Ja, die Welt dreht sich immer schneller um sich selbst, kein Diminuendo, immer nur crescendo, kein Accelerando, nein ein einziges Wetttreiben.

Ja, eine Wäschetrommel, in der man verrückt wird, weil man sich darüber wundert, dass es nicht nur diese Arschlöcher gibt, sondern wie viel Macht diese Arschlöcher im Kleinen wie im Großen auch haben und wie sie ihre Macht auch ausüben, wie sie Meinung erzeugen, proportionieren. Ja, der Proporz regiert und die Korruption, die den Proporz füttert. Und dann werden Boatpeoples zu Ministern, dann werden Latenight-Moderatoren zu Instanzen, dann wird das Feuilleton plötzlich die Regierung im Kopf, ja und der, der das Feuilleton gar nicht liest, sondern nur noch die Schlagzeile versteht, zum Transportmittel derer, die uns beeinflussen wollen, denn der, der die Masse regiert, ist zugleich auch der, der den Geschmack diktiert. Jaa, so einfach ist das und dass man darüber nur verrückt werden kann oder sich selbst erschießt oder den Nächstbesten oder zu diesem Denunzianten-Schwein geht, diesem Rädchen in der Diktatur und ihn verantwortlich macht für alles Unrecht auf der Welt, das ist nicht Fatalismus, das ist selbstgerecht, das ist die adäquate Schlussfolgerung aus diesem Wahnsinn, dem Kollektiven, dem wir uns überlassen haben. Ja, indem wir uns nur noch dann spüren, wenn wir das Mitleid, das wir haben, namentlich benennen. Einen Schlaganfall, ahhhh, hat uns vorher einen Scheißdreck interessiert, da konnten wir Schlaganfall noch nicht mal buchstabieren, und bei den Millionen anderen, die krepiert sind, da können wir uns die Namen nicht merken, weil sie aus Timbuktu kommen oder aus Honolulu oder aus Teneriffa oder aus was weiß ich, aus meinem Arschloch kriechen. Teilzeit-Empathie, gelebt von Leuten, die sich selbst nicht spüren, weil sie nichts spüren wollen. Die das Leben nur verstehen als Dasein und nicht als Bringen – seinen Anteil nämlich dazu, dass unser Dasein in der Gemeinschaft erträglicher wird.

Hahaa, welch pathetischer Ansatz, ich bin Moralist, ich bin Moralist. Ja, dasselbe Arschloch wie das, das ich den anderen vorwerfe zu sein. Ich liebe letztendlich nur schlechtes Wetter, der Regen vertreibt mir die Zeit, das Geräusch des Prasselns ist nicht anders als das Geräusch des Knisterns in den Ohren derer, die mich nicht verstehen, und deshalb fahre ich immer schnell, weil ich den nächsten Unfall in Kauf nehme.

Ich möchte heldenhaft sterben, nicht als Weichei, als Feigling untergehen und mir selbst nicht ins Gesicht blicken können. Mit geöffneten Augen gegen den nächsten Baum. Hahah, so will ich

meine nächste Latenight eröffnen, ja verlasst euch drauf, ich lass'
mich auch nicht von irgendwelchen Schützern irritieren, die meinen, sie müssten die Jugend in Gewahrsam nehmen vor dem Zugriff
des Bild- und Sprachrüpels. Ja, das würd' ich gar nicht schaffen bei
der Drecksjugend, die ist schon verdorben bis ins Mark. Auch nur
so ein Fake, dass man meint, Dinge schützen zu müssen, die einen
Panzer anhaben, und andere beschießt, die fragil sind bis ins Mark.
Hehehhahahehe.«

SMHN, Kapitel 16:
Alkologie

Serdar im Auto: »Neulich habe ich überlegt, so nach dem fünften
Bier und der zweiten Flasche Wein, ob ich schon Alkoholiker bin
oder nur alkoholgefährdet? Ich mach' ja immer diese Tests bei *Für
Sie*, wo man 18 Fragen beantwortet, und wenn man mindestens ein-
mal ›Ja‹ sagt, muss man zum Arzt gehen und sich das Saufen abge-
wöhnen lassen.
Für einen kurzen Moment hatte ich Angst, dachte: ›Was ist jetzt,
wenn du Alkoholiker bist? Dann kommst du nicht mehr los davon.‹
Eine Sucht ist ja was schrecklich Unfreies, die bindet einen an das,
was einen süchtig macht. Dann muss man Vorrat besorgen, in den
Supermarkt gehen und Schnaps kaufen, hat 'ne Fahne und alle
Leute reden über einen. Und zuhause öffnet man mit zitternden
Händen die Flasche, die längst zur Partnerin geworden ist, weil die
Partnerin zur Flasche gegangen ist.
Hahaha, und trinkt, um zu vergessen, trinkt, um eine Depression zu
verdrängen, trinkt, um stark zu sein, das Leben zu ertragen. Dem
Schicksal zu trotzen, man trinkt. Ja eigentlich 'ne gute Lösung, wenn
es nicht so suchtgefährdend wäre, eigentlich 'ne gute Lösung. Die
Flasche spricht nicht, die Flasche hat keine Schnauze, die Flasche

ist nicht dreist, die verlangt nicht, macht kein Schuldgefühl. Das Schuldgefühl macht man sich selbst, weil man denkt, man hätte etwas verbrochen, dabei könnte man es sich auch einfach nur leisten, süchtig zu sein nach etwas, was man sich leisten kann. Es gibt ja schließlich genug Alkohol auf der Welt und gesund möchte keiner in den Sarg steigen. Es muss ein Anlass existieren, mindestens 'ne Leberzirrhose oder ein mächtiger Tumor im Arsch.

Trotzdem ist das Saufen so verpönt, dass ich mir angewöhnt habe, ein schlechtes Gewissen zu haben und mich selbst zu fragen, ob ich Alkoholiker bin. Dabei ist doch der Zustand, in den ich gerate, wenn ich gesoffen habe, wunderbar. Ich bin erträglicher als bei jeder Nüchternheit.

Ich habe einen Esprit, ich habe Ideen, bin kreativ, bin aggressiv und nicht so fordernd, wie wenn ich nüchtern bin. Wenn ich nüchtern bin, bin ich minuziös, dann bin ich pünktlich, da habe ich ständig ein Schuldgefühl, weil das ganze Leben nichts anderes ist als ein komprimiertes Schuldgefühl. Schulden, man schuldet ständig jemandem was. Irgendjemandem eine Antwort, anderen Pünktlichkeit. Man schuldet dem Finanzamt Steuern, man schuldet dem Gesetz, es zu befolgen, man schuldet sogar dem lieben Gott, gläubig zu sein, und dem Teufel seine Sünden um Nachlass, Vorlass, Unterlass zu bitten, keine Ahnung! Ständige Schuld, ständig wird's einem suggeriert, damit man auch ja erfüllt. Ohne Schuld keine willigen Handlanger und der Alkohol ist der einzige Partner, den man dabei hat, diese Schuld zu ertragen. Dieses latente belastende depressive Gefühl. Trotzdem, trotzdem hat es keinen guten Ruf, weil die, die den Alkohol missbrauchen, keinen guten Ruf haben. Um wirklich ein niveauvoller Säufer zu sein, muss man ja schon eine Veranlagung haben. Mindestens Talent. Man kann nicht Harald Juhnke sein und saufen und dann überrascht sein, wenn man debil wird. Man kann nicht, was weiß ich wer sein und saufen und überrascht sein, wenn die Leber sich zersetzt. Nein! Auf jeden Topf ein passender Deckel. Auf jedes Genie eine Flasche Schnaps. Insofern Prost, wir erheben unsere Gläser auf uns selbst.«

Dafür kommt man in den Knast (Song)

Schon als kleiner Junge hab' ich es im TV gesehen,
dass die Bösen hinter schwedische Gardinen gehen
Ob sie morden betrügen oder klauen,
ihre Kinder schlagen oder ihre Frauen
Irgendwann wird ihnen der Prozess gemacht
und sie werden hinter Gitter gebracht
Denn was sie tun, ist einfach böse
was sie tun, ist einfach ungerecht,
Und das ist eben das Malöse,
in seinem Kern ist der Mensch oft schlecht

Dafür kommt man in den Knast,
dafür gibt es das Gesetz
Wenn du es einmal gebrochen hast,
wirst du auf Ewigkeiten festgesetzt

Manchmal sind die Dinge ganz anders, als man denkt,
dann ist es pure Unvernunft, die deine Handlung lenkt
Es kommt nur darauf an, wo man steht,
auch wenn es in die falsche Richtung geht
Dann wird dir der Prozess gemacht
und du wirst hinter Gitter gebracht

Denn was du tust, ist einfach böse
Denn was du tust ist einfach ungerecht
Und das ist eben das Malöse
In seinem Kern ist der Mensch oft schlecht

Dafür kommt man in den Knast
Dafür gibt es das Gesetz

Wenn du es einmal gebrochen hast
Wirst du auf Ewigleiten festgesetzt

Ob man falscher Doktor ist
Oder Geld im Koffer trägt
Und ob man seine Nachbarn frisst
Oder 'n falschen Eid ablegt

Dafür kommt man in den Knast
Dafür gibt es das Gesetz
Wenn du es einmal gebrochen hast
Wirst du auf Ewigleiten festgesetzt

SMHN, Kapitel 18:
Interview mit Serdar Somuncu und Daniel Wiemer zum Making of *Der Mann mit dem Bart*

S. Somuncu: »Ganz einfach, es geht um ein Liebeslied von Adolf Hitler an einen jungen Nazi und anders als man das bisher kennt – der Nazi trägt Springerstiefel, 'ne Bomberjacke und hat 'ne Glatze –, ist es hier ein relativ normaler Typ, hahaha, relativ, das sieht man dann wie relativ, der offensichtlich ein Ritual erfunden hat, sich an etwas aufzugeilen, bis er so weit ist, dass er sich hochgepumpt hat in diese Nazifigur und dann auf einen seiner Aufmärsche gehen kann.«

D. Wiemer: »Eine sehr lustige Orgie mit sehr ernstem Hintergrund.«

S. Somuncu: »Das war nicht schwer, weil diese Verführer-Rolle ja auch in der Lesung aus *Mein Kampf* von mir ganz selbstbewusst eingenommen werden musste. Das kennt man. Wenn man Schauspieler ist, muss man sich auch mit dem Mörder identifizieren können, den man spielt. Man kann es nicht relativieren oder eine zweite Ebene mitspielen und deswegen war das bei diesem Song ganz klar, dass ich der Absender bin und der Empfänger dieser junge Typ ist und deswegen spiele ich es auch nicht identisch beides gleich, sondern Daniel Wiemer spielt den Nazi, ich sozusagen die übergeordnete Figur, ob es jetzt Hitler ist oder nicht, dass kann jeder für sich selbst entscheiden. Das war überhaupt nicht schwer, das war sogar der Kick an der Sache, diese Geschichte anders zu erzählen.«

D. Wiemer: »Es muss, es muss Spaß machen, sonst macht es ja keinen Sinn. Ich find' übrigens, dass es ziemlich uninteressant ist, ob es ein Nazi ist, den man spielt. Zu vorderst spielt man erstmal einen Menschen. Man sagt ja auch nicht irgendwie, ich spiele einen Busfahrer und die einzige Eigenschaft, die er hat, ist, dass er Busse fährt, sondern der isst ja auch gerne noch Sauerkraut oder Kassler und bei Nazis, die haben ja auch noch andere Eigenschaften und in dem Fall hat der eine Vorliebe gehabt für Schminke und für Folie.«

D. Wiemer: »Ich find' immer alles was so ›Hö, das ist verboten‹, da bin ich immer so misstrauisch. Also man müsste eigentlich das mit Argumenten lösen können.«

S. Somuncu: »Und was ich zum Beispiel auch interessant finde, ist, warum haben die das jahrelang nicht gemerkt, es war ja klar irgendwie, dass wir ein Problem haben. Die Zahlen sind steigend, rechtsradikale Gewalttaten sind viel mehr als zum Beispiel Übergriffe von Ausländern auf Deutsche und dann merken sie es nach zehn Jahren und fallen aus allen Wolken. Das Erste, was sie fordern, was wie so ein Allheilmittel ist, ist: ›Wir müssen jetzt die NPD verbieten‹, als würde das Problem dann verschwinden.«

D. Wiemer: »Genau, Symptombekämpfung und das setzt halt nicht an der Ursache an. Das ist so wie Grippostad C. Danach läuft die Nase auch nicht mehr, trotzdem biste nicht gesund.«

S. Somuncu: »Ja, und stattdessen wäre es sinnvoller, sich besser anzuziehen, wenn man bei kaltem Wetter rausgeht, und vor allem nicht mit nassen Haaren.«

D. Wiemer: »Ja.«

S. Somuncu: »Und ähm, was ich jetzt eben auch super krass finde und es ist auch ein Schlag ins Gesicht der Opfer dieser rechtsradikalen Gewalttaten, ist, dass die im Bundestag irgendwie nach 20 Jahren – Mölln und Solingen, das war vor 20 Jahren – aufstehen und 'ne Gedenkminute machen. Ich meine, da muss sich doch jeder super verarscht fühlen.«

D. Wiemer: »Ist auch wieder ein äußeres Ding, 'ne äußere Sache. Das machen sie, weil sie glauben, es machen zu müssen.«

S. Somuncu: »Ja, sie wollen ihr Ansehen retten und lassen aber Präventionsprogramme irgendwie ersticken, nichts wird gefördert, weil alle sagen: ›Komm‹, Rechtsradikalismus ist ein alter Hut', und auf einer anderen Seite kann eine Szene gedeihen und wachsen, ohne dass man das mitbekommt und ohne Aufmerksamkeit der Öffentlichkeit, und klar erschreckt sich der Mainstream dann, wenn so ein Terror-Trio auftaucht und irgendwelche Leute über den Haufen ballert.«

D. Wiemer: »Also der Reiz, warum ich das gemacht habe, war ehrlich gesagt endlich mal mit Serdar zusammenzuarbeiten, weil wir nämlich schon total lange darüber reden und es noch nie gemacht haben. So genau wusste ich ja gar nicht, was heute auf mich zukommt. Wir haben so ein paar Zwischenstationen entwickelt, wo es ungefähr laufen sollte, und dazwischen war es aber sehr assoziativ. Das heißt 'ne wirklich konkrete Vorstellung von dem, was wir heute hier machen, hatte ich vorher gar nicht.«

S. Somuncu: »Ja, es war ein Haufen Geld im Spiel, Schulden und mehrere Fehltritte von Daniel.« (lachen beide)

D. Wiemer: »Ich sah mich da gezwungen, ich kam da nicht mehr raus.« (lacht)

S. Somuncu: »Bei dem Nutten-Job, den du da abgeliefert hast, musste echt 'ne Menge Böses angestellt haben.«

S. Somuncu: »Ich hab' das natürlich ausgenutzt, redlich ausgenutzt und hab' alles mit Daniel gemacht, was ich mir schon immer mal gewünscht habe. Nein, es kam einfach so, wir kennen uns, wir haben über mehrere Sendungen immer Kontakt zueinander gehabt, aber haben nie was zusammen gemacht, und wir haben uns dann immer auf den Aftershow-Partys super verstanden und besoffen und geschworen, eines Tages werden wir zusammen was machen.«

D. Wiemer: »Du hast geplant, das sozusagen heute zu machen, und das Tolle war, dass wir uns letzte Woche, als wir wahrscheinlich dasaßen und dachten: ›Wir finden keinen verfickten Honk, der das spielen will‹, sind wir uns im Café übern Weg gelaufen und dann haste gesagt: ›Haste Bock in meinem Video mitzuspielen?‹, dann hab' ich gesagt: ›Nenn' mir den Song‹, dann hab' ich mir den Song angehört, dann hab' ich ihn angerufen und gesagt: ›Ey, ich muss erstmal meine Agentin fragen.‹« (lacht)

S. Somuncu: (lacht) »Was du nicht weißt, ich hab' bei einer Agentur angerufen, ›Schauspieler in Not‹, welcher Schauspieler braucht gerade Kohle, das war gar nicht zufällig in dem Café.«

D. Wiemer: (lacht) »Genau, und da war ich ganz oben.«

S. Somuncu: »Und sieht auch noch aus wie ein Nazi.«

D. Wiemer: »Genau, und sieht auch noch zufällig aus wie ein Nazi.«

S. Somuncu: »Da hat der Computer sofort ausgespuckt: Daniel Wiemer.« (lacht)

D. Wiemer: »So ist es dazu gekommen. (lacht)
Och nee, es gibt ja am Theater Regisseure, die Proben ähnlich gestalten, und heute war das halt so, dass Serdar regelmäßig reingerufen hat, und ich find' das super. Also diese direkte Umsetzung, teilweise auch von ziemlich assoziativen Regieanweisungen, habe ich größten Spaß dran. Natürlich ist es formal ein Unterschied, ob du ein Video für einen Song drehst oder einen langen Spielfilm, aber von der Arbeitshaltung ist es …«

S. Somuncu: »Wie ein Porno.«

D. Wiemer: »Richtig.«

S. Somuncu: »Ich wusste, dass Daniel jemand ist, der das macht und der auch Spaß daran hat, es zu machen. Ich bin froh, dass es auch Menschen gibt, die aus einer gewissen Euphorie und 'nem Engagement und Anteilnahme solche Jobs machen, und deshalb ist das Video glaube ich auch ein sehr spaßiges, obwohl es ein ernstes Thema ist und ein ehrliches Video geworden, weil wir uns eben wirklich getroffen haben, ohne dass der große Profit winkte für ihn.« (lacht)

D. Wiemer: (lacht) »Ach, ich finde, das sollen die Leute zuhause entscheiden, ob ich dem Führer ins Gesicht komme oder nicht. Ob sie es
zulassen oder nicht oder ob sie das eklig finden.«

S. Somuncu: »Man kann alles missbrauchen, man kann jeden
Song, den man gemacht hat, so singen, dass andere was Falsches
verstehen, aber hier ist es relativ klar. Die Textzeilen ›Ich hab dir
'n falsches Spiel vorgespielt‹, ›Ich hab' dich verführt‹, ›Du hast
dich an mir aufgehangen‹, das ist alles ganz klar und eindeutig
und geht in die richtige Richtung aus meiner Sicht. Natürlich ist
es für mich heikel gewesen, diese Erotik, die in der Beziehung
zwischen einem jungen Nazi und Hitler steht, so klar und deutlich
zu zeigen. Auch den Fetisch, den das Ganze hat. Dieser Typ ist
ja vollkommen durchgeknallt, der wickelt sich in Folie ein, der
wichst auf ein Hitler-Bild, der kotzt, weil er vorher noch einen
Trip schmeißt. All das sind ja so Sachen, wo man so denkt: ›Au
wie ja, das ist ja 'ne super hardcore Psychowelt‹, aber für mich ist
es eine hardcore Psychowelt, dass jemand sich 'ne Glatze rasiert
und ›Heil Hitler‹ ruft und Leuten einen auf die Fresse haut, weil
sie nicht aus dem gleichen Land kommen wie er, und genau das
transportiert dieses Video, wie ich finde, auf 'ne wunderbare und
sehr einfache Weise.
Ach Leute aus der rechten Szene, die haben immer einen Hals. Ob
sie wegen meinem Video einen Hals haben oder weil ihr Hund
gerade gestorben ist, das interessiert mich nicht. Es ist okay, wenn
wir da was in Bewegung bringen, wenn Leute sich Gedanken überhaupt machen, dann haben wir unser Ziel erreicht.«

Interviewende (beide umarmen sich):

S. Somuncu: »Super geil, du warst so geil.«

D. Wiemer: »Sehr gerne.«

S. Somuncu: »Ich bin so gespannt, das wird lustig, Daniel Wiemer und Serdar Somuncu über Rechtsradikalismus. Das ist wie Grippostad C.« (lacht)

Abspann: Videopremiere zur neuen Single *Der Mann mit dem Bart* am 15.12.2011 unter www.hatenight.de

SMHN, Kapitel 19:
Der Mann mit dem Bart (Song)

Mein Bild hängt an deiner Wand,
du träumst die ganze Nacht von mir
Und läge jetzt alles in deiner Hand,
wär' ich schon lange wieder hier
Dein Haar hast du dir kurz geschoren,
die Stiefel hast du fest gebunden
Du hast mir ewige Treue geschworen,
in mir hast du Erlösung gefunden

Komm, ich bin der Mann mit dem Bart
Komm, ich bin der Mann mit dem Scheitel

Dabei hab' ich dich nur belogen,
ein falsches Spiel dir vorgespielt
Hab' dich um dein Selbst betrogen,
auf deine Verführbarkeit gezielt
Auch wenn so viele Jahre vergangen sind,
hast du dich an mir aufgehangen
Du bist vor Liebe schon fast blind,
in deinem Wahnsinn aufgegangen

Komm, ich bin der Mann mit dem Bart
Komm, ich bin der Mann mit dem Scheitel
Komm, außen hart, innen weich
Komm, kein wenig eitel

Wenn unsere Stunde dann gekommen ist,
du mir ins Grabe folgen sollst,
Will ich dass du mir hörig bist
mir ewig deine Liebe zollst

Komm, dreh' dich nicht um
Komm, ich bin der Mann mit dem Bart
Komm mir ins Gesicht, außen hart, innen weich
Komm zum jüngsten Gericht

SMHN, Kapitel 20:
Rückfick 2012

Live-Ticker: +++ Weltuntergang schon 2011: Maya doch nur eine Biene +++ Ehrensache: Gottschalk wagt Autosprung +++

Serdar hinter seinem Schreibtisch im Studio: »Hallihallo, hier ist wieder die *Hatenight* aus Köln! Wir freuen uns, wir freuen uns, wir freuen uns. Wir sind unheimlich supidupi glücklich, dass wir hier sein dürfen, und hiermit geht es gleich los: ›Das war 2012‹.«

Serdar aus dem Off: »Erdbeben auf Haiti, als ob mich das interessieren würde, es gibt doch eh genug Menschen, da sollen mal ein paar verrecken, damit wir hier mehr Fraß und Kohle haben. Geilheit ist eben gottgegeben und deswegen gibt es auch kein

Dogma, weder eines, was von der Kirche erfunden ist, noch das vom Propheten entdeckt wurde, das einem die Geilheit nimmt.«

Serdar im Auto spricht als Führer: »Na, ihr Sackratten!«

Serdar aus dem Off: »Drecks WM, das kommt davon, wenn man Bimbos das Organisieren überlässt.«

Serdar mit Perücke und kariertem Hemd im Auto: »Haha, das ist doch lustig, da muss ich ja lachen, hahaha.«

Serdar im Auto spricht als Führer: »Scheißdreck.«

Serdar hinter seinem Schreibtisch im Studio: »Meine Mutter hat jedenfalls gesagt, es ist gut, dass du es machst, Junge, mach' es bitte weiter.«

Serdar aus dem Off: »Ja, und ein Verlangen danach, diese Menschen zu demütigen, denn sonst kämen sie nicht dort an, wo sie hingehören. Im Club der Minderwertigen, die sich als Prominente tarnen. Davon gibt es viele, ich wünschte, ich könnte einige andere Prominente eines Tages auch beim Promi-Dinner sehen. Ja, um es den Griechen noch weiter in den Arsch zu schieben. Ja, die Griechen mögen's ja, wenn man ihnen was in den Arsch schiebt oder sie anderen was in den Arsch schieben. Uns ihre Lügen, wir ihnen unser Geld.«

Serdar rappt: »Wenn ihr alleine seid, sollt ihr scheißen und über eurer Scheiße ersticken.«

Serdar aus dem Off: »Wir sind ja nichts anderes als Platzhalter und wie wir diesen Platz nutzen, ob wir ihn mit Kreativität vollstopfen, das ist eine Frage, die uns dann Gott, also ich, am Ende unseres verfickten Lebens eines Tages stellt.«

Serdar im Auto spricht als Führer: »Hehe, ja.«

Serdar: »Eigentlich wollte ich mich an dieser ganzen Debatte nicht beteiligen, aber ich komm' aus'm Urlaub und was sehe ich, ein schnauzbärtiger Typ redet über Juden.«

Serdar im Auto spricht als Führer: »Hehee, ich gelobe ab heute nur noch lustig zu sein, ohne böse zu wirken.«

Serdar aus dem Off: »Da macht sich der Schäuble keine Gedanken darüber, dass der Typ, mit dem er diesen Deal eingeht, unseriöser ist als die Typen, die er über den Deal bekommt.«

Abspann: »Wir wünschen allen ein hasserfülltes und erfolgloses Jahr 2012!«

Serdar hinter seinem Schreibtisch im Studio: »Vielen Dank fürs Zuschauen, das war die *Hatenight*.«

SMHN, Kapitel 21:
Verboten

Serdar im Auto: »Was ist denn so das Verbotenste, was man machen kann? Banküberfall, Bundespräsident zum Rücktritt zwingen, Pferde vergewaltigen, Frauen vergewaltigen, Pferde Frauen vergewaltigen lassen, Kinder ficken, Kinder entführen, ermorden, ficken, Jungen, kleine Jungs, ja. Und woher weiß man das alles? Man hat es ja gesehen, ist ja geschildert worden. Das Fernsehen illustriert ja schon das Verbrechen im Ansatz und wenn es dann noch schlimmer wird, dann tut es so, als würde es aus moralischen Gründen es nicht mehr inszenieren und illustrieren, aber irgendwie kommt es doch in unsere Köpfe. Die Vorstellung, wie es wohl sein muss, wenn ein erwachsener Mann an der Bushaltestelle rumlungert, um kleine Jungs abzufangen und sie dann zu ficken. Ganz schweres Verbrechen ist auch, die eigene Tochter zu ficken, wenn sie jung ist. In den Keller einsperren und ficken, Kinder mit ihr bekommen, dabei ist es auch nur ein Teil des Menschlichen. Zwar ein ganz schrecklicher, noch viel verwerflicherer, aber dennoch ein Teil. Das heißt ja nicht, dass jeder es machen soll und es gut ist, dass es irgendjemand macht, aber das man überrascht ist, wenn es jemand macht, das hat was Verlogenes. Man könnte ja versuchen im Ursprung zu verhindern, dass die Menschen schlecht sind, indem man Bilder vermeidet, die dazu führen, dass Menschen schlecht werden. Ihre Geilheit nicht mehr unter Kontrolle haben, lenken können, im Zaum halten können. Aber da ist es uns scheißegal, ob in irgendwelchen Katalogen kleine Mädchen abgebildet werden in Dessous oder sich Zehnjährige schon schminken oder wie viel Andeutung in der Werbung schon steckt, wenn irgendwelche Weiber an Eis lecken oder Flaschen nuckeln, da wird man doch geil von.

Ich finde sowieso, das, worauf man geil wird, ist nicht abhängig davon, worauf man geil werden darf. Ja, meistens wird man sowieso viel geiler auf die Dinge, auf die man gar nicht geil werden darf, und das findet man dann geil, weil man weiß, dass man es nicht darf. Wahrscheinlich ist das ein beträchtlicher Teil der Erregung, den Kinderficker haben, wenn sie den Jungs auflauern und sich mit ihnen alleine wähnen und sich dann vorstellen, wie sie es zelebrieren, das Verbrechen. Ja, und dann vielleicht sogar eine Erregung spüren, wenn sie erwischt werden, weil sie vielleicht sogar erwischt werden wollen und das ein Teil ihrer verkappten Geilheit ist. Am besten ist es immer dann, wenn die Gesellschaft aufschreit und moralisch wird und Lynchjustiz fordert. ›Alle aufhängen, Schwanz abschneiden.‹ Jaaa, sich selbst muss man aufhängen, weil man diesen Leuten die Phantasien in den Kopf gesetzt hat, es ermöglicht hat, dass sich die Phantasien in ihren Kopf setzen, weil man vorher

sehr unvorsichtig war und sich erst als die Bombe explodiert ist, auf-
geregt hat und darüber überrascht war, wie viel grausames Ausmaß
das Menschliche doch haben kann. Das schlimmste Verbrechen, das
ich kenne, ist Ignoranz, Gleichgültigkeit. Dafür müsste man Leuten
den Kopf abhacken.«

SMHN, Kapitel 22:
Sinnlose Telefonate

Serdar im Auto: »Was gehen mir sinnlose Gespräche auf den Sack.
Sinnlose Telefonate. Ständig wird telefoniert. ›Hallo, äh wir sind
gerade gelandet.‹ Kaum ist der Flieger gelandet, da schalten sie alle
wieder ihr Handy an, um ihren Schätzchen mitzuteilen, dass sie
heil und sicher angekommen sind: ›Wir sind gerade gelandet.‹ Und
kurz bevor sie in den Flieger steigen, da geben sie ihrem Schätzchen bekannt, dass sie gleich in die Luft gehen: ›Äh, wir steigen jetzt
gerade ein.‹ Bis zur letzten Sekunde lassen sie das drecks Handy
an, damit ja die Verbindung aufrecht bleibt, und meistens sind es
ja Leute, die gar keine Bekannten haben, die so viel telefonieren. Ja
oder Geschäftsleute mit so Romika-Schuhen, schlechten Gürteln
und schief sitzenden Anzügen: ›Äh ja, äh Müller hier. Herr Schaba-
nowski wir haben jetzt noch mal über ihre Lieferung gesprochen‹,
und so devot, wie sie dann sind, bringen sie sowieso nichts zustande,
sondern bestätigen nur. Da könnten sie das Telefonieren auch lassen und gleich dem Kunden ins Arschloch kriechen und ihm seine
Reste aus dem Darm schlecken, Pisser! Aber wahrscheinlich wollen
sie der Welt nur zeigen, dass sie wichtig sind und zu jeder Tages-
und Nachtzeit irgendwelche Leute haben, die sie anrufen können.
Oder die werden sogar angerufen von irgendwelchen Leuten zu
jeder Tages- und Nachtzeit. So ein Scheiß, und mich damit belästigen. Ich sollte mal die Leute mit meinen Telefonaten belästigen

und sagen: ›Hallo, ist da der Escort-Service? Schicken Sie mir mal schnell 13 Nutten vorbei, ich hab' gerade einen Ständer und weiß nicht, wie ich ihn wegkriegen soll.‹

Scheiße ey, dieses Telefonieren. Eben bin ich im Supermarkt, an der Kasse vor mir steht 'ne Alte, die telefoniert die ganze Zeit, die ganze Zeit und redet aber nur Dünnschiss oder sagt gar nichts, nur: ›Ja, ja, hmmm, ja, ja, hmm, ja‹, als ob das nicht warten kann, bis sie ihren Scheiß gekauft hat und zuhause ist und niemand was davon mitbekommt. Nein, aber das muss sie in der Öffentlichkeit machen und degradiert mich damit gleichzeitig zum Zeugen ihrer sinnlosen Gespräche. Verfickte Scheiße, diese sinnlosen Gespräche gehen einem nur noch auf den Sack, vor allen Dingen von fremden Leuten. Ich will im Zug nicht wissen, wie sich die Stimme von meinem Gegenüber anhört und was es morgens getan hat und wann es krank gewesen ist und wohin es nächste Woche in den Urlaub fährt. Das interessiert mich einfach nur einen Scheißdreck. Ich will auch nicht, dass er weiß, woher ich komme und was ich mache, mit wem ich vögele und worüber ich lache. Dicksscheiße! Alles ist transparent, alles ist gegenwärtig, ja allgegenwärtig. Selbst die Videos, die man von sich selbst aufzeichnet, landen irgendwann auf YouTube, hahaha. Es gibt auch sinnvolle Gespräche zum Beispiel: ›Guten Tag, ich wollte mich mal erkundigen, was das so kostet.‹ Haha, das ist auch gut, oder: ›Guten Tag, ich würd' mich gern beschweren, weil es zu teuer war.‹ Ja, die einzige Leitung, die ich kenn', ist die direkte Verbindung zu meinem Schwanz, und da brauch' ich auch keinen Telefonhörer, das geht per Ultraschall ins Gegenüber. Arschfickende Fickscheiße, Dreckskacklockguckendeschnockshit-Pisse. ja.«

Breivikis Elefantenjagd

Serdar im Auto: »Ich guck' mir jetzt immer diese Prozessberichterstattung an aus Norwegen über diesen Attentäter oder Massenmörder oder Terrorist, je nachdem wie er genannt wird. Anders Breivik. Behring Breivik – ist nach dem die Behringstraße benannt? Haha, na ja, guck' ich mir immer an und dann frage ich mich immer, ist der so intelligent oder sind die Leute um ihn herum so dumm? Das die den nicht einfach entlarven als größenwahnsinniges kleines minderwertigkeitskomplexvollgestopftes Arschloch. Also wenn ich der Richter wäre oder der Staatsanwalt, da wäre das Ganze ein kurzes Spiel. Ich würde seine Mutter von zehn Hunden vergewaltigen lassen vor seinen Augen und dann sagen: ›Das war ein Auftrag, haha, genau, das war ein Auftrag von Gott im Kampf des Christentums gegen den Islamismus und den Multikulturalismus‹, und dann würd' ich noch so ein bisschen wahnsinnig lächeln, so ›Heeehehee‹ und gucken, wie er reagiert, wenn er merkt, dass das Leben sehr ungerecht sein kann, wenn man sich in die Hände der falschen Leute begibt. Ja, ich würd' ihm nicht die Haut bei lebendigem Leibe abziehen, nein, aber ihn mit seinem eigenen Wahnsinn konfrontieren, ja, und das Ganze so grenzenlos machen, dass er sich am Ende ärgert, dass er in eine Institution geraten ist, in die Fänge, in die Klauen einer Institution, die noch Grenzen hat. Ja, jaaaaa, ja aus denen man nicht mehr entkommen kann, hehehe.

Ich weiß, das sind Rachegelüste, aber irgendwie ist es ja okay, ich mein', ich bin sonst dafür, Leute abzuballern und ungerecht zu sein, aber aus so unheren Motiven und gespickt mit so einer billigen Nummer, also sich so einen Bart zu rasieren, Gel in die Haare zu schmieren, sich zum Tempelritter zu erklären und zum Kopf einer internationalen Verschwörung. Das kann ja meine Oma noch besser. Wenn schon umbringen, dann ungerecht umbringen und nicht im Namen einer höher gestellten Instanz einer selbstkreierten Gerechtigkeit, dann macht es keinen Spaß. Ja, und dann auch noch so feige sein und sich nicht selbst noch dazu umbringen, damit keiner weiß, warum man es gemacht hat, das wäre ja der größte Spaß, sondern auch noch so geil zu sein auf Leben, dass man sich festnehmen lässt, um dann vor Gericht so eine Show abzuziehen und sich dann zu wundern am Ende wahrscheinlich, dass man doch im Knast landet, lebenslang.

Oder der spanische König, ja. Erst geht er auf Elefantenjagd, hahaha, Elefantenjagd, was ist das auch für eine Sache: ›Ich geh' mal auf Elefantenjagd, also dieses Jahr im Urlaub haben wir uns was Besonderes vorgenommen, nein wir fliegen nicht mehr nach Mallorca, wir gehen auf Elefantenjagd, hahaha.‹ Dann bricht er sich den Fuß. Wie bricht man sich den Fuß eigentlich als König auf Elefantenjagd? Hm, na ja, anderes Thema. Und en passant, also nebenbei, fliegt auf, dass er eine Affäre hat. Mich hätte es gewundert, wenn kein König dieser Welt eine Affäre hätte. Dafür ist man doch König, dass man 'ne Affäre haben kann. Jahrhunderte, Jahrtausende lang sind Bastarde auf die Welt gekommen, weil Könige Affären hatten. So funktioniert Monarchie, die ganze Monarchie ist eine Affäre.

Aber die Presse wundert sich. So wie sie sich auch über Anders Behring Breivik wundert, darüber, dass er dreist ist. Wir wundern uns alle viel zu viel. Wir wundern uns auch, dass Gottschalk abgesetzt wurde, wo wir es eigentlich die ganze Zeit hätten wissen müssen. Ja, Gottschalk hatte vor *Wetten dass ...?* auch schon schlechte Sendungen, die keine Sau gucken wollte. *Na sowas!* oder was weiß ich für einen Scheißdreck. Das Einzige, was funktioniert hat, war *Wetten dass ...?*, weil es Gottschalk so stark aufs Nichts reduziert hat, dass er noch auszuhalten war. Ich weiß nicht, ob es auszuhalten zu nennen wäre. Also man konnte ihn ignorieren, weil die Wetten oder die Gäste oder das Ambiente manchmal spannend genug waren. Oder am Samstagabend nichts anderes losgewesen ist. Mittlerweile ist am Samstagabend so viel los, dass man auch einen Gottschalk nicht mehr braucht. Warum sollte man ihn also wochentags erst recht brauchen?

(Hustet) Ich hab' ein bisschen Husten, mir ist das Koks in die Speiseröhre gerutscht, hahaha, ja.

Jetzt sind wieder Wahlen in NRW. Hannelore war nicht Nutte genug, als sie mit einer Quäntchen-Mehrheit regiert hat, nein in dem Moment, als sie wusste, dass die Umfragen ihr reichen würden, um eine eigene Mehrheit zu bilden, hat sie so getan, als gäbe es ein Problem, und dann das Regieren einfach ad acta gelegt und gesagt: ›Ich will lieber 'ne neue Wahl.‹ So geht das heutzutage und jetzt wird neu gewählt und jetzt kommen die Piraten wahrscheinlich sogar in den Landtag. Die Piraten, ich glaube allein der Name Pirat bringt schon 10 Prozent. Ja, allein der Name Pirat. Man könnte sich zum Beispiel auch Porno-Partei nennen, da würden einen automatisch 5 Prozent wählen und im Zweifelsfall sogar 50 Prozent. Im Stillen vielleicht sogar 500 Prozent.

Es kommt nicht auf Inhalte an. Es kommt auf die Verpackung an. Wenn man sich den Anstrich des Revolutionären gibt, wenn man sich den Anstrich des aufmüpfigen Renitenten gibt, dann gibt es genug Leute, die auf derselben Seite stehen.

Aber selbst wenn es auf Inhalte ankäme, bei den anderen Parteien gibt es auch nicht so viel Inhalte oder so wenig Inhalte, wie sie der Piratenpartei vorwerfen zu haben, ja, haben sie selbst, haben sie selbst, jaa, oder kann mir jemand sagen, wofür es heute noch die FDP gibt? Wofür sie steht oder warum sie ständig wackelt, in welches Windlein sie sich hängt?

Letztendlich geht es in der Politik nur darum, 'ne gute Miene zum bösen Spiel zu machen und wer das am besten kann, der hat auch die meisten Stimmen verdient. Oder man hat so eine verknöcherte, versteinerte Miene, dass der Wähler gar nicht mehr erkennen kann, ob sie gut oder böse ist. Dann heißt man Merkel und ist CDU-Vorsitzende und Kanzlerin.

Ja was rege ich mich über Politik auf, interessiert mich eh einen Scheißdreck solange das Geld am Monatsende aufs Konto kommt, (Pause) wo der Schwanz im Warmen ist. Schönes Wetter heute, ja, ist mein Lieblingswetter, guck' mal: blau-weiß. (Serdar beginnt zu singen) ›The perfect sky is torn, lalalala. Ja, Porn.‹«

SMHN, Kapitel 24:
Dümmliche Defätisten

Serdar im Auto: »Und am meisten geht mir der Defätismus, dieser dümmliche Defätismus der Leute auf den Sack, die immer alles besser wissen, wenn man es nicht braucht!
Die zuhause sitzen und analysieren, Millimeter für Millimeter sich Gedanken machen, was richtiger wäre, aber nie den richtigen Gedanken dann haben, wenn er richtig genug wäre. Pisser, kleine Wichser, entpimmelte kopflose Gedankennutten. Es gibt viele davon überall lauernd, immer auf der Lauer, immer auf der Suche, aber nie mal im Mittelpunkt stehen, nein nie im Rampenlicht stehen, seine Fresse zeigen, seine Stimme hören lassen. Nein, immer nur im Verborgenen den großen Maxe geben. Was gehen mir solche Wichser auf den Sack, die Welt ist voll davon und das Internet noch viel voller. Ja, und jetzt sammeln sich diese Vollspacken neuerdings, wie eine Piratenpartei. Fordern Toleranz, sind selbst mal wieder die Intolerantesten. Kaum sagt man was, dann ist man für diese Penner und Rumlungerer ein Anti.
Früher haben sie noch um Geld gebettelt oder waren irgendwelche Rockerbanden, die wie bei Werner Bölkstoff gesoffen haben, und höchst unpolitisch. Haben gesagt: ›Mit Politik will ich nichts zu tun haben, schmutziges Geschäft‹, und jetzt sitzen sie barfüßig mit Sandalen bei Günther Jauch und schwadronieren und schmeißen Parolen in die Runde. Woher hast denn du Wichser das iPhone,

wenn du von Hartz IV lebst, hä? Irgendein parlamentarischer Geschlechtsführer, Wichser, dümmliches Geschwätz, in 20 Jahren seid ihr genauso korrupt wie die, denen ihr es vorwerft und von deren Korruption ihr jetzt wunderbar lebt.

Oder Acta oder Fuckta, irgendein Drecksscheiß, damit man sich alles umsonst herunterladen kann, aber selbst will man am meisten profitieren. Wer ist denn profitgierig, derjenige, der alles umsonst haben will, Drecks-Pisser.

Oder Anonymus, haben sich schöne Screammasken aufgesetzt und fühlen sich – ach komm ey, was rege ich mich darüber auf, bin ja selber so einer.

Dümmliches Geschwätz, die ganze Zeit, Pissnelken.

Wahrer Anarchismus ist heute, die CDU zu wählen oder FDP, wer traut sich schon FDP zu wählen? Hahaha, ich nicht, nee, nachher habe ich noch einen Finger im Po. Wahrer Anarchismus ist heut', Coca Cola zu trinken und nach Miami in den Urlaub zu fliegen, sich einen Mercedes zu kaufen und 'ne fette Uhr am Arm zu haben, das ist der wahre Anarchismus, weil das andere ist vorhersehbar. Immer gegen alles zu sein, das kenne ich, bin ich ja jahrelang, deswegen muss man auch mal für irgendwas sein. Für mehr Liebe und Gewalt in einem. Für mehr Verschwendungssucht und Ungerechtigkeit. Lass' die anderen doch verrecken, was interessiert mich das. Ich bin doch nicht dafür geboren, eine bessere Welt zu machen. Die Welt ist schon schlecht genug ohne mich, da kann ich sie auch noch schlechter machen. Eigentlich würde ich damit doch nur den Kern des Menschen repräsentieren, aber dümmliches Geschwätz, sich selbst definieren durch irgendeine Zugehörigkeit. Ständig muss man zu irgendwas gehören: ›Ich gehör' dazu, ich gehör' dazu‹, und dann muss man prinzipientreu sein. Ich mache das, weil mein Prinzip ist dies.

Was für ein verfickter Scheiß, ich hab' keine Prinzipien, ich bin inkonsequent bis ins Mark. Heute sage ich das, morgen glaube ich das, mal glaube ich an gar nichts, mal glaube ich an alles. Ich schnall' mir einen Turban um den Kopf und dann sage ich: ›Heil Hitler‹, na und? Es gibt keine Logik, nein, das ganze Leben ist unlogisch. Wir sind umgeben von Chaos. Unser Leben ist ja noch nicht mal so greifbar, dass wir uns daran festmachen könnten. Wir glauben an die unsichtbaren Dinge und denken, sie wären konkret, und dann wachen wir irgendwann eines Tages auf, weil wir uns nicht dranhalten können. Weil das Prinzip gegen das Leben ist. Denn das Leben beginnt im Nichts und es endet im Nichts. Da kann es kein Prinzip geben, außer auszuhalten. Verfickte Scheiße, warum weiß ich das alles?

Ich gehe jetzt erstmal die Piratenpartei wählen oder ich gründe eine eigene Porno-Pimmel-Partei. Porno, Pimmel, Pustekuchen. Die Porno-Pimmel-Pustekuchen-Pussy-Partei. Pissnelken-Partei. Wirkt ja auch so aufmüpfig, wenn man Piratenpartei heißt, dann hat man 'ne Augenklappe, 'n Holzbein und so einen Haken am Arm. Piratenpartei. Wer sich das hat einfallen lassen. Robin-Hood-Partei ginge wahrscheinlich auch. Drecksscheiße! Erstmal das Leben bestehen, bevor man Kreuzchen macht, und dann sich selbst verstehen, bevor man über die Kreuzchen der anderen lacht, und vielleicht, vielleicht wenn alles gut geht, dann kommt man nicht nur an die Regierung, sondern missbraucht auch mal die Macht.

Gute Nacht!«

SMHN, Kapitel 25:
Sehnsucht

Serdar im Auto: »Es gibt einen Moment, in dem sind wir alle gleich. Nämlich der Moment, in dem wir alleine sind, mit uns und denken, niemand würde sehen, was wir tun.

Ob wir unseren Finger ins Arschloch stecken und danach riechen, ob wir heimlich aufs Klo gehen und wichsen, ob wir unsere Popel essen oder Ameisen zerdrücken. Alle, alle sind wir gleich und wenn es jemand sagt, dass er es macht, und dazu noch vor anderen zugibt, dann wird er verurteilt, und jeder tut so, als wäre er unnormal, und alle tun so, als würden sie gar nicht wissen, wovon er spricht, dabei müssen sie es wissen, sonst könnten sie sich ja gar nicht drüber aufregen.

Verlogene Scheiße!

Das Schlimmste, was wir tun, tun wir, wenn wir alleine sind, da sind wir verzweifelt, da heulen wir das Kissen voll mit Sehnsüchten, mit Ängsten, mit Zweifeln, mit Hass, mit Wut. Da pumpen wir uns auf und ab und wenn wir dann wieder mit anderen zusammen sind, sind wir zurückhaltend distinguiert, da beherrschen wir uns, da benehmen wir uns.

Dabei sehnen wir uns vielmehr danach, erkannt zu werden, so wie wir wirklich sind, wenn wir alleine sind. Dabei sehnen wir uns alle danach, dass wir gleich sein können und nichts verurteilt wird, schon gar nicht die Einzigkeit, die Einzigartigkeit, die Einsamkeit.

Immer nur Sehnsucht, unerfüllte Sehnsucht, immer nur Suche: Sehn-Sucht.

Immer nur das Warten darauf, dass jemand einen erlöst, und sei es auch nur Gott in der Einsamkeit. Das jemand einen versteht und zulässt und dass der liebe Gott einfach nur wohlwollend nickt, wenn man irgendetwas tut, was böse ist.

Immer der Rückfall ins Kindliche. Die Kackwurst, die man in die Windel geschissen hat und die Hoffnung, dass die Mutter einem keine Ohrfeige gibt, sondern über den Kopf streichelt und sagt: ›Alles wird gut, alles wird gut. Das nächste Mal wirst du wissen, wohin die Scheißwurst gehört, ins Klo.‹ In dem Moment, wo man die Kackwurst ins Klo legt, hat man schon längst gelernt, dass man nur Teil des Großen sein kann, wenn man sich an die Regeln hält. An die Regeln der Allgemeinheit, weil wenn man aus diesen Regeln ausbricht, man zum Terroristen wird, einsam bleibt. Ja, Einzigartigkeit ist auch Terrorismus gegen die Gemeinschaft. Individualismus ist die Unterwanderung des Totalitären, obwohl das Totalitäre nichts anderes ist als stilisierter Individualismus. Eines Einzigen nämlich, des Diktatoren, des Diktators, des Diktatoren. Ich weiß nicht, was die Mehrzahl ist. Es gibt auch keine Mehrzahl von Diktator.

Es gibt nur einen, mich!

Und wenn ich alleine bin, dann mache ich das Gleiche, wie alle meine Untertanen auch. Ich popele in der Nase, ich esse den Popel. ich grabbel mir am Arsch, ich guck', welche Krusten da noch sind. Ich heb' meinen Sack hoch und rieche an dem Käse zwischen Bein und Eiern. Es wird gewichst, es wird gepinkelt in der Dusche, in der Dusche wird gepinkelt und es wird von Dingen geträumt, die unerfüllbar sind.

Sehn-Sucht eben, sonst hätte das Sehnen keinen Sinn, wenn nicht auch die Sucht in der Suche wäre. Hahaha.«

SMHN, Kapitel 26:
Cinema Massacre

Serdar im Auto: »Ich war neulich im Kino, obwohl ich Kino hasse! Das ist für mich der Inbegriff der Amerikanisierung unserer Gesellschaft. Es ist eine Minderkultur. Eine Kultur für Minderbemittelte, für Asoziale, die sich selbst nicht aushalten und eigentlich nur ins Kino gehen, um zu fressen und zu saufen und ihre Bedürfnisse zu befriedigen. Mit anderen Leuten zusammen in einer Herde sitzen.

Gut, also ich war im Kino. Da hab' ich mir so einen Drecksfilm angeguckt, irgendeinen Drecksfilm halt, Drecksfilm, bin in so ein Multiplex-Kino, einen riesen Palast für Asoziale gegangen, wo man sich mit anderen Leuten um Eintrittskarten drängeln muss, um sich ein Stück Dreckskultur reinzuziehen.

Stand ich da und hab' mir die Tafeln angeguckt. 20.30 Uhr: *Mickey Mouse & die Super-Hexen*, 3 Karten noch. Nee!

21.00 Uhr: *Lutsch meine Fotze*, 80 Karten noch. Ah!

Und dann irgendein Pimmelsfilm, der gerade in ist, wo Frauen reingehen, denen Saft aus der Muschi schlabbert, weil sie die ganze Zeit unbefriedigt durch die Stadt laufen und ihren Traumtyp suchen. Die sich einen auf Brad Pitt und Pitt Bred runterrubbeln, weil sie denken, ihr eigener Typ könnte genauso sein eines Tages, wenn überhaupt mal ein Typ vorbeikommt, und George Clooney ganz toll finden, weil sie den mit ihrem eigenen Vater verwechseln, von dem sie immer schon mal gebumst werden wollten, und was weiß ich, was es noch für Sexsymbole gibt, die eigentlich nichts anderes sind als Holzköpfe, auf die Frauen stehen, weil sie auf Holz stehen, denn sie brauchen ja was, was sie in ihr Loch schieben können.

Ja, in so einen Film bin ich dann reingegangen, hab' mich überreden lassen, weil ich nicht auffallen wollte, wie ich im Sexfilm sitze und mir ein bisschen einen rumrubbele. Dann habe ich Leute um mich herum gesehen, mit tonnenweise Popcorn in der Hand, so, als hätten sie 100 Jahre Hunger. Popcorn, was sie sonst nie fressen, das fressen sie im Kino zu Hauf, so wie Tomatensaft, was man sonst nie trinkt, das trinkt man im Flugzeug, als würde es einen danach gieren: ›Tomatensaft, was wollen Sie bitte trinken?‹ Hasse ich sowieso, diese Stewardessen-Kacke, die sich da durch diesen schmalen Gang pressen. Mittlerweile muss man den Kack ja bezahlen, zumindest Alkohol. Das Einzige, was man im Flugzeug trinken will, muss man bezahlen! Und dann auf billig machen, ein Euro kostet das Ticket, aber 80 000 Euro Kerosinsteuer, 20 000 Euro Servicegebühr, 30 000 Euro Pimmelgebühr und dann auch noch jeden Kaffee zahlen.

Ja, und im Kino kostet die Scheiße genauso viel. Ein Bottich Popcorn süß-sauer, salzig 5 Euro noch drauf zu den 8,50 Euro, die das Ticket kostet. Manche fressen auch Nachos mit Käse. Die, die Nachos mit Käse fressen, sehen aber auch so aus wie Nachos mit Käse zwischen der Kimme und zwischen dem Sack.

Ja, und dann sitzt man da, wird gegrabbelt und guckt sich so billige Werbung an: ›Brautmoden Schmitz‹, so angeblich lustige Werbung, die Werbung ist ja nicht mehr nur Werbung, so: ›Kaufen Sie unsere Scheiße!‹, nee, sondern da werden Schauspieler engagiert, damit sie Szenen spielen und damit man drauf reinfällt und denkt: ›Oh, nette Szene‹, und am Ende denkt: ›Ach Marlboro hat diese Szene inszeniert, na dann kauf' ich mir gleich so eine Scheiße.‹

Ja, ich habe es kaum ausgehalten. Irgendwann hab' ich angefangen zu schnarchen, weil die Sessel ja auch immer so gemütlich sind.

Ich finde ein Kulturereignis muss auch etwas Ungemütliches haben, weil Kultur immer etwas von Selbstüberwindung hat. Wenn ich in ein Konzert gehe und die Opernsänger plärren so, dass mir die Sackhaare auf den Boden fallen, dann habe ich nachher wenigstens das Gefühl, dass ich etwas geschafft habe, dass ich was geleistet habe. Aber im Kino kriege ich es alles gratis geschenkt. Ich werde amüsiert, Herden-Amüsement, billiges!

Hab' selten irgendeinen Film gesehen, der mich interessiert hat, höchstens wenn jemand massakriert wird oder ihm der Kopf abgehackt wird und das Blut auf die Leinwand spritzt. Aber dann johlen und jaulen sie ja gleich wieder, weil niemand in seiner Gemütlichkeit gestört werden will. Will sich nur die Nachos und den Käse in die Kimme schieben oder in die Kiemen und irgendwelche Popcorns nuckeln, bis er dann sich selbst vergisst und rausgeht und sagt: ›Das war ein schöner Abend.‹

Nein! Das war derselbe Abende wie die letzten Abende in deinem verfickten Leben auch zuvor, du warst nur im Kino zusammen mit Gleichgesinnten, du Arschkopf!

Demnächst nehme ich ein Gewehr mit und schieße auf die Leinwand oder schmiere meinem Nachbarn irgendein Eis ins Gesicht oder stehe auf und pinkele in die Popcorn-Tüte meiner Nachbarin oder schmeiße die Nachos einfach auf einen Sessel und setz' mich drauf und reibe meinen Arsch so lange hin und her, bis aus den Nachos Käse-Flunder werden, hahahaha!

Hau ab hier, ich komm' auf der linken Spur und gebe jetzt Gas!
Geil, der hat in den Spiegel geguckt und dachte: ›Wer kommt denn
da?‹, hahahaha.
Ja, man sollte öfter mal ins Kino gehen, dann hat man viel mehr Mut
auch beim Überholen, hahaha.
Fünf Sterne, füüüüüünf!«

Buch 3:
Serdars Rated Hatenight, Kapitel 1–17
(2012–2013)

SRHN, Kapitel 1:
Verkehr

Serdar Kaugummi kauend im Auto: »Pffffffff, werden ja immer neue Regeln erfunden im Verkehr. Aber nicht, damit der Verkehr sicherer wird, ha! Trugschluss! Bing! Sondern damit die, die die Regeln erfinden, mehr Geld verdienen. Als ob irgendeinen Bullen interessiert, wenn er 'n Blitzer aufstellt, dass jemand zu schnell fährt. Der ist nur 'ne Marionette seiner Behörde, die es umso mehr interessiert, dass der Blitzer da steht, weil damit füllt sie ihre Kassen, genauso wie diese Politessenfotzen mit ihren Billo-Uniformen auf irgendwelchen hinteren Parkplätzen rumlaufen, um Leute aufzuschreiben.

Denunziantenpack! Schweinegesichter! Mongofressen!

Als ob die interessiert, dass ich falsch parke, ich steh' ja nicht auf ihrem Fuß oder drück' an ihre Muschi, nein, ich stell' einfach mein Auto ab, weil ich zu Fuß gehen will, in die Innenstadt, würd' ihr ja auch nicht passen, wenn ich in die Innenstadt fahren würde, ja.

Genauso ist es mit den Blitzern oder mit den Abstandsmessern, das ist ja die neue Pest: Abstandsmesser! Als ob ich mit 'nem Lineal an meiner Motorhaube durch die Gegend fahren würde, kann doch nicht wissen, wie viel Abstand ich hab', mal viel, mal wenig, je nachdem, wie groß oder klein das Auto vor mir ist, ja. Und was soll Abstand? Was soll Abstand halten? Ich muss doch sehen, wer vor mir fährt, damit ich auch sauer werden kann, wenn's 'n Ausländer ist, 'n Pole zum Beispiel oder Weißrusse. Theoretisch müsste es auch Gesetze geben, dass man zu Autos, vor denen man keinen Respekt hat, weniger Abstand halten darf, und Autos, die einem Respekt einflößen, 'n automatischen Abstandshalter sich einbauen lassen dürfen, im Gegensatz zu den anderen, die's nur mit Aufpreis könnten, hehehe.

Oder über Rot fahren, was soll ich denn nachts an 'ner roten Ampel stehen? Ich hab' genug Zeit in meinem Leben zu verlieren, da fahr' ich einfach drüber, aber der Blitzer arbeitet auch nachts, weil's offensichtlich wichtig ist, dass man nachts nicht über rote Ampeln fährt. Und was ist, wenn … wenn 'n Marder oder 'n Iltis über 'ne rote Ampel fährt oder geht? Kriegt er dann 'ne Anzeige, weil er Auto gefahren ist ohne Führerschein oder über 'ne rote Ampel gelaufen ist? Nein! Da interessiert sich keiner für! Die Mader werden nicht verkehrserzogen, aber die Menschen ja!

Dabei hätten die Mader es viel mehr nötig! Die steigen einfach nachts in 'ne Motorhaube und fressen meinen Kolben an, Fotzentiere!«

Navigationssystem gibt Anweisung: »Demnächst links fahren.«

Serdar: »Ja, apropos Fotzentier: Schon spricht die Frau aus der Navigationsanlage. Auch 'n schönes Wort: Navigationsanlage. Manövrierapparat, ja.

Immer Regeln, Regeln, Regeln! Fahr' hier lang! Fahr' da lang! Halt' an! Fahr' nicht! Parke da! Zahle Geld, weil du hast es falsch gemacht!«

Navigationssystem gibt erneut Anweisung: »Nach einem Kilometer links fahren.«

Serdar: »Ja ich weiß es! Meine Güte, ey! Ja irgendwohin, leck' mich am Arsch! Ich fahr' geradeaus. Ob die wohl geile Titten hat? So Ansagen werden bestimmt von Frauen gesprochen, die sonst auch Pornos synchronisieren.

Da steht dann eine Politesse, hehe, mit 'ner Peitsche in der Hand, die sagt: ›In Sie ist falsch geparkt worden.‹ Hure!

Hehehehehe! Hahahahaha! Hahahahaha!«

Schmutzige Gedanken

Serdar im Auto: »Ich hab' mal über eine Sache nachgedacht, die ich im Nachhinein sehr interessant fand. Die Frauen, also die Weiber, die tun ja, wenn man ihnen ins Gesicht ... sagt, was man von ihnen will, immer ganz überrascht, manchmal sogar erschrocken: ›Hüh!‹ Ja, also wenn man ihnen sagt, ich hab so 'ne Phantasie, ich würd' gerne mein Riesenschwanz in dein Arschloch drücken und dabei dir den Mund zuhalten oder dir an den Haaren ziehen oder vorher dir mit der nackten Hand auf den noch nackteren Arsch schlagen! Da erschrecken sich manche so: ›Hüh!‹, und da hab' ich also mal gedacht, woher hab' ich eigentlich die Phantasien? Aus Filmen! Ja, und Bildern und Erzählungen, die wiederum von Frauen! Frauen, Weibern, Fotzen, Zeugs, Stoff gedreht wurden oder mit Hilfe der Frauen gedreht werden konnten.

Hat die jemand gezwungen, 'n Schwanz in den Mund zu nehmen, hat die jemand gezwungen? Hat die jemand gezwungen, sich die Wichse ins Gesicht schlotzen zu lassen? Nee. Haben 'se doch freiwillig gemacht, da stand niemand mit 'ner Pistole dahinter, hat gesagt: ›Du machst das jetzt, sonst erschieß' ich dich!‹ Nee. Die Pistole war davor. Und derjenige, der die Pistole hatte, hat gesagt: ›Du nimmst die jetzt in den Mund, sonst, hehehehe, sonst, hehehe, gibt's noch einen Mangel an Kultur. Nicht nur in der Dritten Welt, also unterhalb des Äquators.‹

Und da hab' ich dann so gedacht so: ›Erst impfen 'se mir diese miesen Phantasien ein, diese schmutzigen Gedanken, dann verselbstständigen sich die Gedanken in meinem Kopf und werden noch dreckiger und unverhohlener und unmittelbarer und unverblümter und wenn ich sie dann wieder loswerden will, weil sie mich quälen, und ich es den Frauen sage, dann entlasten sie mich nicht, indem sie zugeben, dass sie Mitverursacher dieses Leidens sind, sondern sie klagen mich an und sagen ich sei schuld, dass es in meinem Kopf so entstehen würde.

Dabei ist doch das Frauenfeindlichste, was man denken kann, das man glaubt, Frauen wären nicht geil! Nicht mindestens so geil wie wir Männer.

Also, was die Weiber von uns wollen, ist eigentlich, dass wir total frauenfeindlich sind, indem wir sie in unseren Vorstellungen entsexualisieren, entgeilen!

Das ist doch das Frauenfreundlichste auf der ganzen Welt, wenn man dieses Ding auch benutzt, was sich Frau nennt.«

Navigationssystem gibt Anweisung: »Demnächst rechts abbiegen.«

Serdar: »Ja! Genau! Rechts abbiegen, in die Frau rein, volle Karacho! Damit sie sich freut, dass sie nicht umsonst auf der Welt ist. Aber manche machen sich's auch gegenseitig und sagen dann: ›Nee, wir sind nicht da, um uns von euch benutzen zu lassen, wir benutzen uns selbst!‹

Hmm, warum habt ihr dann 'n Loch und nicht 'ne Scheibe?

Und die, die sich selbst benutzen, die wollen wir auch gar nicht benutzen, die können ihre Scheiben, hehehe, also, bewusst das B vom D ... benutzen, wie 'se wollen.

Oder sich benutzen lassen.«

SRHN, Kapitel 3:
Fickness Teil 1

Serdar im Auto: »Ööööh, ey, wenn es eins gibt, ja, was ich hasse wie die Pest, also eines unter vielen Dingen, aber das besonders, dann sind das Fitnessstudios, Ficknessstudios, warum auch Studio? Was is 'n Studio? Eigentlich is' es ein Schwitzpalast, ja.

Ich hasse jedenfalls diese Teile, in die man reingeht, nur weil man 'n schlechtes Gewissen hat oder weil man so dumm ist, zu glauben, dass die Muckis, die man sich da antrainiert, irgendwem imponieren könnten, ja. Und wenn sie irgendwem imponieren, dann den Weibern, die selbst in so 'ne Muckibude gehen mit blond gefärbten Haaren und lila Lippenstift und so spargeldünnen Beinen und Muskeln an den Armen, wie 'ne Kuh am Arsch! Und immer läuft so 'ne Techno-Ficki-Facka-Musik: dup-tschak! dup-tschak! dup-tschak! dup-tschak!, so dass man Rhythmusstörungen kriegt, Herzrhythmusstörungen vor allem, weil man nicht weiß, soll man jetzt so schnell wie der Beat ist, die Hanteln in die Luft heben.

Und warum hebt man Hanteln in die Luft, was macht das für 'n Sinn?

Kein Mensch hebt Hanteln in die Luft, von Natur aus schon gar nicht! Und auf 'nem Band zu laufen, in 'nem geschlossenen Raum, ist so ein übler Fuck, dass man sich vorkommt, wie 'n Hirnverbrannter! Und bringen tut's auch nichts! Was denn? Die Speckschwarten, die man da abnimmt, nimmt man wieder zu und zwar in der doppelten Geschwindigkeit, wie man sie abgenommen hat!

Man muss also doppelt so lange auf so 'nem scheiß Laufband laufen, damit man sich in der Hälfte der Zeit wieder den ganzen Kram angefressen hat! Oder man macht's sein Leben lang, aber dann ist man verblödet, wie die Idioten, die Halbmarathon oder Marathon laufen und aussehen wie 'n Spargeltarzan!

Als ob irgendjemand auf der Welt freiwillig Marathon laufen würde! Wir Menschen sind nicht dazu gemacht, 42 Kilometer durch die Pampa zu laufen, als würd' irgendjemand hinter uns her sein! Wahrscheinlich 'n Mammut oder 'n Säbelzahntiger.«

(Ende Teil 1)

US-Wahl

Serdar im Auto: »Jetzt sind in Amerika bald wieder Wahlen. Geht immer schneller, als man denkt. Jedenfalls fühlt es sich schnell an im Verhältnis zu der Macht, die der amerikanische Präsident zu haben scheint, ist die Periode, in der er die Macht innehat, recht kurz. Fühlt sich jedenfalls so an.

Und dann geht's immer nach demselben Schema. Erst die Vorhaut-wahlen, also so, als würd' man 'n Schwanz aus der Vorhaut pellen in irgendwelchen Staaten, die man sich ja als hier lebender Mensch kaum vorstellen kann.

Illinois oder Utah oder Colorado, was weiß ich, was Colorado für 'n Staat ist, ob er vielleicht sogar 'n Springerstaat ist, Hauptsache er ist kein Schläferstaat.

Und dann kommen die TV-Duelle. Wir machen den Amis das ja mittlerweile nach, deswegen kennen wir das.

Manche denken wahrscheinlich, die Amis machen's uns nach, ja. Und in den TV-Duellen, da stehen sich dann die Kandidaten gegenüber. Der eine hat 'ne blaue Krawatte und der andere hat 'ne rote Krawatte.

Vor Beginn der Duelle wird sich immer freudig begrüßt, das haben die PR-Berater wahrscheinlich gesagt: ›Begrüß' deinen Gegner freudig, fass' ihn am Arm oder klopf' ihm auf die Schulter oder steck' ihm deinen Finger ins Arschloch, hehehe, dann ist er schon vorbereitet auf das, was auf ihn zukommt.‹

Argumentative Penetration. Und dann wird gezetert und gestritten, gehadert, über Zahlen wird hin und her debattiert, ob's nun mehr Arbeitslose waren oder nur mehr Neger arbeitslos waren, ja. Ja, der eine Neger, der plötzlich Arbeit bekommen hat, der ist ja zählbar, aber die vielen, die um die brennenden Mülltonnen herumstehen und Hip-Hop machen, die sind wahrscheinlich nicht registriert, und kurz vor der Wahl, wenn's um Zahlen geht, dann wird eben mal nachgeguckt, in den Gässchen, ob noch 'n paar Neger rumstehen, die man seiner Statistik zugute schreiben kann, hahahaha.

Oder aber man vertut sich einfach, wie Rums Romney, und unterstellt einfach 77 000 Prozent der Amerikaner, dass sie asozial sind, was ja eigentlich ja wieder die Wahrheit wäre, aber nicht political correct ist, hm.

Jedenfalls gewinnt man so keine Wahlen als Schleimbeutel, der sich zunächst mal andienen muss, damit er an die Macht kommt, und wenn er erstmal an der Macht ist, einfach nur das tut, worauf er Bock hat. Vier Jahre können dann wieder 'ne sehr lange Zeit sein.

Vielleicht sind die vier Jahre auch nur vorbeigegangen, weil's so harmlose vier Jahre waren. Der Bush war mir ja noch recht, der hat wenigstens 'n bisschen bombardiert und zwischendurch auf wichtig getan, Reden gehalten, sich mal versprochen, peinliche Auftritte gehabt, Kindern übern Kopf getätschelt und nicht verstanden, als ihm jemand ins Ohr geflüstert hat, dass zwei Flugzeuge in das World Trade Center geflogen sind. Aber der Obama, der war so erhaben, der war ja vorher schon so erhaben, dass sie ihm gleich 'n Nobelpreis in den Arsch gesteckt haben. Friedensnobelpreis, und dann gab's nur noch Frieden, dann darf man sich nicht wundern, wenn's langweilig wird. Friede ist ja langweilig, Krieg ist spannend, da passiert wenigstens was.

Ich mein', was meint man, was in Syrien gerade los ist? Jeden Tag Action! Also zum Abnehmen ist Krieg bestimmt gut. Im Frieden werden die Menschen immer fett. Ja, weil's ihnen zu gut geht.

Und Obama ist so 'n Repräsentant dieses Gutgeh-Gefühls: ›Eiteitei, wir haben uns alle lieb, unsere Reden werden neuerdings sogar arabisch untertitelt.‹

Na ja, obwohl, Obama hat Bin Laden um die Ecke gebracht, hm. Eigentlich doch nicht so friedlich, wie man ihm immer unterstellt. Und seine Soldaten lungern auch immer noch in Afghanistan rum und Libyen haben 'se auch mit bombardiert. Diesmal zwar mit großer Hilfe von Sack-ozy und seiner Sackleckerin Carla Bruni Prunz, aber trotzdem waren Amis dran beteiligt. Libiööen, falls mich jemand wieder korrigieren sollte, Libiöö, schreibt man mit i, y, in Grund und Boden zu bomben.

So friedlich war's dann doch nicht, ich glaub', die Amis werden nie friedlich! Sie ziehen sich nur 'ne andere Hülle über, mal tun sie friedlich, mal tun sie martial, je nachdem wie die Vorhautwahlen entschieden werden müssen. Vielleicht war der Bush auch nur zu martial, dümmlich-martial nebenbei gesagt, weil er irgendwelche Wahlen gewinnen wollte, und dem Obama ist es egal, der weiß, dass er vom Neger-Bonus lebt und sowieso nur einmal gewählt wird, und deshalb lässt er jetzt die Zügel 'n bisschen lockerer, also jedenfalls lässt er den Arabern mehr Platz für Frechheiten, hehehehe.

Ich bewerbe mich auch mal als Präsident, als Präsident der USA und dann mach' ich 'n TV-Duell und dann sag' ich zwischendurch: ›Halt doch deine dumme Schnauze!‹, und schieße dem ins Knie, hahahaha.

Ich glaub', 99 Prozent aller Amerikaner würden mich wählen, hahahaha!«

SRHN, Kapitel 5:
Haustiere

Serdar im Auto: »Warum halten sich eigentlich manche Menschen Haustiere? Also so 'n kackenden Hund oder so 'ne Katze, die den ganzen Tag nur in der Bude rumhängt und haart und das Sofa verklebt? Hab' ich mich schon oft gefragt. Warum halten sich Leute Haustiere? Warum? 'Ne Eidechse oder 'ne Schlange oder 'ne giftige Spinne, warum? Das hab' ich mich gefragt.

Eine Antwort war, um Macht auszuüben, einen Gefangenen zu haben, der das tut, was man will. Um ein Wesen zu unterwerfen, es zu füttern, zu bestimmen, wann es schlafen geht und wann es aufzuwachen hat. Aber dann hab' ich gedacht, das ist viel Aufwand, nur für dieses eine Gefühl der Überlegenheit sein ganzes Leben zu opfern oder weite Teile seines Lebens zu opfern. So 'n Drecksköter lebt ja bis zu 800 Jahre, wenn man ihn mumifiziert und seine Arme und Beine mit künstlichen Gelenken ausstattet und ihm nicht normales Chappie gibt, sondern LSD-verseuchtes Chappie. Bin auf keine Antwort gekommen. Ich seh' diese Leute immer, sind unterschiedliche. Sind manchmal Omis, wo man denkt: ›Aah, okay, die hat sich den Köter geholt, damit wenigstens einer ihr noch an der Muschi schlabbelt und sabbelt und schlabbert.‹

Manchmal sind's junge bis mittelalte Familien und dann denk' ich: ›Aah! Der Hund soll mit den Kindern spielen, bevor er sie zerbeißt und zerstückelt und dann wieder eingeschläfert wird, weil 'n Hund ja keine Ahnung hat, davon dass er Teil einer neoliberalen Gemeinschaft ist.‹

Den nervt entweder das Blag und dann zerbeißt er es oder der Hund denkt, es ist 'n übergeordnetes Wesen, dem Alphatier näherstehend. ›Lass' ich mal lieber in Ruhe, aber hassen tu ich's trotzdem!‹

Der Hund darf ja seine Gefühle nur gelegentlich zeigen. Wenn man ihn krault und er dann jault: ›Ühühühü!‹

Die meisten Leute bilden sich ein, dass 'n Hund so was versteht, dabei juckt's den Hund gar nicht, noch nicht mal! Der reagiert nur so aus taktischen Erwägungen heraus. Der will sich gefällig machen beim Alphatier, weil er weiß, dann kriegt er mehr Futter, mehr Platz, mehr was weiß ich was und kann in Ruhe kacken!

Ich beobachte zum Beispiel Hunde gerne beim Kacken. Mir ist aufgefallen, dass die dann 'n bisschen schüchtern werden, denen ist das unangenehm. Ich guck' denen direkt ins Auge beim Kacken, wie sie dann pressen. Was mir auch aufgefallen ist, ist, dass Kackwürste von Hunden ähnlich aussehen wie Kackwürste von Menschen. Obwohl alles andere bei Hunden anders zu sein scheint, selbst die Pimmel sehen anders aus bei Hunden. Manchen Frauen ist das egal, aber mir ist es aufgefallen. Warum sehen also die Kackwürste gleich aus?

Und wie ekelhaft das stinkt manchmal, besonders wenn man reintritt, und man tritt so oft rein. Gut, manche machen's jetzt weg. Was für 'ne Demütigung das ist! Das die mit 'ner Tüte in 'ner Tasche die noch warme Kacke ihres Drecksköters anfassen! Dann guck' ich doch lieber, dass mein Köter irgendwohin kackt, heimlich, wo ich die Kacke liegen lassen kann. Ich bin doch das Alphatier und nicht der Kackentsorger meines Untergebenen! Was für 'n Selbstbetrug. Hunde sind so unnötig! Manche werden sagen: ›Nein, nein, nein, haben soziale Funktion!‹

Ja, wenn man selbst asozial genug ist, dann braucht man auch 'n Hund, der einem die soziale Funktion ersetzt.

Und Katzen sind noch viel unnötiger! Katzen sind drecksarrogante Arschfotzenschweine! Sitzen den ganzen Tag nur rum und wollen bedient werden und wenn, wenn sie nicht wollen, dass man sie mal richtig bedient, dann gehen 'se weg und sind beleidigt.

Und Eidechsen sind das Sinnloseste überhaupt auf der ganzen Welt. Die können noch nicht mal beleidigt tun. Oder 'ne Schlange sich zu halten, was bringt das? Was ist das für 'n Fuck? Oder 'ne Spinne? Wahrscheinlich hält man sich 'ne Spinne nur deswegen, weil man denkt, sie würde einen Teil der gefährlichen Ausstrahlung, die sie hat, auf einen selbst übertragen: ›Oooh! Guck' mal, der Udo hat 'ne Vogelspinne mit, musste ganz vorsichtig sein, sonst jagt er noch seine Mimi auf dich!‹

So Namen haben ja dann diese Teile: Mimi und Mumu. Oder Hans. Haustiere! Warum halten Leute Haustiere? Dann erwarten sie ständig, dass man tolerant ist: ›Wir können dich ja nicht besuchen, weil du magst ja keine Hunde.‹

Ja! Eure Hunde sollen mich ja auch nicht besuchen oder seid ihr schon zu eins geworden, ihr und eure Hunde? Seid ihr so 'ne Art Hundaur, ja? Chimären, Hundmenschen geworden, die ihr eure Hunde immer dabei haben müsst.

Manche haben ja auch Hunde, weil sie keine Kinder haben: ›Also, wenn wir keine Kinder haben, dann möchte ich wenigstens 'n

Hund.‹ Dabei ist 'n Hund nichts anderes als 'n vierjähriges Kind! Oder ein zehnjährigen Kind, was behindert auf die Welt gekommen ist und auf dem Stand eines Vierjährigen bleibt. So was holt sich doch keiner freiwillig!«

Navigationssystem gibt Anweisung: »Achtung, der Autobahn folgen!«

Serdar: »Ja genau, Achtung! Ja, mach' ich.
Die Haustiere, die ich am liebsten hab', sind meine Sackratten, die Filzläuse, die ich an meinen Arschhaaren kultiviert hab'. Mit denen kann ich wenigstens nicht reden, weil dann müsste ich ja in mein Arschloch gucken können, dazu bräuchte ich 'n Spiegel, aber spiegelverkehrt mit Arschläusen zu reden ist auch nicht spannend, da versteht man nur die Hälfte, hehehehe.
Ich kauf' mir jetzt auch 'n Haustier, 'n Dromedar. Ich sag': ›Euch kann man ja nicht besuchen, ihr mögt ja keine Dromedare. Ja, also das Dromedar ist schon 'n bisschen groß.‹
Na und? Dafür ist es aber nett! Hahahaha!
Oder warum nicht mal 'n Nilpferd? Wenn Leute schon Krokodile mit in den Baggersee nehmen, dann doch 'n Nilpferd!
›Hier ist übrigens Günther, Günther ist mein Nilpferd. Euch kann man ja nie besuchen, ihr mögt ja keine Nilpferde! Ja, weil das Nilpferd so schwer ist, dass ihr dann immer runterfallt samt der ganzen Etage und bei den Nachbarn am Küchentisch sitzt.‹
Ja, aber das Nilpferd, das hat wenigstens noch gewichtige Dinge zu sagen im Gegensatz zu euch Arschlöchern! Haustierhaltern.«

Fickness Teil 2

Serdar im Auto: »Is' doch wahr! Menschen, die 42 Kilometer laufen und abmagern, als wären sie im Hungerstreik, die müssen doch 'nen Dachschaden haben! Die nehmen doch auch im Gehirn wahrscheinlich ab, ja.

Dicksscheiße! Und diese Fitnessstudios, das ist die Kulmination dieser ganzen Kacke, da wird einem suggeriert, dass man in kürzester Zeit durch 'n bisschen Sport Speckschwarten verlieren kann, aber nichts davon ist wahr! Nichts davon ist wahr! Das Einzige, was man macht, ist, dass man sich Ärger antrainiert im Kopf und im Gewissen und ständig denkt: ›Scheiße! Ich muss noch schneller laufen‹ oder: ›Scheiße! Ich muss noch schwerer heben!‹

Und was sich diese Typen, die man da sieht, antun und wie die prusten und schnaufen und kämpfen, um diese paar Kilogramm mehr in die Luft zu stemmen!

Und wenn man sie dann mal fragt, ob sie einem beim Umzug helfen, dann sind sie Schwächlinge und kriegen noch nicht mal 'n Schrank in die Luft gehoben. Pimmelköpfe! Arsch... Arschsäue! Hehe.

Aber im Fitnessstudio einen auf Popeye machen! Ich sitz' dann immer daneben und guck' mir die an, so: ›Huhuhuh‹, wie sie so prusten. Meistens machen sie's auch viel zu schnell, weil sie dem Fitnesslehrer nicht lange genug zugehört haben, ihre Konzentrationsspanne reicht nicht aus, die reicht nur aus für zehn Sätze à 30 Kilo, aber nicht drei gesprochene Sätze à 30 Wörtern.

Und dann schnaufen 'se und schnauben, haben so Tattoos auf dem Arm, die Arme sind dicker als 'n Kleinkind. Wofür? Wofür? Die prügeln sich doch sowieso nie. Haben 'se keine Zeit für, die sitzen den ganzen Tag im Fitnessstudio, und 'ne Frau kriegen 'se auch nicht ab, weil durch das ganze Fitness ist ihr Pimmel so klein geworden, dass 'se den Pimmel erstmal nach oben trainieren müssten mit Gewichten. Mein, das wär' schon 'n Fitnessstudio, 'n Fuckness-Fitnessstudio nach meinen Wünschen, wo man den Pimmel trainieren kann! Mit Gewichten, oder die Eier, hahaha, die Eier möchte ich mal sehen, die zwei Kilo in die Luft stemmen können, hehehehe, ja!

Und aufgefallen ist mir, dass die Weiber immer nur Fahrrad fahren oder sich auf diesen Cross-Trainern bewegen, möchte ich's nennen, nicht Sport machen, sich bewegen, weil ihre Problemzonen dann wahrscheinlich – in ihrem Kopf sind es die größten, aber das sagt ihnen keiner –, sie denken, ihre Problemzonen seien der Arsch und die Hüften, weil die dann weggehen.

Aber keine Problemzone geht durch so 'n Cross-Trainer weg, nee, die wird noch größer, ja. Sieht man auch meistens, die Weiber, die auf diesen Cross-Trainern was weiß ich was machen, haben wahrscheinlich vorher Weihnachten viel zu viel gefressen und Klöße und Gans in sich reingestopft und dann lesen 'se auch noch parallel und haben noch Kopfhörer im Ohr, damit sie sich selbst nicht spüren, wie sie sich versuchen, die Kilos abzutrainieren. Viel besser wär', wenn sie auf sich allein gestellt blieben, damit sie sich Gedanken darüber machen, warum sie überhaupt so viel gefressen haben, ob sie vielleicht in 'ner Wohlstandswelt, in einer überfetteten, nicht mehr den Hals vollkriegen können und sich versuchen im Fitnessstudio 'n Gleichgewicht zu erkaufen.

Dabei ist das einzige Gleichgewicht, das ihnen fehlt, das zwischen der Gier, die sie haben, und der Bescheidenheit, die sie haben sollten. Ja, Drecksfitnessstudio.

Ich geh' lieber in die Spielhalle, das ist meine Fitness und dann schieß' ich auf Frösche oder irgendwelche Leute, die dunkel aussehen, mit Maschinengewehren. Ich werd' davon auch nicht aggressiv, aggressiver als ich bin, kann ich nicht mehr werden. Ich baue Aggressionen ab, auch wenn viele sagen, Killerspiele täten das Gegenteil. Ich glaub', die Leute, die Killerspiele spielen, machen so 'ne Art Fitness für ihren Kopf, und im Gegensatz zu Fitness, in der man die Muskeln aufbaut, baut man bei den Killerspielen die Aggressionen ab.

Ist doch wahr, wohin sollen denn die Aggressionen sonst? Die meisten Leute haben Angst vor Aggressionen, die meisten Leute wollen ihre Pfunde und Fette und Aggressionen und alles, was sie für schlecht halten, schnellstmöglich los werden.«

Navigationssystem gibt Anweisung: »Demnächst links halten.«

Serdar: »Ja, so wie ich gerade die Stimme aus'm Navi.
Aber es mal zu behalten und froh darüber zu sein, dass es 'n Anlass gibt, darüber nachzudenken, warum man so was hat, nein!
Sowohl als auch, nicht da, nicht hier, keiner.
Und jetzt steh' ich im Stau, weil ich zu viel gelabert hab', auch 'ne Form von Fitness. Geduld. Ich geh' ins Geduldstudio und guck' anderen Leuten dabei zu, wie sie sind. Und bin dabei so, wie ich's sein will.
Frei.
Hehehe.«

(Ende Teil 2)

SRHN, Kapitel 7:
Shitstorm

Serdar im Auto: »Wenn ich mir manchmal durchlese, was so Drecksfotzengesichter oder Arschlutscher im Internet so schreiben, weil sie meinen, ihre Meinung würde irgendjemanden interessieren, dann wünsch' ich mir nichts anderes als 'ne Kalaschnikow oder 'n Säbel oder 'ne Harke, um denjenigen sofort, in dem Moment, wo er mit seinem Finger noch auf die Tastatur tippt, zu richten, eines Besseren zu belehren oder ihn dahin zurückzuführen, wo er hergekommen ist, aus dem Schlund des ewigen Nichts.

Manche Leute glauben wirklich, ihre Meinung würde irgendjemanden interessieren. Manche Leute meinen, mir Vorschriften machen zu müssen, mir! Hallo? Wer sind wir denn? Hinter mir leuchtet die Sonne!

›Früher warst du mal besser!‹

Woher kanntest du mich früher, du Arschfotzenkopf lutschendes Dreckspimmelgesicht? Woher kanntest du mich früher? Oder kanntest du nur einen Teil, den du früher wahrgenommen hast, als du dachtest, es wär' früher, aber längst schon zu spät war.

Fotzen!

Oder Leute, die einem irgendwelche politischen Haltungen unterjubeln wollen: ›Bisher mochte ich dich immer, jetzt nicht.‹

Ich hab' dich danach nicht gefragt, ob du mich magst oder nicht, ich mag' mich selbst schon genug, da brauch' ich deine Gunst nicht, Arschkopfgesicht lutschendes Dreckspimmelmonster!

Oder Leute, die dann Abhandlungen schreiben in ihren Blogs oder in ihren Foren oder Journalisten, die meinen, mich durchschaut zu haben, oder irgendwelche Klugscheißer, Besserwisser, die ihre Meinung immer dann haben, wenn ich sie nicht brauche, weil ich sie nicht bestellt hab'!

Denen wünsche ich, dass eines Tages mal der Vertrag abgelaufen ist und Mephisto an der Tür klopft und sagt: ›Genug Scheiße gebaut, jetzt wirste abgeschleppt, kommst dahin, wo du hin gehörst, wo dich keiner mehr wahrnimmt, noch nicht mal dein Geschreibsel registriert wird, in die Isolation, in der du dich mit dir selbst auseinandersetzen musst und andere dich mal fragen, ob du früher besser warst, jemals in deinem Leben gut genug gewesen bist oder sein wirst.

Ständig diese Maßstab-Kacke!

Ich messe den anderen daran, wie gut ich selbst sein würde, wenn ich könnte, aber nie gewesen bin. Ich messe mich aber eigentlich nur. Ich geb' 'n Koordinatensystem für meine Existenz mit, die sich eigentlich in Belanglosigkeit auflösen müsste, wenn nicht der andere da wär', um mich zu bestätigen, 'n Maßstab. Man ist immer selbst besser, ja, selbst ist man besser. Wenn's nicht gefragt ist, ist man besser. Aber wenn's drauf ankommt und man muss mal 'ne Leistung erbringen, dann wenn's gefragt ist, dann zieht man schnell den Schwanz ein!

Warum verrecken denn so viele Leute?

Warum liegen denn die Leute in der Gosse im Rinnstein? Weil sie von irgendwelchen anderen zertreten wurden? Weil's niemanden gibt, der seine Ideale dann durchsetzt, wenn sie vielleicht mal nötig wären.

Oder wenn es 'n Risiko bedeuten könnte, seine Ideale gegen andere durchzusetzen, die andere Ideale haben.

Das Leben ist 'ne permanente, eine ständige Neudefinierung seiner eigenen Ziele und nicht 'ne Ausrichtung an den Zielen der anderen! Aber das begreift keine Sau, weil man funktioniert nur dadurch, dass die anderen da sind, solche Leute jedenfalls, die meinen, ihre Meinung kundtun zu müssen, obwohl sie niemand danach gefragt hat. Man funktioniert ja nur dadurch, dass man wahrgenommen wird.

Ja, und deswegen fahren alle auch Autos und sitzen in ihren Karren und denken, sie hätten die beste Karre der Welt, aber hinten am Etikett sieht man, wie sparsam sie waren und wie kleinlich sie gewesen sind. Ob sie auf 'ne Klimaanlage verzichtet haben oder auf 'nen elektrischen Fensterheber, weil ihnen die Mark fünfzig noch wichtig war, mit der sie dann am nächsten Tag ihr Brötchen kaufen, das sie in die Tiefkühltruhe legen, weil sie Angst haben, sie könnten eines Tages an Hunger verrecken, aber dann vom Krebs, ja, irgendwann von der Zersetzung heimgesucht werden, weil sie immer zu geizig und zu gierig waren und niemals ein Risiko eingegangen sind, dass Gott belohnen könnte und deswegen kann man ihnen nur wünschen, dass der Teufel sie abholt.

Ich bin das Böse, das stets verneint.

Hehehehe. Sonne.«

Ekelhaf...

Serdar im Auto: »Es gibt so viele ekelhafte Sachen auf der Welt. Bilder, die man sich nicht vorstellen will. Manchmal aber auch Gesichter, die man nicht sehen will. Gibt sowieso viele ekelhafte Gesichter, die man nicht sehen will. Von Leuten, die einen belästigen oder mit denen man eigentlich gar nichts zu tun hat, aber mit denen man auch nichts zu tun haben will, bloß weil sie ekelhaft sind.

Jeder hat ja seine persönlichen Maßstäbe dafür, was er ekelhaft findet und was vielleicht nicht, aber mich persönlich zum Beispiel überkommt manchmal auch schon Ekel, wenn ich nur mit Menschen zusammen bin, in der Bahn oder in der Schlange vorm Geldautomaten. Und am ekelhaftesten ist, wenn Leute dir die Hand geben, du weißt ja nicht, wo die vorher ihre Hände hatten! Im Arschloch sich die Hämorrhoiden rausgekratzt oder in der Nase gepopelt oder gerade noch gewichst oder weiß ich nicht, bei 'nem anderen im Arschloch gehabt oder irgendjemand einen gewichst oder alles auf einmal und dann gibt er dir die Hand. Das ist eigentlich das Intimste, was es gibt, jemandem die Hand zu geben. Kannste eher sein Arschloch küssen!

Und jetzt im Herbst, wo es wieder früher dunkel wird und mehr regnet, da sind ja 70 Prozent der Leute auch infiziert, krank, mit Viren verseucht. Und nicht nur die Leute, auch die Türgriffe, auch ganz harmlose Gegenstände könnten infiziert sein! Und man selbst in der Gutgläubigkeit, die man hat, weil man ja nur 'ne Tür öffnen will oder jemandem die Hand geben möchte, also freundlich sein möchte, ja, man stolpert von einer Virenfalle in die andere und dann hat man diesen Glibber und diesen Schleim an sich, den eigentlich der andere haben müsste!

Ekelhaft!

Ich find' auch das Gefühl ekelhaft, die Grippe eines anderen in mir zu haben. Das ist widerlich, das ist ja nicht meine Grippe, die hab' ich mir ja von diesem Arschwichser geholt! Wenn ich sie selbst bestellt hätte, gut, dann wär' ich dankbar dafür gewesen, aber ich hab' sie mir geholt bei diesem Arschwichser! Dabei hab' ich nicht mal 'ne sexuelle Handlung an ihm vorgenommen, dann könnte man ja noch bereuen, also, glaub' ich jedenfalls, dass die Leute, die AIDS haben, es sich so zurechtlegen, hehehehe.

Gibt auch ganz viele andere ekelhafte Dinge, wenn Leute niesen, hatschi, und man sich dann vorstellt, wie in so 'ner Animation in Zeitlupe diese Wolke der Viren auf einen zuschwebt und die ganzen Partikel und Tröpfchen an einem kleben, bääh! Ekelhaft ist auch in so Hotelduschen zu stehen und sich dann vorzustellen, was andere Leute vor einem darin getan haben, gepisst oder gewichst oder geschlabbert oder geblutet oder gesabbert, keine Ahnung.

Oder überhaupt in fremden Betten zu schlafen, dann mit dem Kopf auf dem Kissen zu liegen und sich vorzustellen, wie sich eine Milliarde Trillionen von Sabberpigmenten und -elementen festgekrustet jetzt aufs eigene Gesicht verbreiten. Und Milben, ja, Staubmilben, diese kleinen Monster, die in diesen Animationen unter dem Mikroskop immer so aussehen wie Godzilla, einem auf die Haut kriechen und die Schuppen fressen, sagen ja die Wissenschaftler immer. In den Betten sind Milliarden von Staubmilben, die einem die Schuppen wegfressen. Ekelhaft!

Ekelhaft, bääh!

Am schlimmsten ist aber immer noch, wenn man 'ner Frau an der Muschi lutscht, ohne zu wissen, was einen erwartet.

Nach außen sehen die ja sehr sauber aus, oft, wobei es 'n paar Indizien dafür gibt, dass sie nicht so sauber sein könnten: fettige Haare zum Beispiel oder so Zöpfe, zum Dutt zusammen gestecktes Haar, da weiß man schon, die Alte ist verdächtig, die hat sich wahrscheinlich die Prunz nicht gewaschen und will aber trotzdem, dass man dran schleckt, damit sie selbst nicht arbeiten muss. Und dann ist man dabei, eine sexuelle Handlung vorzunehmen, nachdem man eine an sich hat vornehmen lassen, und denkt in seiner Verblendung und seiner Blödheit, in seinem demokratischen Grundverständnis von Geben und Nehmen: ›Okay, jetzt geh' ich mal runter und guck', was da los ist‹, und dann hat man den Schlamassel. Riecht wie 'ne ganze Fischfabrik und ist meistens auch mit so 'ner glibbrigen Flüssigkeit überzogen, nicht Smegma oder Smagma, Smugma, sondern Scheidenflüssigkeit, die wahrscheinlich auch irgend 'ne Bedeutung hat, der Samen muss sich ja in der Scheidenflüssigkeit nachfüllen, besser halten, ja, damit längere Zeit die Möglichkeit besteht, dass aus dem Dreck, den man normalerweise Ficksaft nennt, 'n Kind entstehen kann, was, wenn's entstanden ist, genauso aussieht wie Körper gewordener Ficksaft, ja! Weiber wollen ja immer gebumst werden und geschleckt werden und gepflegt und gehegt werden. Und dann stinkt's ekelhaft, wie 'ne Fischfabrik, und man bereut's und denkt: ›Scheiße! Warum hab' ich nicht am Arschloch geleckt?‹

Obwohl da stinkt's auch, aber da weiß man wenigstens vorher, dass es stinkt, da kann man sich innerlich vorbereiten, bevor man sich drauf einlässt, 'ner Alten das Arschloch sauber zu schlecken. Ekelhaft, ekelhaft, ekelhaft, ekelhaft!

Am ekelhaftesten find' ich auch, wenn man in 'ner Raststätte pinkeln geht, wofür ja mittlerweile 70 Cent verlangt wird – tss, asoziale Scheiße! –, und dann steht man neben so 'nem Lastwagenfahrer, der so 'n heftig festen Pisstrahl hat, dass man im Gegenlicht der Sonne sieht, wie die Tröpfchen einem auf die eigene Hose platschen! Und dann denkt man: ›Komm, nächstes Mal gehe ich nicht mehr in so 'n Massenpissoir, in so 'n Pinkel-KZ, sondern ich geh' in meine eigene Kabine‹, und dann setzt man sich drauf, aber hat's schon wieder vergessen, dass eventuell unter einem die Pisse des Vorgängers noch ist, so dunkelgelb, grippal verseucht, und plumps plumpt die Kackwurst in die Schüssel und es kommen wieder Tropfen ans Arschloch hoch. Ja, da bleibt einem doch nichts anderes übrig, als mal in die Gegenoffensive zu treten und sich selbst von 'nem anderen das Arschloch sauber lecken zu lassen, hahahahaha.

Fazit: Es gibt nichts Ekelhafteres, außer man tut es, hehehehe!«

Holländer

Serdar im Auto: »Holländer oder Niederländer, das sind die miesesten, hässlichsten, arrogantesten und dümmsten Leute der ganzen Welt. Glaubt man gar nicht, was das für Arschpfeifen sind. Jedes Jahr überrollen die uns mit ihren Wohnwagen-Armadas, obwohl die Deutschen, also zu denen ich mich ja mittlerweile auch zählen darf, wenn ich will, denen sonst nie gut genug sind. Sonst sind sie totale Deutschland-Hasser, sprechen mit den Deutschen, die zwei Kilometer von ihnen entfernt leben, lieber Englisch als ein paar Worte Deutsch zu lernen ja, aber unser Land, das ist ihnen gut genug, damit sie durchfahren können in die Alpen, um Ski zu fahren, das ganze Jahr, weil ihr Land ist nämlich pottenhässlich, flach, da stehen Schafe drauf und verrecken vor Langeweile, und ihre Weiber sehen genauso aus wie die Kühe. Fette Euter und ein Gebiss, mit dem sie Wallnüsse zermalmen können samt Schale. Gut, fette Titten sind ja nicht schlecht, aber auf so einer weißen Haut mit so Pigmentstörungen oder so Sommersprossen hat es schon was leicht Abtörnendes. Und dann diese Fressen von denen, die Art wie sie sprechen. Haut doch ab, ihr Penner! Habt damals nicht genug Mut gehabt und Courage, andere Völker zu unterdrücken und euch lieber zu Opfern stilisiert und dann jahrelang einen auf tolerant gemacht: ›Ja, hier in Holland kann man gut kiffen.‹

Ja, ja, und dann ist es euch zu Kopf gestiegen, die eigene Toleranz, und dann seid ihr die Obernazis geworden und habt diesen schwulen Drecksack mit den blondierten Haaren zu eurem Volkstribun erkoren. Geert Wilders, nachdem sein Vorgänger, der schwule Pim, Pimmel Fortuyn, auf offener Straße erschossen wurde und irgendwelche Van Goghs erstochen wurden. Von den Monstern, die ihr euch durch eure holländisch Käse durchlöchert verfickte Toleranz herangezogen habt. Ja, die waren euch dann nicht mehr gut genug, dann habt ihr sie endhollandisiert, wieder zu Muluken erklärt wie schon in den 70er Jahren, als die Indonesier, die ihr jahrelang unterdrückt habt, euch nicht mehr gut genug waren und als sie anfingen, Züge zu entführen, dann habt ihr die große Fresse riskiert und sie wieder Muluken genannt. Penner!

Haltet doch diejenigen aus, die ihr jahrelang degradiert habt, zu Vieh erklärt habt, von deren Gewürzen ihr lebt und Speisen ihr euch ernährt. Als ob es ein einziges holländisches Gericht gäbe, außer Poffertjes und Stamppot, was nichts anderes ist als alte Gülle in einen Topf und zerstampft. Als ob es ein Gericht gäbe. Nein! Alles geklaut, und es dann Kultur nennen. Selbst das Haarfärbemittel von Geert Wilders ist wahrschinloch irgendwo in Hongkong geklaut, Penner! Oranje Boven.

Ja, und im Fußball immer dieselbe Scheiße. Holland ist das in Europa und in der Welt, was der FC Köln in Deutschland ist. Ein Spiel gewonnen und die beste Mannschaft der Welt, aber in keinem Turnier wirklich mal konstant bis zum Halbfinale, Finale oder zum Titel gespielt. Aus Glück '88, weil ihr die Neger spontan zu Holländern erklärt habt, damit ihr bessere Ergebnisse erzielt, aus Glück, und '74 schmachvoll, schmachvoll untergegangen gegen Reichsdeutschland und dann gejammert, gejammert.

Scheiß Holländer, ich hasse die, bäh und so 'ne holländische Sau will ich auch mal ficken, dass der die Euter so vorm Bauch baumeln, die blonden Haare so in der Luft wehen und ich ihr meinen dicken Schwanz in den Arsch ficke, Fotze, hehe.«

SRHN, Kapitel 10:

Weltuntergang

Serdar im Auto: »Ha, als ob irgendjemanden interessiert, dass die Welt bald untergeht, hahahaha!

Die Gedanken hätte man sich schon vorher machen können, als man dabei war, die Welt untergehen zu lassen, sich einen Kühlschrank nach dem anderen gekauft hat oder ständig mit dem Auto zum Supermarkt gefahren ist, weil man zu faul war. Deswegen macht's mir ja auch nichts aus, dass die Welt untergeht, weil ich zugebe, dass ich daran beteiligt war, sie untergehen zu lassen. Ja, jeder ist sich selbst der Nächste, aber wenn dann mal abgerechnet werden soll und der Jüngste Tag, das Jüngste Gericht, Armageddon oder wie diese religiösen Fuzzis es nennen, muss ja nicht die Ausdrücke von irgendwelchen Gläubigen studiert haben, um zu wissen, was sie meinen, dann fangen 'se alle an zu zittern und glauben wieder an den Allmächtigen, der sie aus der Scheiße rausholen soll.

Aus der Scheiße, die sie sich selbst eingebrockt haben.

Na und? Dann geht die Welt halt unter!

Oder es überleben nur die, die immer brav waren, die streng Gläubigen, die Salafisten oder die Kinderpfister, hehehe, das ist 'ne schöne Welt!

Kann 'se auch direkt untergehen, diese Dreckswelt, so schön war sie bisher auch nicht. Das Wichtigste ist, dass ich überlebe, um ein neues Reich zu verkünden. Das Hassistische Reich. Kann man natürlich hervorragend auf den Trümmern einer untergegangenen Welt aufbauen, weil da erstmal der ganze Dreck, alles weggespült worden ist und man unter sich ist – obwohl, um was Besseres zu sein, muss man ja auch Arschlöcher haben, die was Schlechteres sind. Man lässt also nur 'ne Hand voll Arschlöcher übrig, die, die überleben. Ist doch so, die oberen Zehntausend, wie die Zeugen Jehovas es nennen, oder die Auserwählten oder die, deren Karma gut genug war und die nicht als Kuh wieder auferstehen, sondern als sie selbst, und sich dann ärgern, weil dafür hat sich's auch nicht gelohnt, gut zu sein, dass ich als ich selbst wieder auferstehe, da wär' ich lieber als Kuh wieder auferstanden oder als die Kacke, die der Kuh aus'm Arschloch plumpst.

Und warum haben alle so viel Angst vorm Sterben und 'm Welt-untergang?

Das Leben ist nicht besonders toll, dass man daran festhalten müsste. Für manche ist das Leben sogar 'ne Qual, also kann man dankbar sein, dass man sich nicht selbst umbringen muss, sondern irgend 'ne höhere Instanz kommt, die einem die Arbeit abnimmt. Ewig wird's sowieso nicht gehen. Irgendwann, so um die 80, bei manchen 40, 30, 20, 10, ist eh Schluss, da wird der Vorhang zugezo-gen, auf Wiedersehen!

So wie jeden Abend auch, wenn man volltrunken ins Bett steigt und sich vergisst und alles, was um einen herum ist, und nur hofft, den Wachheitslöffel abzugeben. Warum dann also nicht einfach auch mal für immer und ewig einschlafen? Kollektiv sogar, das ist ja sogar noch schöner! Während man, wenn man alleine stirbt, neidisch auf die sein könnte, die überleben, hat man ja hier die Gewissheit, dass alle nicht überleben, ja, also dass man kollektiv wegdämmert.

Aber ich wette mit dir, einige werden den Weltuntergang überleben, ja, Désirée Nick oder Naddel Abd el Farrag! 'Türlich, die ist doch resistent, multitoxisch, ja! Als ob der irgendwas ausmachen würde, wenn die Majas das Licht ausknipsen. Der haben 'se doch schon vorher das Licht ausgeknipst. Bei der ist zappenduster! So dunkel in ihrem Hirn wie an ihrem Arschloch! Und Heidi Klum und der ganze Dreck, der wird wahrscheinlich überleben und während wir im Grab zu Humus werden, palavern die noch von ihren neuen Freunden und Ex-Männern und den Kindern, die sie haben wollen, und von der Karriere, die sie gemacht haben. Von den Pfunden, die sie abnehmen, oder den Laufstegen, auf denen sie rumstolpern. Ja, dann doch lieber krepieren, dann doch lieber weg, weg von dieser Welt, so schön ist die auch nicht, da ist das Sterben mindestens so schön.

Ja, und wer hat eigentlich die Majas drum gebeten, 'ne Einschät-zung darüber zu geben, wann die Welt untergeht, verfickte Scheiße noch mal? Als ob die Majas sonst irgendwas gewusst hätten, wie man 'ne Glühbirne baut oder 'n Radio zum Singen bringt, aber das wussten 'se. Technisch nicht besonders begabt, jedenfalls haben 'se nicht überlebt, wenn sie so 'ne hochbegabte Kultur wären, dass sie vorausahnen könnten, wann der Weltuntergang ist. Aber das haben 'se gewusst, ja, mittels Übertragung wahrscheinlich. Da hätten 'se doch ihr Wissen für 'ne andere Scheiße benutzen sollen, zum Beispiel wie bau' ich 'ne Waffe, damit ich den spanischen Eroberern in den Arsch schießen kann und überlebe. Da hätte ich mir auch keine Gedanken mehr über den Tod von irgendwelchen Leuten in zwei oder 20 000 Jahren machen müssen! Wahrscheinlich haben 'se 's nur deswegen gemacht, weil sie wussten: ›Wir sind jetzt zu dumm, aber in der Zukunft werden die Leute auch nicht klüger sein als wir, und dann kommt der Tag X, an dem werden 'se sich alle vom Acker machen!‹

Deswegen macht's uns jetzt auch nichts aus, wir gehen, tschüss! Heheheh!«

SRHN, Kapitel 11:
Ausländer

Serdar im Auto: »Ich weiß nicht, ob ich das schon mal gesagt habe, aber ich mag, ich liebe Ausländer. Jaha, ich find' die sind alle nett, wenn sie in entsprechenden Dienstleistungsunternehmen tätig sind. Wenn man zum Beispiel im 5. oder 15. Stock wohnt und da kommt so ein Bimbo von DHL oder Hermes die Treppe hochgehechelt, da hat man doch echt ein überlegenes, erhabenes, ja fast ein Machtgefühl und das ist schön, also mir macht es Spaß, Chinesen beim Kochen zuzugucken oder Vietnamesen oder irgendwelchen anderen Leuten, die aus aller Herren Länder hierher gekommen sind.

Ich frag' die auch immer, woher sie kommen, meistens weiß ich es schon vorher. Im Taxi zum Beispiel, wenn da einer dunkelhäutig ist,

70 Prozent aus Ghana, 30 Prozent Nigeria, selten mal aus Sierra Lione oder Burkina Faso. Die meisten der hier rumlungernden Taxifahrer kommen aus Ghana. Die Ghanaer sind sozusagen die Türken Afrikas. Die Türken sind die Juden Deutschlands. Hahah, nur die Deutschen sind am Ende immer die Nazis und zwar auf der ganzen Welt und das ärgert die Deutschen.

Ich mag die Ausländer, ich weiß nicht warum, ich mag einfach, ein paar nicht so. Serben zum Beispiel oder Albaner. Denen würde ich sogar den Titel Ausländer aberkennen. Die sind noch unter Ausländer. Ich würd' die zum Beispiel Nichtdeutsche nennen. Das ist die größte Beleidigung, die man einem Ausländer, der ja schon eine Zwischenstufe ist, geben kann, weil der Ausländer noch ein eigenes Land hat, aber der Albaner, der Kroate, der Serbe, die haben ein Land, das sie in unseren Gnaden erst erfinden, gründen, entdecken, basteln, erlügen konnten, ja.

Ganz schlimm auch Rumänen oder Bangladeschis, so wie die da (Serdar lenkt die Kamera auf eine Frau auf der Straße). 100-prozentig Bangladeschi, 100 Prozent! Chinesen auch widerliche Leute, wie gesagt, nur wenn sie am Kochtopf stehen, zu erdulden und zu ertragen. Vietnamesen sind auch okay, Tarnchinesen. Japaner, Upperclass-Ausländer. Australier, Amerikaner, Belgier, Holländer, Norweger, Schweden, Dänen, Schweizer, Österreicher, das sind alles keine wirklichen Ausländer, die sind uns nahe, verwandt, die kommen aus ein und demselben Kulturkreis. Deswegen mag ich die, ich find', die bereichern unsere Kultur, die sind ein kleiner Farbtupfer in der Tristesse der nationalen Isolation. Vielfalt, Vielfalt, mulitikulti! Auch wenn manche sagen multikulti sei gescheitert und dann selbst Namen haben wie Multikulti-hat-mir-in-den-Arsch-Gebumst. Heheh, was wären wir ohne multikulti?

Gar nichts!

Keine Bimbos, die Taxi fahren, keine Schlitzaugen, die uns was Leckeres kochen, keine Türken, die den Dreck und die Hundekacke von der Straße wegmachen. Nur Hartz-IV-Empfänger, deutsche

Hartz-IV-Empfänger, die uns in Mietwagen durch die Stadt karren und ihr Leid klagen.

Da ist mir doch der Ausländer lieber. Bei dem kann man wenigstens fordern, dass er wieder zurückgeht dahin, wo er hergekommen ist. Was soll man denn bei einem Hartz-IV-Empfänger sagen, wo soll er denn hingehen? Der ist ja hier sozusagen entstanden und der bleibt auch hier. Der ist aber mindestens so wertlos wie ein Ausländer. Viel wertloser. Schmarotzerpack! Man könnte auch manchen Hartz-IV-Empfängern androhen, dass, wenn sie nicht arbeiten oder das Geld adäquat zurückerwirtschaften, man sie zu Ausländern macht.

Wie wäre das denn mal?

Wenn man sagt, multikulti ist nicht nur gescheitert, sondern es ist sogar die größte Bedrohung für unser deutsches Volk, weil wir multikulti jetzt zur Strafe machen.

Der Hartz-IV-Empfänger wird also albanisiert im schlimmsten Falle. Im Mittelfall wird er zum Belgier erklärt: ›Also ab heute sind Sie nicht mehr Deutscher, sondern Belgier für ein Jahr, testweise, und wenn Sie dann genug Kinder gefickt haben und Ihnen Schokolade aus den Mundwinkeln sabbert, dann überlegen wir es auf Antrag, ob wir sie noch mal einbürgern, kurzzeitig. Könnte aber auch sein, dass Sie im schlimmeren Fall eines Rückfalls zu Indonesier oder Aborigines erklärt werden.‹ (Serdar macht eine Pause und kratzt sich am Ohr.)

Hm, Ausländer ficken ist auch schön. Erst Ausländer ficken, dann abschieben: ›Komm' her du Hure, nee hat mir nicht gefallen, geh' dahin, wo du hergekommen bist, oder ich komm' dahin, wo du hergehst. Bangladeschi-Hure, du, zieh' mir das T-Shirt aus, das du gemacht hast, guck' mal was in der Unterhose ist, ja, Hure.‹«

Partnerschaftsanzeige

Serdar im Auto spricht mit einem Bonbon im Mund: »In jeder Partnerschaftsanzeige, die ich lese, steht immer derselbe Text: ›Ich wünsche mir einen Partner, der zärtlich sein kann, der auch Humor hat, und eine starke Schulter, an die man sich anlehnen kann UND der treu ist.‹

Treu heißt ja nichts anderes als sich abfinden, also so eine Form von Selbstkasteiung. Wenn ich schon einen Partner gefunden habe, der das tut, was ich will oder die Hälfte von dem, dann finde ich mich damit ab, ich finde wahrscheinlich eh nichts Besseres.

Also ist das Hauptmotiv dafür treu zu sein, dass man Angst hat oder mangelndes Selbstbewusstsein. Weil wenn man genug Selbstbewusstsein hätte, dann müsste man keine Angst haben, dass man jemand anderen findet oder auch nicht Panik davor haben alternativlos zu bleiben. Dann kann man sagen: ›Ich bums die eine und wenn es ihr nicht passt, dann bumse ich die Nächste, hehe und wenn es der nicht passt, dann bumse ich die Nächste und so weiter und sofort.‹

Eigentlich ist es so, im Kern sind wir doch alle untreu. Weshalb gibt es denn tiefe Ausschnitte, warum werden Haare gefärbt und Nägel lackiert? Warum trägt man hochhackige Schuhe? Selten, selten um seinen Partner zu beeindrucken. Das ist dann höchstens noch 'ne Maßnahme, die man in der Paartherapie lernt, damit die Geilheit, die man am Anfang hatte, nämlich auf fremdes Wild, zurückkommt und zur Geilheit wird, die man auf das entwickelt, was seit Jahrtausenden schon im Bett neben einem verschimmelt. Das ist aber Selbstbetrug, weil das, was im Bett neben einem verschimmelt, tut dann für einen Augenblick nur so, als sei es das, was man auf der Straße sonst mit gierigen und geilen Blicken angafft.

Untreu sind wir alle in unseren Köpfen und selbst wenn wir uns einen runterholen, sind wir untreu, natürlich, weil wir uns doch nicht auf ein Stück Papier, sondern auf eine Vorstellung einen runterholen, nämlich dass wir es sein könnten oder ich, der dieses Stück da, dieses Luder, dieses Tier in die höchsten Freuden vögelt.

Aber trotzdem steht in jeder Anzeige: ›Ich wünsche mir einen Partner, der Humor hat, eine starke Schulter, an die man sich anlehnen kann, und der vor allem treu ist.‹

Warum kann man nicht in der Partnerschaftsanzeige schon ehrlich sein?

›Ich wünsch mir eine Partnerin, die eine geile Drecksnutte ist, mir regelmäßig den Schwanz ablutscht und sich dann vom Acker macht, wenn ich keinen Bock mehr auf ihre Scheißfresse hab', weil ich bin übrigens so selbstbewusst, dass ich sicher bin, dass wenn diese eine Dreckspartnerin ihre Pflicht und ihre Funktion nicht mehr erfüllen könnte, die Nächste schon um die Ecke steht und darauf wartet, dass ich sie abhole.‹

Hehe, das wäre 'ne schöne Anzeige, da würd' man auch keine Mogelpackung bekommen. Man sieht ja immer, welche Mogelpackungen man bekommt, wenn man im Fernsehen mal so Partnerschaftsanzeigen-Sendungen, ich weiß gar nicht, ob es die gibt, doch auf TV-Berlin, hahaha, wenn man sich die mal anguckt, was da für Dreckstelle auf dem freien Markt rumlaufen. Die Trefferquote ist da sehr gering. Also dass man wirklich jemanden findet, der ein geiles Luder, ein tierisches, mieses … (Serdar guckt aus dem Fenster.)

Ich muss 'ne kleine Pause machen.«

SRHN, Kapitel 13:
Bimbojude

Serdar im Auto, er guckt aus dem Fenster und entdeckt eine Frau auf der Straße: »Geile Hure, geile Hure, du!

Mir ist mal aufgefallen, dass es sehr schwer ist, zwei Dinge auf einmal zu sein. Also Neger und schwul zum Beispiel oder Lesbe und behindert.

Bei manchen wirkt es wie eine Einheit, aber bei vielen ist es so, dass man denkt: ›Entscheide dich doch mal, damit ich Mitleid haben kann!‹

Aber ich muss mich irgendwie auch konzentrieren auf das, worauf oder womit ich Mitleid habe.

Bruce Darnell zum Beispiel, ich weiß, das ist 'n alter Hut, den kennt ja aus der jüngeren Generation schon fast keiner mehr, der ist Neger und ich glaub' schwul gleichzeitig.

Also wenn ich jetzt tolerant wäre, würde ich sagen: ›Ist mir doch egal, wen er bumst‹, aber muss er denn dabei auch noch ein Neger sein?

Es reicht nicht, also die Toleranz reicht nicht aus, um beides zu akzeptieren, deswegen könnte der sich doch auch wirklich konzentrieren und sagen: ›Ich bin jetzt wirklich nur das eine und auch zufrieden.‹

Es reicht doch auch, wenn man schwarz ist, muss ja nicht auch noch ein geschwärztes Arschloch haben. (Serdar guckt aus dem Fenster.) Drängle du mal, du kleine Nutte. Hinter mir so ein Typ in so 'nem Golf 3, wollte mich gerade von rechts überholen, bei der Autobahnausfahrt. Sieht aus, als stünde ihm die Durchschwulung kurz bevor, Arschloch, trotzdem hat er es besser als Bruce Darnell, weil danach hat er nur das eine und muss sich nicht für beides rechtfertigen.

Warum können zum Beispiel nicht auch Juden gleichzeitig Nazis sein?

Das wäre doch mal spannend. Ein Nazi-Jude. Jetzt werden einige Original-Nazis sagen: ›Das sind die Juden ja, machen ja mit den Palästinensern nichts anderes als wir damals mit den Juden gemacht haben!‹ Damit geben sie dann indirekt zu, dass sie es gemacht haben, wobei sie im nächsten Atemzug, wenn man sie drauf anspricht, sagen: ›Das waren aber nicht so viele.‹

Na ja, gut, aber die Palästinenser, die waren jetzt auch nicht so viele wie die, die ihr zugeben würdet, wenn ihr müsstet und könntet und wolltet. Also wäre doch die Lösung: Der Jude wird zum Nazi und sagt: ›Ich mach' das jetzt, lass mal die Finger davon, wir können das besser, Selbstkritik ist viel besser und auch glaubhafter.‹

Und dann hält so ein Jude 'ne Rede (Serdar imitiert Hitler): ›Die Juden werden ausgerottet‹, und im nächsten Atemzug sagt er: ›Mir kann man ja nichts, weil ich bin ja selber einer.‹ Geniale Taktik!

Das heißt, um besser diskriminieren zu können, muss man sich einfach zu denen zählen, die einen diskriminieren würden oder zu denen, die diskriminiert werden würden.

Hm, im ersten Fall wäre ich ja Nazi und würde mich selbst diskriminieren, ah damit ich besser diskriminiert werden kann, hahahahaha, genial!

Das heißt, wenn man also zu zwei Minderheiten gehört, wird das Leben einfacher, weil man kann immer hin und her springen. Man kann sagen: ›Scheiße, was die Nazis mit den Juden machen‹, aber im selben Augenblick auch: ›Scheiß Juden, ich bin ja selber einer‹, heheh, das ist nicht schlecht!

Also der schwule Neger – nee, der hat ja gar nichts, ist ja beides scheiße.

Beim Juden-Nazi ist ja eines immer gut. Entweder die Perspektive, die man hat als Opfer, oder der Spaß, den man daran hat, Täter zu sein.

Aber als schwuler Neger ist man ja nur Opfer.

Hm, dann doch lieber behinderte Griechen-Lesbe, hahahaha.

(Serdar imitiert griechischen Akzent): ›Ey guten Tag ich bin behinderte Griechenlesbe, kommt was auf der Pommes drauf? Kann man bitte ein bisschen Fett von der Muschi lutschen?‹«

SRHN, Kapitel 14:
Death Metal

Serdar im Auto: »Death Metal, das ist so eine Musik, die kann man schwer beschreiben, kaum ertragen. Das ist halt so schnell, wie man kann Schlagzeug spielen und darüber möglichst einen Akkord, Gitarre so verzerrt, wie es geht, und ein Typ, also singt, will ich nicht sagen, röchelt ganz, ganz, ganz liebevoll Texte ins Mikro, die ich ehrlich gesagt noch nie verstanden habe. Ein paar Begriffe ja, also so: beäääääälalalalabuuäääää.

Death-Metal-Fans sind immer gleich, Typen, die so 'n Kinnbart haben, mittelgroß mit schwarzer Jeans, schwarzem T-Shirt und langen Haaren, total gepflegten langen Haaren mit extra Conditioner und so schön gekämmt, und alle haben so was total Devotes an sich, so als hätte Mami sie zu lang ins Kinderzimmer eingeschlossen und sie seien darüber hinaus so verzweifelt, dass ihnen keine andere Reaktion auf dieses Unrecht bleibt, als total auszurasten – aber kontrolliert. Also auf Ansage, nicht maßlos, nicht Grenzen überschreitend, brutal aggressiv ohne Rücksicht, sondern im Rahmen eines Konzerts – Death-Metal-Konzert. Angeführt und angeleitet von ihren Koryphäen. Obituary zum Beispiel, das ist eine ganz bekannte Death-Metal-Band. Die Fachleute werden mich jetzt korrigieren und sagen: ›Das ist gar kein Death Metal, das ist Punkdeathmetaldudirap‹, irgendein Name halt für diese Wichsmusik. Oder Cannibal Corpse ist zum Beispiel auch so eine Band. Und dann sind die da und singen, weiß ich nich', ob die singen, tanzen und schütteln ihre Köpfe und recken ihre Finger in die Luft und sind unter ihresgleichen und fühlen sich unglaublich böse. Jahahahaha, sind aber in Wirklichkeit in ihrem Herzen total lieb. Wenn man so mit ihnen spricht, außerhalb des Konzerts, sind sie schon fast Schmusebären. Oder wenn man sie mal beobachten würde, wie sie im Bad stehen und sich die langen Haare kämmen, dann haben sie sogar schon was leicht Schwules an sich, hahahaha.

Aber Hip-Hop-Fans sind auch nicht besser. Hip-Hop ist ja sowieso, das ist ja eine Sache, die kann man kaum erklären. Was früher die Neger in den USA waren, das sind jetzt die Türken, die Albaner, die Tunesier, die die sich für underground halten und halt so Deutsch sprechen, dass man nur die Hälfte versteht und den Rest für Marokkanisch hält. Die, die denken so ihre Underground-Kultur, das wäre wenn sie so coole Rhymes machen. Die haben auch ihre Fachsprache zum Beispiel: ›Coole Rhymes, das ist voll swang.‹ Die sagen auch so Sachen wie: ›Ey, das ist voll bitchy, Alter, du Homo.‹ Hahaha, im Grunde genommen das Gleiche wie bei den Death-Metal-Leuten.

Man kriegt ja, wenn man gegen diese Leute was sagt, Hasstiraden zu hören, zu lesen, zu spüren, weil jeder von denen ja seine eigene Koryphäe hat und zwar Haftbefehl oder Leck-mich-am-Arsch oder Erdbeermund oder ich weiß nicht, wie diese Gangster-Style-Rapper heißen und dann sagen sie: ›Alter, der hat voll die coolen Texte, haste das noch nicht gehört, das ist voll geil.‹ Und dann hört man mal die Texte und dann sind das aber so Scheißelaborate wie: ›Isch ficke disch hier in diesem Untergrund, in dem isch lebe. Da ist die ganze Hölle, alles, was isch dir gebe.‹

Hahaha, das ist Lyrik fürs Asylantenheim auf Asi und voll debilen Niveau, aber sehr verkaufsträchtig, also weil es lassen sich ja immer mehr Asoziale finden, die asoziale Sachen gut finden, als Intellektuelle. Die Intellektuellen sind ja immer separiert und isoliert voneinander, während die Asozialen dazu neigen, sich schnell zusammenzuschließen zu einer Gruppe, in der sie sich auf ihren jeweiligen Fetischs-Sprachen gegenseitig angrunzen.

Ja, das ist ja nichts anderes als Fetisch. Ob ich mir Strapse anziehe oder in den Swinger-Club gehe. Ob ich mir Käse ins Arschloch schiebe oder irgendwem anderen danach in den Mund, das ist alles nur Fetisch. Ob ich Hip-Hop höre oder mich zugehörig fühle zu irgendeiner obskuren Gemeinschaft, die sich nur darüber definiert, dass sie nur das hört, was alle anderen auch hören sollen, das ist letztendlich nichts anderes als ein Auszug kolossalen Minderwertigkeitsgefühls.

Ob man Nazi ist oder Mullah.

Ob man mit Puppen spielt oder Ken und Barbie für seine besten Freunde hält.

Ob man in der Konditor-Innung ist oder einen BMW fährt mit 'ner mittelmäßig schäbigen Alten auf'm Beifahrersitz.

Man ist sich selbst erst dann gut und gut genug, wenn es andere gibt, die einen bestätigen in seiner Mittelmäßigkeit.

Da ist aber auch nichts anderes als Größenwahn, denn sonst könnte man ja keinen Minderwertigkeits- und Mittelmäßigkeitskomplex haben, wenn man nicht irgendwo dahinter auch denken würde, man sei was Besseres.

Also eigentlich muss man diesen Leuten nur klarmachen, dass sie immer so schlecht bleiben wie sie sind.

Yo, motherfucker!«

SRHN, Kapitel 15:
Gegenteil

Serdar im Auto: »Mir ist mal was aufgefallen, man regt sich immer bei anderen über Dinge auf, die man selbst genauso macht. Ist doch so, ich hab' zum Beispiel heute beschlossen auf der Autobahn, obwohl mein Auto mehrere Tausend PS hat oder KW, wie man ja neuerdings sagt, konstant 100 zu fahren. Das heißt also, auch wenn ich überhole, nicht auf Gas zu drücken, sondern 100 zu fahren, und prompt nähert sich im Rückspiegel ein fetter BMW-500 000-XYS-ich-mag-es-gerne-wenn-man-mir-das-Arschloch-weich-Lutscht und macht 'ne Lichthupe. Ich ignoriere das aber, auch dass der beim Überholen dann so ganz scharf rechts rüberzieht und irgendwie mir signalisieren will, dass er mir 'ne Lektion erteilen möchte. Ich fahre dann weiter 100 und wenn ich dann aber überholen will und jemand auf der linken Spur 100 fährt, dann werde ich total sauer und mach 'ne Lichthupe und reg' mich auf, sag: ›Du Arschloch, ich hab' doch ein fettes Auto, mach' dich vom Acker.‹

Oder diese Typen, die nicht im BMW sitzen, weil sie sich ihn redlich erarbeitet und verdient haben, sondern weil sie Angestellter irgendeiner kaukasischen Teppichfirma sind, die sich bei Sixt an der Stange von der Stange in die Stange Autos geliehen haben und die sich nach verzweifeltem Kampf in der Filiale haben upgraden lassen und jetzt meinen, den dicken Otto machen zu können in ihrem Wichs-BMW, hahaha.

Ja, da gibt es viele Dinge, die mir einfallen.

Zum Beispiel sich beschweren über Leute, die drängeln: ›Hey, alle drängeln‹, aber man selbst drängelt auch. Ich hab' zum Beispiel chronische Angst davor, keinen Tisch zu bekommen in Restaurants, Pommes-Buden oder in der Lobby vom Puff, und deswegen drängle ich immer und beeile mich. Dabei ist das totaler Quatsch, weil ich genau weiß, wenn ich 'ne Stunde später käme, dann könnten die Tische ebenso leer oder voll besetzt sein. Es geht nur in meinem Kopf darum, dass ich das Gefühl habe, schnell, schnell, schnell, sonst verpasst du was.

Gier ist auch so ein Ding. Man nimmt lieber 2, 3, 4, 5 mehr von irgendwas mit, weil man Angst hat, dass es zu wenig sein könnte.

(Serdar guckt in den Rückspiegel.) Jetzt drängelt er schon wieder. Am schlimmsten ist übrigens, wenn einer in so einem Daihatsu drängelt. Wo man ganz genau weiß, der drückt mit dem Fuß bis zum Anschlag aufs Gas, und dann tippt man aber selber so ein bisschen aufs Gas und schon sind wieder 15 Kilometer Entfernung zwischen dem Daihatsu-Pimmelkopf und meiner Fettsau-Karre. Ja, und jetzt überhol' mal in deinem Daihatsu, Chinesenkopf.

Hm, man regt sich also permanent bei anderen über die Dinge auf, die man selbst so gerne macht, aber wahrscheinlich hat das seine Berechtigung, man will ja der Einzige sein, der Dinge macht, über die sich andere aufregen könnten. Man will sich ja nicht über die Dinge aufregen, die die anderen machen, ist ja vollkommen berechtigt. Deswegen mache ich mir da auch gar keine Gedanken drüber. Ich finde dieses ewige Vergleichen und den Kampf um Gerechtigkeit auch vollkommen schwachsinnig und total christlich. Religiös überhöht, behandle den anderen so, wie du selbst behandelt werden willst. Oder was du dir selbst an Gutem tust, das tue auch dem anderen an, an Schlechtem.

Wir sind doch alle Egoisten. Wir halten es doch nicht aus, wenn jemand genauso ist wie wir.

Jetzt bin ich vor lauter Wut viel zu schnell gefahren und fahre dem Daihatsu gleich wieder auf, hehehe und der denkt: ›Warum kriecht der erst mit 100 und dann kommt er wieder mit 180 an.‹

Ja, alles nur ein Frage der Unterhaltung, heheheh.«

SRHN, Kapitel 16:
Raabigramm

Serdar im Auto: »Der Raab, ey, der Raab ist so ein Kacka, ey. Wo ist der eigentlich hergekommen?

Der ist da hergekommen, wo alle hergekommen sind, die uns heute auf die Eier gehen. VIVA und MTV. Soll ich mal aufzählen: Gülcan Kamps, Joko und Klaas, Stefan Raab, Matthias Opdenhövel, Heike Makatsch, Charlotte Roche. Der ganze Dreck. Alle Leute, die heute irgendwas zu sagen haben im Fernsehen, mittlerweile Produzenten sind oder Bücher schreiben, Fernsehsendungen konzipieren oder uns belästigen mit ihren Sandkastenspielchen, getarnt als fünfstündige Fernsehshows, die sind irgendwann mal aus dem Arsch von VIVA geplumpst.

Damals waren sie ja noch jung. Jung und verdorben und verwegen waren sie und ein bisschen punkig. Der Raab am Anfang auch, hat so eine schräge Brille getragen und dünne lange Löckchen gehabt und mit seinem Banjo oder Mandoline oder Ukulele oder wie dieses Fickinstrument heißt ist er immer zu irgendwelchen Leuten gegangen. Aber nur weil es Terrorismus war, was er gemacht hat und Anarchismus, haben ihn die Leute geliebt. Jetzt ist er Staatsterrorist und Staatsanarchist in einem. Ja, nur weil er aufbegehrt hat gegen die Großen und Mächtigen der Unterhaltungsindustrie, hat man ihn geliebt. Weil er Rudi Carrell ein Raabigramm gesungen hat und so frech und so dreist war, im Angesicht des größten Showstars der Welt, ihn zu diskreditieren. Da hat man sich gedacht: ›Was für ein Frechdachs, dieser Raab‹, und als es dann noch weiterging und *Böörti Vogts* kam und all seine großen Songs und Errungenschaften, da hat man gedacht: ›Das ist doch endlich mal was Neues im Deutschen Fernsehen. Ein frischer Wind weht durch die vermuffte Stube des Deutschen Fernsehens.‹

Aber wie das immer so ist mit Anarchisten und Terroristen, irgendwann werden sie zum Teil des Mainstreams und dann lassen sie sich vereinnahmen. Spätestens wenn der erste Preis winkt. Der Fernsehpreis oder der Grimme-Preis, der Kimme-Preis oder der Scheißdreck-Preis. Dann werden sie korrumpierbar, dann nehmen sie lieber den Preis, als zu sich selbst zu stehen, und ziehen sich Anzüge an und Krawättchen und winken und gratulieren und danken ihren nächsten Verwandten und vor allem ihrer Frau und ›meinem Produzenten und dem wunderbaren Team, das mir das alles ermöglicht hat‹ und merken gar nicht, dass sie Teil des Establishment geworden sind, dass seine Faust so fest in ihr Rektum presst, dass sie dabei einen ganz verkrampften Gesichtsausdruck haben.

Ich bin ja auch so. Wirft man mir ja gerne vor, aber ich gebe es zu, im Gegensatz zu allen anderen. Ich war ja vorher schon eine Nutte. Bei mir war das Dasein ja darauf angelegt, mich kaufen zu lassen von Freiern. Aber das Schöne ist, ich sag' immer noch das, was ich denke, und so lange ich das tue, nehme ich dafür auch Preise. Wenn ich aber verändern würde, was ich sage, um Preise zu bekommen, dann wäre es anders. Das ist der feine Unterschied zu denen, die es wirklich können und denen, denen man nicht mehr abnimmt, dass sie es jemals gekonnt haben. Das ist der feine Unterschied in der Haltung, die Welt erobern zu wollen und auch notfalls sie von innen zu zerstören oder sich von der Welt erobern zu lassen, weil man innerlich schon längst zerstört ist. Kleine Unterschiede im fehlenden Differenzierungsvermögen der allgegenwärtigen Kritik-Nacheiferer. Man kann auch nur kritisieren, wenn man Ahnung hat, und nicht ahnungslos einfach irgendwas nachplappern und sich echauffieren darüber, dass man irgendwo am Arsch 'n Pickel gespürt hat, und deswegen bin ich auch der Einzige, der das Recht hat, diesen Leuten vorzuwerfen, dass sie intrigante korrupte kleine schmierige kommerzgeile Arschlöcher sind und ich, wenn ich das Gleiche tue oder dasselbe wie mancher Orthografieklugscheißer jetzt sagen wird, dabei ja einen ganz anderen Zweck, nämlich ein höheres Ziel verfolge und schon auf halben Weg bin, es erreicht zu haben, auf halben Weg. Denn je mehr ich überall meine Fresse platziere und mein subversives Geschwätz, desto mehr geraten diese Leute in meine Hände. Statt Handlanger zu sein von unsichtbaren Industriellen wie Endemol oder Pro Po 7 oder Sat fuck 1 oder RTL 1, 2, 3 Super, hahah.

Dann doch lieber bei mir, denn am Ende winkt die totale Unterwerfung in die hassistische Diktatur.

Ja, und wer ist nicht schon alles Hassist, ohne dass er es merkt?

Wem haben wir nicht schon alles unseren Stempel aufs Arschloch gedrückt, unser Zeichen auf die Backen gemarkt, wem?

Allen!«

Serdar guckt aus dem Autofenster und schreit: »Fahr', Nutte. Ah, Mercedes, noch nicht mal ein Neuer, ein Alter. Eingepackt, als wäre es kalt wie am Nordpol, fährt sie mit ihrem Alten in den Supermarkt, um sich die Scheiße zu kaufen, die dann später ihr Bauch wird. Aber warte ab, wenn ich an der Macht bin, du kleines Flittchen, dann bist du die Erste, die meine Geheimpolizei von zuhause abholen und geradewegs in Straflager geleiten wird.«

Serdar schreit erneut aus dem Autofenster: »Drecks-Opa, hier ist Einbahnstraße! Du auch, auch die Alten und Schwachen werden dran glauben.

Insofern, Raab ist nur der Anfang, ich bin das Ende.«

SRHN, Kapitel 17:
In nomine patris et filii et spiritus sancti

Serdar im Auto: »Ich glaube, das Leben, diese Zeitspanne, von dem Moment, in dem wir zum ersten Mal die Augen öffnen bis zu dem Moment, wo wir die Augen endgültig schließen, das Leben ist nur ein Zustand und es kommt nicht darauf an, was wir in diesem Zustand den anderen antun oder uns aneignen, sondern es geht letztendlich darum, was wir aus diesem Zustand machen und was wir übrig lassen und deshalb ist der Tod auch nur eine Befreiung aus diesem Zustand, der für manche sogar, während sie in ihm sind, eine Last bedeutet.

Deshalb ist der Tod auch nichts anderes als das Herausschälen der Säle … der Seele aus ihrem Gefängnis, dem Körper, zurück zur ihrem Kern, nämlich dem Unfassbaren, dem Geist, dem Unsichtbaren, dem eben, was man dann aus dem, was man in dieser Zeitspanne zur Verfügung hatte an Erlebnissen, an Ausdruck gemacht hat. Es bringt also nichts, traurig zu sein, wenn jemand geht, für immer, so lange er etwas hinterlassen hat.

Es bringt nichts, Besitzansprüche zu stellen, an diese Zeitspanne, die man Leben nennt, sondern es ist unsere Aufgabe, uns damit abzufinden, dass wir nicht lange Zeit haben, um zu erfüllen, uns selbst, vielleicht auch Ansprüche anderer und dann wieder unseren Hut nehmen.

Hoffentlich nicht zu früh, jeder wünscht sich, dass er dann geht, wenn seine Zeit gekommen ist, und nicht, dass seine Zeit dann kommt, wenn er noch nicht gehen will, aber dann eines Tages, wenn die Zeit gekommen ist, dann geht man, wohin auch immer. Hauptsache, ein klein wenig von einem bleibt.«

Kurze Anleitung zum Hassismus

Wer ist der Hassias?

Hassias ist Gott. Hassias ist aber auch das Göttliche im Nichts. Es kann zwar nur einen Hassias geben, aber jeder hat auch einen Hassias in sich. Der Hassias ist im Jahre 2008, dem Jahre 0. v. H. (Null vor Hassias), seinem irdischen Propheten, dem türkischen Schauspieler Serdar Somuncu erschienen und seitdem ein Teil von ihm. Somuncu ist seitdem Gott und Prophet in Personalunion. Weissagungen der Biene Maja deuten allerdings darauf hin, dass der Hassias im Oktober 2013 endgültig von der Erde verschwinden wird, um in den hassistischen Himmel hinaufzufahren, wo er mit 13 thailändischen Nutten Scheiße-auf-Toastbrot-Partys veranstaltet.

Was ist Hassismus?

Hassismus ist das Bekenntnis zum hassistischen Glauben und die bedingungslose Unterwerfung gegenüber unserem Hassias, dem Schöpfer der Welt und der Systeme. Er bestimmt, wir folgen. Er sagt, wir hören, er fordert, wir erfüllen. Der Hassias ist in seiner Inkonsequenz unfehlbar und in seiner Inkontinenz unermesslich. Der Hassias ist größer als alle anderen Götter und niemand hat das Recht, sich über ihn zu stellen. Vor allem ist der Hassismus der Ursprung aller Religionen und jeder, der etwas anderes behauptet, hat nichts Besseres verdient als das ewige Fikifeuer.

Wie werde ich Hassist?

Indem du dich bedingungslos dem Glaubensbekenntnis der hassistischen Gemeinde anschließt und unterwirfst und pünktlich deinen Beitrag zahlst, sei es in bar oder durch den Kauf der Werke des Hassias, und dem Hassias und seiner Monstranz (Abkürzung für Monsterschwanz) ehrerbietest und ewige Treue und Beischlaf schwörst. Hassist zu sein bedeutet, alles und jeden zu hassen, ohne Ausnahmen zu machen. Hassist zu sein bedeutet, klüger zu sein als diejenigen, die ihre Empathieanteile nach Zugehörigkeit und Identifikation zu gesellschaftlichen Wertvorstellungen vergeben, und sich freizusprechen von geheuchelter Anteilnahme und Empörung. Hassist zu sein heißt, gegen Ungerechtigkeit zu kämpfen, indem neues Unrecht geschaffen und exemplarisch relativiert und zerstört wird. Hassist zu sein bedeutet, seine Meinung nicht nur dann zu sagen, wenn sie einem selbstdienlichen Zweck zugute kommt, sondern auch dann zu sagen, wenn sie wirklich gebraucht wird, und eine Haltung zu haben, die nicht im Affekt entsteht, sondern erst in der Ausdauer glaubwürdig wird. Hassist zu sein bedeutet, über den Dingen, über Zeit und Wort zu stehen.

Die Rangordnung der Hassisten lautet:

Hassist – Eleve und eingeweiht, erfordert 1 bis 3 Jahre Anhängerschaft und Überwindung von anfänglichen Zweifeln

Hassdiener – fortgeschritten und ernsthaft überzeugt, ab dem 3. bis 5. Jahr und bereits in einem Stadium der unwideruflichen Verblendung

Hassionar – willig und aggressiv ab dem 5. Jahr unberechenbar und universell einsetzbar

Hasstor – fanatisch und unbeugsam, im 7. bis 10. Jahr fest entschlossen, versiert, unbeugsam und ausdauernd

Hassias – unerreichbar, unfehlbar, ungerecht

Wie lauten die Grundregeln des Hassimus?

Alle zu erklären, wäre zu umfangreich, und das gesamte hassistische Wort wird bei nächster Gelegenheit in einem eigenen Band erscheinen. Daher hier nur einige Leitsätze unseres Hassias:

Hass ist unsere Leidenschaft, weil unser Hass dem Leid der Welt Abhilfe schafft!

Inkonsequenz treibt uns in die Erleuchtung!

Inkontinenz treibt uns in die Erleichterung!

Immanente Dekonstruktion bedeutet das Schlechte von innen zu zerstören!

Jede Minderheit hat ein Recht auf Diskriminierung!
Sei ein besserer Nazi als der Nazi selbst!
Sei ein besserer Mullah als der Mullah selbst!
Sei ein besserer Rabbi als der Rabbi selbst!
Unser Hass ist deformierte Liebe!

Wer zweifelt, vernichtet
Wer verrät, wird eliminiert
Wer schweigt, lügt
Wer schreit, hat Angst
Wer droht, verroht

Wer dem Hassias nicht glaubt, der kennt die Wahrheit nicht
Wer dem Hassias nicht folgt, der irrt, bis er zerbricht

Wer einem anderen Gott als dem Hassias huldigt, wird entpimmelt und geschmalzt.
Rote Bärte, lange Gewänder, Kaftans und Burkas, Kreuze und Kippa-Käppchen sind Teufelswerk und dienen nur zur Verschleierung der wahren Absichten der Verteufelten.
Keine Gnade mit Ketzern!

Wer nicht lacht, ist Nazi!
Humorlosigkeit ist das Leid der Extremisten.
Falsche Erwartung ist vorprogrammierte Enttäuschung!
Erfülle dir selbst, was der Hassias für dich nicht leistet.
Es kommt nicht darauf an, wie schnell er steht, sondern wie lange er oben bleibt.

Um andere zu unterdrücken, bedarf es ausreichender Intelligenz, um sie zu überzeugen erst recht.

Religion ist sackloses Gedenke!

Im Dunkeln finden selbst kluge Mäuse keinen Speck.

Wer versucht, den Hassias eines Widerspruchs zu überführen, der schließt von seinen eigenen Selbstzweifeln auf andere.

Es gibt kein Prinzip außer ES.

Arschfick ist gegen Gott, es sei denn man will dem Ungläubigen seine Grenzen aufzeigen.

Nicht jede Kackwurst ist es Wert geschissen zu werden!

Ein Fridolin hat niemals Hunger!

Wie erkenne ich einen guten Hassisten?

Indem du dich ihm durch die hassistische Losung zu erkennen gibst.

Sie lautet:

HEIL HASSIAS. Geheiligt sei sein Samen, in und auf den Damen.

Epilog

Die Arbeit von Serdar Somuncu öffnet den Raum für kontroverse Reaktionen. Auf seiner Homepage bietet er eine Klagemauer an, auf der an ihn gerichtete Kommentare, Beschwerden, Kritik und Drohbriefe veröffentlicht werden. Im Folgenden ein nicht korrigierter Auszug der Klagemauer vom Mai 2011 bis Oktober 2012.

Mai 2011

»Ich finde deinen Humor schon heftig.
Ich finde es krass, dass du dich auf Kosten der verschiedenen Kulturen und Religionen versuchst zu bereichern. Naja jeder bekommt irgendwann mal das, was er verdient. Im Gegensatz zu manch anderen die über deine komischen asozialen Witzen lachen, habe ich den Typ Mensch erkannt, der hinter deiner Fassade steckt. Schäme dich für die Person die in dir steckt. Schäme dich und denk mal lieber über die ART deines Lebens nach. Echt schrecklich das es so Menschen NOCH gibt....«
(unbekannt)

»Wenn Sie sich über die Asozialität von RTL mokieren, mögen Sie nicht all zu falsch liegen. Da Sie eine rassistische Äußerung gegenüber Frauen aus Sachsen Anhalt gemacht haben, mache ich Sie hiermit darauf aufmerksam, dies zu unterlassen.
Sie haben sicherlich eine Meinung aus den Massenmedien und die ist falsch. Asozialität, Dummheit und Niveaulosigkeit habe ich persönlich im Westen kennengelernt und kann bestätigen dass der Westen extrem rassistisch ist auch gegenüber Leuten wie Ihnen. Im Osten sind die Menschen freundlich und eher neugierig. Ich habe mich gestern für Sie geschämt. Gruss aus dem Assihessen mit rassistischen Bewohnern (((«
(Alice)

»du bist deutscher???
niemals...«
(unbekannt)

»Köln Cotzedy
Hey Serdar, es kann nicht ›zufällig‹ sein, das bei Deiner o. g. Sendung
etwas der Neid und die Enttäuschung aus Dir gesprochen haben, das
Du wohl scheinbar der einzige Kacke.. ähm ›Migrationshintergründ-
ler‹ in Deutschland bist, der keinen Comedy-Preis bekommen hat....
Zumal die Chancen doch mehr als günstig für Dich standen... wo
doch jeder aus der ›isch, misch, disch‹-Fraktion nicht wirklich sehens-
wert ist...sofern pflichte ich Dir in diesem Punkt bei...das in diesem
Fall wirklich die falschen einen Preis bekommen haben... Gruß.«
(Stud. jur. XXX)

»Sobald in einem Programm die Leute unterhalten werden, die damit
kritisiert werden sollen, ist es im besten Fall mangelhaft im schlechtesten schädigend.
GUTE Satire ist nunmal, leider, nicht von der Realität zu unterscheiden.
Wenn ich nun im Publikum sitze und das Kotzen/Heulen bekomme
während die Homophoben vom Nachbarsitz sich kringelig lachen,
dann hat Herr Somuncu versagt. Er kritisiert nicht, er unterstützt nur
den Status-Quo.
Die einzige Möglichkeit, wie man derart ›glaubwürdig gespielte‹ (ich
glaub immer noch, dass er das schon recht ernst meint, auch wenn er
wo anders gaaanz lieb ist) Satire verwenden kann, OHNE in die Hände
der Kritisierten zu spielen ist, indem man die Rolle bricht. Absolut
komplett ohne Vorbehalt.
Dazu müsste Somuncu allerdings spätestens bei der Hälfte des Programms aufhören, seine primären Opfer zu belästigen und sich auf
deren Seite stellen. Was er wohl nicht kann. Sonst hätte er ja ein brei-
teres Sortiment an Witzchen.«
(Elbi)

»Warum bekommen Deutsche keinen Islam-Unterricht und müssen nicht Türkisch lernen? Wie kann man so bekloppte Fragen stellen?! Weil Ihr nicht in der Lage seid, anständig Deutsch zu lernen, sollen wir jetzt Türkisch lernen? Geh' mal besser schnell in Dein Land zurück... Deutsche finden derart geistige Tiefflüge nicht grenzenlos witzig!«
(unbekannt)

»Sehr geehrter Herr Somuncu!
Leider muss ich Ihnen mitteilen, dass Ihre Witze über Muslime und deren Religion breiten Zufall von Seiten der Islamhasser findet. Ich persönlich bin sehr traurig darüber und hoffe, dass Sie darüber nachdenken werden, ob es sinnvoll ist, falls Sie Muslim sind, Ihre eigene Religion, den Islam ›schlecht‹ dastehen zu lassen.
Alles Gute.«
(Herr A.)

»ich habe sehr viel von ihnen gehalten, bis sie das wort ›ersatzneger‹ in den mund genommen haben.
sehr, sehr schlecht, herr somuncu.«
(unbekannt)

»Sehr geehrter Herr Somuncu,
können Sie bitte nicht ohne Obszönität in Ihren Aufführungen auskommen?
Es geht auch ohne, auch Sie können sich so besser im Comedian-Markt positionieren. Ich fand zum Beispiel die MegaHatenight 5 (Thema Türken), in der Sie sich über das Gebet der Muslime durch eine Collage mit Aerobic-Tänzerinnen lustig gemacht haben, sehr entwürdigend.«
(unbekannt)

»Also eigentlich mag ich den Serdar,
ich guck denn total gerne,
aber ich bitte darum keine Witze über die Religion zu machen
das macht man wirklich nicht, ansonsten find ich denn echt klasse,
Gruss.«
(Jama)

»Nur so mal zur Klarstellung, von wegen ›behaarte Fotzen im Iran‹.
In islamischen Ländern ist es schon seit 1000 Jahren Sitte, dass die
Frauen sich unten rum rasieren, während eine solche hygienische
und saubere Art der Intimpflege bei uns hier erst seit - 20 Jahren in
Mode gekommen ist. Also bitte vorsichtig mit so Beleidigungen, die
eher auf einen selbst zurück fallen. ;)«
(unbekannt)

»Ich würd dem Kerl einfach ein Messer ins Herz rammen, sodass
er nie wieder das Wort ›Iran‹ oder ›Islam‹ in den Mund nehmen
kann!«
(unbekannt)

»Beschwerde
Sehr geehrter Herr Somuncu,
Ich schreibe ihnen mit einem sehr großen Anliegen zum Nachden-
ken.
Ich finde das absolut nicht okay, dass sie über die homosexuelle
Gesellschaft in Deutschland, auf einer übelsten primitiven Seite
ablästern. Wissen sie, wie lange wir für eine Anerkennung kämp-
fen???
Wissen sie wie schlimm es ist zu Diskriminiert zu werden???
Wissen sie wie schlimm es ist sich verstecken zu müssen weil man
durch solche Kommentare wie von ihnen, sich schämen muss??
Durch ihre kommentare machen sie sich über uns lustig und das ist
nicht okay!

Ich hoffe sie denken ein wenig nach, und sehen nicht nur ihre Profite.
Ich wünsche ihnen alles Gute.
Mit freundlichen grüßen.«
(Patrik S.)

»somunco, du bis so ein schwuler arschlockmach liber scheiswizze
über dein türkleute aber nix von osi und polen
heil h.«
(unbekannt)

»hoffe, das wir das noch hinkriegen vor einem schoenen Christl.
Fest ...
Ostern, Du erbärmliche blendend wiederlegte Hilfsjudensau, hab
schon nen Stern für Dich geschnitzt. Der ist Gelb, die Zacken haue
ich Dir in Deinen Arsch, Guido.«
(hauke)

»Serdar Somuncu ist ein Stück Scheiße, der denkt nur weil er türkischer Abstammung wäre, könnte er beim Islam mitreden.
Wir brauchen seine Vorstellungen von Religion nicht und er kann sie
für sich behalten, dieser schmutzige Kafir. Wenn er es nicht lasse kann
seine kranke Weltanschauung anderen aufzuzwingen, kann ich ihm
nicht garantieren, dass er mal einem schlecht gelaunten ›schwarzen‹
Schaf unter den Muslimen begegnet, dass nicht so friedliebend ist wie
ich, vorsichtig ausgedrückt.«
(könig lurchi)

»Hast dich wunderbar integriert Somuncu,
herzlichen Glückwunsch. Abgesehen davon dass du ziemlich unlustig
bist, möchte ich dir noch sagen: So sehr du dich auch bei den Deutschen einschleimst, und selbst wenn du drei Deutsche Pässe hast, du
bist und bleibst ein Kümmeltürke.

Wir Muslime stehen zu unserem Recht auf Burka, Niqab und Tscharschaf, ihr identitätslosen pseudo aufgeklärten Heinis könnt währenddessen weiterhin populistischen Mist nachplappern.«
(Freak)

Juni 2011

»serdar serdar serdar,
du weisst wohl auch nicht mehr wie du aufmerksamkeit erregen kannst wie?
ich schäme mich ein landsmann von dir zu sein, fand ein paar sachen ganz gut von dir aber über kinder so zu reden ist das aller letzte! als mutter finde ich es gar nicht lustig! wenn jemand eine schlechte kindheit hatte, kommt sowas wie serdar somuncu dabei raus! du kannst einem leid tun! wünsche dir gaaaanz viele kinder mit ads!«
(raggakaya)

»Lieber Serdar Somuncu,
ich fand es sehr erfrischend, als ich die ersten Sketche von dir gesehen habe. Nach paar Clips merkt man aber, dass es immer wieder gleich gestrickt ist: Du läßt den Psychopathen aus deinem Inneren auf die Zuschauer los; die verunsicherten meist deutschen Studis lachen verlegen und freuen sich, dass sie dir nicht nachts auf dem Weg nach Hause begegnen müssen.
Aber als Iraner interessierte mich doch, was du über AhmaPdiddy bzw. Iran zu sagen hast. Und das war nicht nur schwach, sondern echt ernüchternd. Mann, stell Dir vor, sie ficken deine Mutter im Gefängnis durch (wörtlich genommen), weil sie auf Ihr Recht nach Freiheit bestanden hat, und irgendeine Dumpfbacke mit schlechten Zähnen beschimpft sie unreflektiert und einfach dumm als ›Drecksfotze, die hervor kommt, wenn man das Kopftuch wegnimmt‹

Du bist nicht besser als der primitive Durchschnitt, den du so bitter bei RTL & Co. beklagst; Du käust nur die Scheiße, die sie produzieren, geschickt wieder.

Melde dich, wenn ich daneben liege,«

(Omid)

September 2011

»Hast du was gegen den Islam?

Außerdem hast du keine Standpunkte und kritisiert irgendwie alles.

Du musst differenzieren und nicht alle in eine Tonne schmeißen.«

(omar)

»Ey schämst du dich nicht.

Wie wurdest du erzogen ya hast du keine Eltern gehabt??? Trau dich mal etwas über die wahre Religion zu sagen vor mir oder anderen Gläubigen du penner. Fürchtest du nicht ALLAH den barmherzigen.

Du hast noch ne Chance versuch ein ganz neues leben zu starten bevor dich der Teufel auffrisst. Und hör auf immer deine scheis Zähne zu zeigen, du hast nämlich ein verficktes Gebiss, junge. in meinen augen bist du kein türke lan. du siehst aus wie ein jüdischer missioner. verpiss dich und lass dich nie vor mir blicken, das rate ich dir du hässliche fotzenfresse.«

(unbekannt)

Oktober 2011

»lo Serdar, durch meinen Bruder bin ich auf dich aufmerksam geworden.

Ich mag Leute, die sich etwas trauen und das Kind beim Namen nennen. Auch in Interviews hast du mich durch deine kluge Argumentation überzeugt. Ich glaube zu verstehen, was du mit deinen Auftritten bezweckst.

Ein bischen vergleiche ich dich mit Sacha Baron Cohen in seiner Rolle als Borat. Du versuchst die Leute aufzurütteln und zum nachdenken anzuregen ... auf deine ganz spezielle Art und Weise :) Und du versuchst die Leute durch deine Jokes zu entlarven, ähnlich wie Borat ... ist es schlimmer, dass ich solche Witze mache oder dass sie darüber lachen', frägst du sie. Das einzige worüber ich nicht lachen konnte, weil du in meinen Augen den Eindruck hinterlassen hast, dass du dich damit nicht genügend auseinandergesetzt und ausgiebig informiert hast, war dein Beitrag zum Iran und seinem Präsidenten. Ahmadinejad ist die eine Sache, das iranische Volk eine andere. Ich selbst bin Kroatin, mein Mann ist ein jüdischer Israeli und ich arbeite für einen Iraner. Klappt also alles wunderbar, wenn man tolerant ist. Ich empfinde tiefes Mitgefühl für all die schrecklichen Dinge, die diesem klugen Volk seit Jahren angetan werden. Ich weiß nicht, ob du persönlich einige Iraner kennst, aber sie sind sehr offen für einen Meinungsaustausch und man kann wirklich intelligente Diskussionen mit ihnen führen. Ich kann Omid, der dir am 09.06.2011 auf deiner Klagemauer eine Nachricht hinterlassen hat, nur zustimmen. Die Frauen im Iran als ›Drecksvotze, die hervorkommt, wenn man das Kopftuch wegnimmt‹ zu beschimpfen, die so ein schweres Los haben dort zu leben, finde ich nicht gerechtfertigt. Außer Isfahan und Teheran konntest du keine weiteren Städte dort aufzählen. Du hättest dich lieber besser mit den Land und seinen Leuten beschäftigen sollen, bevor du so primitiv austeilst! Das war ein schwacher Beitrag dazu von dir. Ansonsten – Respekt für deinen Mut und dein Bestreben, den Menschen die Augen über Dinge, die auf dieser Welt vor sich gehen, zu öffnen.«

(billbi)

November 2011

»Hallo Serdar, du warst und bist in meinem Comedy-/Kabarettolymp immer noch ganz oben.

Leider hast du deinen Biss verloren, deine Zähne werden stumpf. Du wirst alt, du wirst ein grumpy old man, der seinen Pessimusmus nicht mehr kontrollieren kann und ihn für sich selbst als Realismus auslegt. Du musst dich für jede ›härtere‹ Aussage rechtfertigen und tust es auch noch. Manchmal übernimmst du sogar die Interpretation deines eigenen Werks. Ich frage mich, wo dies alles hinführen soll.

Du verschwendest dein Talent einfach in Publikums- und Kollegenbeschimpfungen. Das ist ein, zwei Mal lustig und innovativ, doch es wirkt zunehmend abgelatschter und vorhersehbar.

Kurzum: Ich kann in etwa jede Pointe vourausahnen. Dein Programm sieht in etwa so aus (Publikumsbeschimpfungen, Nazi-Vergleiche, Refelexion, Erklärungen, usw.). Dein Programm hat mich beim ersten Mal vom Hocker gehauen. Ich war tief berührt, es hat mich zum Nachdenken angeregt. Doch leider hast du den Zeitpunkt verfehlt, wo du dich als Künstler neu erfindest. Du stagnierst in deinem Hass, anstatt ihn wirklich kreativ zu nutzen, und spielst deinen alten Schuh herunter. Ich seh dein Gesicht leider allzu öfters in einer selbst ernannten Talk-Show, wo du dein Rede-Repertoire herunterleierst, und ich befürchte, dass du zu einer Art Talkshow-Insasse wie Precht, Broder, Friedman wirst, bloß weil uns täglich eingehämmert wird, die Meinungsfreiheit sei das höchste Gut. Warum lässt du dich nicht auf Neues ein? Mein Rat an dich: Mach' dich rar, baue eine Mystik um deine Künstlerfigur herum auf. Sei noch elitärer, noch unangepasster. Ich gebrauche das Wort Genie höchst selten und könnte höchstens 4-5 Personen in der gesamten Menschheits-und Kulturgeschichte benennen. Auch du solltest dazugehören, doch leider ist es dazu noch zu früh. Auf jedenfall bist du ein Pionier, jedoch ein Meister für sich, ohne Lehrlinge.

Ich bin trotzdem immer noch begeistert von dir, doch meine Begeisterung lässt nach.

Mit freundlichen Grüßen«

(Erik)

»Die Vielfalt seines Programms gefällt mir gut.

Niemand kommt zu kurz und niemand wird verschont. Meiner Meinung nach gibt es noch mehr Gruppierungen, die erwähnt werden sollten.

Einziger Kritikpunkt. Serdar kritisiert ›Künstler‹ wie Bülent Ceylon und Kaya Yanar, aber wenn es um Menschen mit Migrationshintergrund geht, dann macht Serdar im Prinzip dasselbe aber auf einem anderen Niveau. Das Bild, welches der Zuschauer über diese Völkergruppen hat bleibt dasselbe. Asoziale die nicht in der Lage sind sich anzupassen. Das finde ich nicht sonderlich Integrationsfördernd auch wenn er versucht durch dieses Bild zu zeigen, dass es öfter Klischees sind und es in der Tat viele Ausnahmen gibt. Beim Zuschauer kommt es etwas anders rüber. Ansonsten Top und ich freue mich auf den Abend im März in Bochum. Jeder hat es verdient das man ihm an den Kragen pisst. Auch Pseudoislamisten die ständig darüber Klagen abgestempelt zu werden, aber Global mehr Rechte haben als Hitler im zweiten Weltkrieg. Außerdem solltest du mal für die Rechte des Mannes kämpfen. Frauen klagen immer über Emanzipation und Gleichberechtigung, aber ständig stehen ihnen alle Türen offen, während der Moderne Mann kämpfen muss, damit er Frauen unterdrücken darf.«

(Özge Y.)

»Lieber Serdar,

was dieser Brief bewirken soll? Ich weiß es selber nicht. Doch denke ich dass Du diese Zeilen vielleicht ernster nimmst als irgendein Bullshit-Kommentar unter deinen Videos. Ich schreibe diesen Brief aus der tiefsten, mir zugrundeliegenden Überzeugung, dass deine Musik und das Video dazu scheisse ist.

Was hätte der Serdar in den Hatenight-Videos in seinem Auto seinem Navigationssystem erzählt? Er hätte dich eine widerliche Schwuchtel genannt, bei der man nicht wüsste, wenn man geil auf sie wär, ob man sich nun in die Kategorie schwul oder tuntengeil (Ist das nicht das gleiche? Haha, ich wollte nur einen Vergleich ziehen!) stecken sollte. Wieso bist Du geschminkt? Wieso wieso wieso? Du machst so eine grandiose Comedy. Deshalb wahrscheinlich auch der Preis, zu dem ich dir herzlichst gratuliere. Deine Shows, ob Hatenight oder im Waschsalon bei Comedy Central oder dein 2-stündiges Programm auf DVD haben mich so was von fasziniert und inspiriert! Haha, der Hass wurde auch in mir geweckt! So was hat bisher kein Comedian, ausser vielleicht Kevin James geschafft, bei ihm allerdings auf eine ganz andere Weise. Man merkt auch, wie Du bei Interviews, wo sie dich für deinen etwas über die Grenze schreitenden Humor tadeln wollen, immer überlegen bist und einfach völlig für das eintrittst was Du da auf der Bühne erzählst. Aber dann das Musikvideo. Mein lieber lieber Freund. (Oder Kamerad? oder entfernter Bekannter oder Verwandter und Kamerad und Bekannter zugleich? :D) Das hat alles versaut. Was soll der BULLSHIT? Du verrätst dich damit selbst. Und die Schminke, oh die Schminke! Alter! Das machen so Leute wie *please-fill-in-the-gap*, die nix selbst können und zu der inneren Vagina finden müssen, die sie in sich tragen. So was musst Du nicht! Wenn Du es wegen Kohle machst, na ja, denke ich hast Du auf diesem Weg eher die schlechteren Karten gewählt. Klar kommt vielleicht jetzt was durch ein paar verkaufte Platten rein, aber auf lang gesehen schädigt es dein Image, weil Du dich mit dieser Arschkacke aufgegeben hast und Du der letzte sein solltest, der sich aufgibt. Du bist quasi die perfekt vertretene Meinung in sich selbst, und was machst Du? Du gibst dich auf. Für Geld? Für Ruhm? Weil es dir Spaß macht,

dich wie eine schwule Sau zu verkleiden, Kindern Fahrräder zu
klauen und am Sattel zu schnuppern? :D Junge junge junge!
Bitte, schmeiss die Platte weg, und get back the roots, da wo Du
herkommst. Comedy, Theater (?), Hitler zitieren oder Schauspie-
lern, wenn es zu dir passt, ist zudem äußerst kommerziell und
nicht so Image-schädigend wie der Versuch, Musik zu machen!
Bitte, bitte, bitte. Ein, von der Comedy stark faszinierter, von der
Musikschiene äußerst enttäuschter, Fan.«
(Maximilian S.)

Dezember 2011

»Du Serdar,
ich finde es nicht korrekt wie du auf den Islamophoben Zug auf-
springst und deine Ursprünge leugnest und in einen schlechten
Schatten stellst. Besinn dich bitte und finde den Weg zurück zu
Allah und fürchte ihn.«
(cetin b.)

»Dein kopf wird rollen du drecks kafir!«
(Mujahid)

Januar 2012

»das geht an serdar: du huren sohn hör auf über islam schlecht zu
reden
okay und ich hoffe irgend einer ficikt dich dafür was du laberst pic
du benimm dich wie ein türke du schweine gesicht huren sohn kind
du.«
(chadi k.)

Februar 2012

»Sehr geehrter Herr Somunco,
ich habe 3 Jahre in den USA gelebt, selbstverständlich habe ich mich integriert.
Aber nie das Deutsche herausgekehrt. Genau das erwarte ich von jedem Immigranten hier in Deutschland auch, egal welcher Herkunft. Da wir in einem freien Land leben, kann jeder, dem die deutsche Kultur nicht passt in sein Heimatland zurückgehen. Ich kann nirgends auf der Welt erwarten, dass sich mein Wahlland für mich ändert. Und genau das ist der Punkt.
Mit freundlichen Grüßen«
(unbekannt)

»Guten Tag,
ich habe über viele Hatenight-Folgen lachen können, bis auf eine, in der Serdar Somuncu sich über sogenannte Bio-Fotzen das Maul zerreißt.
Ich wünsche ihm, das er einmal darauf angewiesen ist Gluten freie Lebensmittel in seinem Ernährungsplan aufnehmen zu müssen.
Das hat nichts mit Bio-Fotzen zu tun, sondern ist zurückzuführen u.a. auf die Krankheit Morbus Crohn.
Er soll sich mal den Spaß machen und versuchen die Scheiße irgendwo zu bekommen.
Man fährt teilweise kilometerweit in den nächsten Supermarkt und bezahlt einen hohen Preis, für diese Lebensmittel.
Ich verstehe viel Spaß, nur irgendwo ist der Bogen überspannt und man sollte sich Gedanken machen, bevor man was raushaut.
Nach meiner Meinung hat er bei so vielen alltäglichen Situationen Recht.
Er hat es nicht nötig, solch eine Scheiße loszulassen.
Mit freundlichen Grüßen«
(Fabian K)

»Lob und Beschwerde

Hallo Serdar, ich kenne dich erst seit paar jahren.

Eigentlich finde ich dich sehr lustig und deine shows ziemlich gelungen. Hauptsächlich bin ich durch youtube auf dich aufmerksam geworden. Ich habe bestimmt all deine Videos in youtube gesehen und einige auch mehrmals. Auch ich bin genauso wie du ein türken deutscher. Oder um es genau zu sagen, ein Deutscher mit Migrationshintegrund. Ziemlich schnell konnte ich erkennen, dass du anders bist als die Masse. Du bist alles was der meiste Türke nicht sein kann. Jemand den man gehör schenkt und den man vieleicht als Vorbild akzeptiert. Das was du vor der Bühne von dir gibst, ob es nun mal vorgespielt ist oder nicht, du wirst damit identifiziert und wiedererkannt. Manchmal ist es gut und manchmal übertreibst du. Vor allem wenn es um das sensible Thema wie Religion geht. Da kann ich dich nicht verstehen. Dass du nicht daran glaubst oder dass du es nur vorspielst nicht daran zu glauben, ist deine Sache und dein Recht als Mensch. Auch in dem Islam geht es um den freiwilligem glauben und nicht um Zwang. Was du aber als Kommentar von dir gibst ist nicht akzeptabel. Denn die Menschen die dich und deine Schow's sehen, nehmen dich ernst und die Aussagen ebenfalls. Deine witze oder sprüche über die Mosche wie zum Beispiel: ›Kopftuchpuff‹ werden weiter rezitiert. Ich hoffe du erkennst deine Grenzen, was möglich ist und was scheiße ist. Sonst verlierst du bald einen weiteren Fan von dir. Und wer weiß vieleicht alle Türken irgendwann mal. Übrigens es würde mich auch bei den anderen Religionen stören. Liebe Grüße«

(unbekannt)

»Serdar Somuncu ist der Beweis dafür was passiert, wenn man zu oft einen mit dem Koran über den Schädel gezogen bekommt!

Lass dir einen Mohammed tätowieren, du Feigling!

Zieh dir aber niemals eine Latexhose an und lass dich von deiner Domina anpissen, sonst wirst du am Ende noch sympathisch!«

(mona)

März 2012

»Alter bin ich grad entäuscht ...
find deine Sachen sonst echt witzig,
aber mit deinen unqualifizierten Kommentaren zum Fussball
hast du dir grad n Ei gelegt! Schön die Stammtisch Parolen raus
gehauen...«
(geht)

Mai 2012

»Serder, du solltest wissen, dass du von vielen Muslimen als Verräter
bezechnet wirst.
Du machst Witze über den Islam, um die Nichtmuslime zu amüsieren. Was für ein dreckiger Heuchler bist du denn!? Du schleimst
bei den Europäern und bettelst um etwas Anerkennung, dafür bist
du bereit alles zu opfern. Dein Land, den Islam und deine Landsleute, die Türken, denn du bist kein Deutscher und wirst nie einer
sein. Ich kann mir vorstellen, dass wenn es drauf ankommt, du auch
bereit bist deine Mutter, deine Schwester oder deine Frau auf dem
Strich zu verkaufen, damit du Anerkennung und Geld hast. Ich sage
nur: SCHANDE ÜBER DICH!!!«
(dschahannamistdeinplatz)

»Sich über den Islam lustig zu machenist echt beschämend und
nicht witzig.
Du bist eine Schande für alle türken und vor allem bist du kein
Muslim. Nicht mal die deutschen reden so einen Schwachsinn und
haben Respekt vor Muslime. Ich wünsche dir von ganzem Herzen
Misserfolg und Niederschläge und hoffentlich wird man dich nie
wieder fürs fernsehen buchen. Lern erstmal was über den islam.«
(dhdbu)

»Lieber RTL Zuschauer als Kinderschänder der sein Geld mit Pseudo Comedy verdient. In diesem Sinne.«
(stefan w.)

September 2012

»ey diggaserdar hast du mal darüber nachgedacht das vlt deine oma oder urgroßoma mal kopftuch getragen hat und du sie als ne nutte bezeichnest?«
(hedayatullah)

Oktober 2012

»Sehr geehrter Herr Somuncu,
ich achte die deutsch-türkische Freundschaft, die es seit 120 Jahren gibt und die auch Wilhelm II. und Adolf I. gepflegt haben.
Sie sind aber noch lange nicht gut genug ethisch, genetisch und kognitiv eingedeutscht, als daß Sie sich abfällige Bemerkungen über die Zeit des III. Reiches und dessen Politiker machen dürfen - nehmen Sie erstmal Haltung an! Zudem: Wie kommen Sie dazu, das Aushalten von Migranten durch die deutsche Mehrheits- gesellschaft einzufordern und das Schmarotzertum zu fördern? Buschkowski hat völlig Recht: Die allermeisten Migranten kommen nur wegen der Unter- haltes und der medizinischen Überversorgung hierher - diese Leute brauchte Deutschland vor 40 Jahren nicht und heute erst recht nicht! USA, Australien u.s.w nehmen nur die Besten und Gutgestelltesten jedes Jahrganges - das hätten wir auch tun sollen. Alles dummes Zeug wird - das ist das allerschlimmste - von dummen und schmarotzenden eigenen Leuten gefordert, weil Deutschland ›leider‹ den II. Weltkrieg verloren hat. Alles dieses dürfern Sie von mir öffentlich sagen. Sorgen Sie mit dafür, daß alle Muslime

das deutsche Tierschutzgesetz genau einhalten und das abartige Schächten total unterlassen - hier kann der Zentralrat der Muslime seine volle Integration nachweisen - es galt und gilt weiterhin: Die Deutsche Leitkultur führt!!!«
(MfG Prof. Dr. R.)

»Sag mal, hast du zu viel türkischen Kaffee gesoffen,oder was ist mit dir los?!
Wenn ein Deutscher,und ich meine keinen Lackaffen wie dich,die nur deutsch sprechen,so etwas im TV bringen würde, würde er direkt in den Bau wandern. Dir gefällt das deutsche Fernsehprogramm nicht?DANN VERPISS DICH DOCH WIEDER IN DEIN SCHEIß LAND!!! Du ist der letzte Dreck! So was wie dich will hier niemand! Zuhause bei Mama am Tisch traust du dich sicher nicht,solche Sachen wie ›ficken-scheiße-Arschloch‹ in den Mund zu nehmen. Vor nicht allzu langer Zeit hätte man dich an die Wand gestellt und abgeknallt! Sollte man vielleicht auch machen. Du bist eine Schande - für jedes Volk! Vielleicht solltest du mal darüber nachdenken,was wir Deutschen über euch Türken denken! In dem Sinne, ich hoffe, man prügelt dir mal Verstand ein!!!«
(jana k.)

»Es geht mir nicht um Provokation, ich will Denkgrenzen auflösen«

Interview mit Serdar Somuncu

Identität & Selbstverständnis

Sie werden oft als »deutsch-türkischer Comedian« bezeichnet. Wie ist Ihr eigenes Selbstverständnis?

Somuncu: Ich kann das eigentlich nicht genau sagen, da ich mir nicht jeden Tag einen Titel gebe. Es ist mir auch egal. Manchmal schreibe ich, dann bin ich Autor, manchmal schweige ich, dann bin ich auch Autor. Ich passe nicht in die gängigen Denkklischees. Der wichtigste Fixpunkt, den ich als roten Faden immer wieder in meiner Arbeit erkenne, ist mein künstlerisches Selbstverständnis als Theatermensch, also jemand, der kommuniziert über Sprache, über Inszenierung von Sprache oder Erforschung von Sprache, insbesondere die Erforschung von Subtexten und das streift sehr viele andere Bereiche. Ich bin auf keinen Fall Comedian, das ist ausgeschlossen. Gerade auch weil ich jetzt zu Beginn der neuen Tour merke, wie wenig ich das mag, dieses »Lachen auf Knopfdruck« und wie schwer ich auch damit umgehe, diese Erwartungshaltung der Zuschauer zu erfüllen, sie zum Lachen bringen zu müssen. Ob ich Kabarettist bin, weiß ich auch nicht, weil Kabarett ein mittlerweile durch die Nomenklatur des linksorientierten Spießbürgertums sehr besetzter Begriff ist. Comedy und Kabarett allerdings sind Elemente, die mit Theater zu tun haben, und so gehört es auch zu meiner Arbeit, diese Facetten abzudecken.

Darüber hinaus, und das wissen die wenigsten, bin ich Musiker. Ich denke tatsächlich auch in Noten, wenn ich spreche. Sprache hat für mich sehr viel mit Rhythmus zu tun, viel mit Takt und Metrum. Daher lange Rede, kurzer Sinn: Künstlerisch bin ich irgendetwas zwischen Schauspieler und Musiker.

Was ich persönlich bin, weiß ich auch nicht, da geht es mir ähnlich: Ich habe zwar einen Fixpunkt, das ist meine Herkunft, aber aus diesem Fixpunkt heraus gibt es viele Entwicklungsrichtungen. Ich bin manchmal sehr »holländisch«, weil ich lange in Holland gelebt habe, manchmal bin ich sehr »deutsch«, und manchmal, ohne dass ich jemals da gelebt habe, bin ich sehr »russisch«. In der klassischen Musik jedenfalls war ich schon immer eher bei Shostakovich als bei Schumann.

Ich tue mich also sehr schwer mit konkreten Definitionen, ich definiere mich lieber über das Ganze oder überlasse es dem Rezipienten meiner Arbeit, mich ein-zuordnen. Dieser kann gerne sagen, ich sei Künstler, ich sei Schauspieler oder was auch immer, ich selbst lege mich ungern fest.

Könnte der Begriff der individuellen »Vielfalt« Ihr geschildertes Selbstverständnis umschreiben?

Somuncu: Eher als der Begriff der Vielfalt würde »Freiheit« mein künstlerisches Selbstverständnis umschreiben. Denn nichts ist tödlicher für die künstlerische Freiheit, als Restriktionen, Mauern und vorgefertigte Raster. Diese Raster sind für mich schon immer eine Behinderung gewesen. Es stört mich, dass Leute in vielen Bereichen Ansprüche vorgeben und sagen, etwas hat auf eine bestimmte Art so und so zu sein. Dann hört meine Kunst auch auf zu atmen, dann wird sie anorganisch.

Daher ist dieser große Anspruch an meine künstlerische Freiheit auch eher zu präsentieren in der Vielfalt, als wenn ich mich auf einen spezifischen Punkt konzentriere. Manche Leute sind da anderer Ansicht. Sie sagen, wenn ich mich auf einen speziellen Punkt konzentriere, dann könnte das eine stärkere Wirkung haben, als wenn ich mich so streue. Aber bei mir ist gerade auch das Streuen meiner Energien etwas, das mich sehr zuversichtlich, sicher und stark macht, denn es entspricht zugleich der Vielfalt meiner Eindrücke.

Sie spielen mit großem Genuss mit dem Wechsel zwischen unterschiedlichen zugeschriebenen Identitäten, mit dem »Deutschsein«, mit dem »Türkischsein«. Welche Rolle spielt dabei das »Deutschsein« für Sie? Was heißt das, »deutsch« zu sein?

Somuncu: Das ist eine schwere Frage. Schick wäre es, zu sagen, es gibt keine Unterschiede. Aber es gibt sicher einen Unterschied, zwischen dem Gefühl, »deutsch« zu sein, und dem Gefühl, »türkisch« zu sein. Aber wo dieses Gefühl anfängt und wo es aufhört, das ist meistens sehr schwer zu erkennen.

Man kann es nur an kleinen Dingen festmachen. Es gibt z. B. eine Stelle in meinem neuen Programm, wo ich sage: »Ich weiß nicht, was ich bin, aber ich kann Ihnen deutlich machen, dass Sie ›deutsch‹ sind. Da muss ich nur mal ganz kurz über Juden reden und Ihr innerer Zensor, der sich fragt: ›Darf man so etwas?‹, ist dann das Erste, an dem Sie spüren, wie ›deutsch‹ Sie eigentlich sind.« Da lachen dann viele, aber tatsächlich meine ich das sehr ernst.

Es gibt sehr viele Themen, die im Deutschen ganz anders rüberkommen als im Türkischen. Ich finde es dennoch sehr oberflächlich, eine Typologie des »typischen Deutschen« zu zeichnen. Denn jeder empfindet es letztendlich unterschiedlich. Für mich ist die Wahrnehmung des »typisch Deutschen« ganz anders als für Sie. Letztendlich ist »deutsch« das, was mich umgibt. Und ich bin ein Fremdkörper in einer sehr ungewöhnlichen Welt. Ich versuche diese Welt zu verstehen, denn ich lebe schon sehr lange hier und manchmal kommt es mir sogar schon so vor wie meine eigene Welt.

Aber ich fühle auch oft, dass es nicht meine eigene Welt ist. Es macht mir dann ebenso großen Spaß, die Unterschiede zu spüren. Das sind manchmal ganz banale Dinge, wie z. B. im Türkischen Dinge, die man mit sich im Kopf ausmacht, weil man sie nicht direkt ausspricht wie irgendwelche Höflichkeitsrituale, während »deutsch« im Gegenzug dazu, um das jetzt mal stereotyp wiederzugeben, etwas sehr Direktes und zuweilen Unhöfliches ist. Aber das ist mir manchmal sogar lieber.

Sehen Sie sich selbst als »Vermittler zwischen den Kulturen« oder ist das Bild vom »Dazwischen« oder der »Brücke« prinzipiell fragwürdig?

Somuncu: Ob ich mich als Vermittler sehe, weiß ich nicht. Ich weiß auch nicht, ob mir das zusteht, Vermittler zu sein. Das ist eine Zuschreibung und letztendlich auch eine Kompensation für eine Auseinandersetzung, die jeder mit sich selbst zu führen hätte. Der Deutsche kann ja genauso vermitteln zwischen deutscher und türkischer Kultur, dafür braucht er ja nicht meine Herkunft. Der Vermittler wird mir gerne zugeschrieben, vielleicht auch weil ich gut deutsch sprechen kann, besser als andere Türken, die nicht etwa nur weil sie kein Interesse daran haben, die deutsche Sprache vernachlässigen, sondern auch weil ihnen eine gemeinsame Perspektive fehlt. Viele Türken erleben Deutschland aus einer sehr eingeengten, einer sehr »türkischen« Perspektive, obwohl sie eigentlich schon sehr »deutsch« sind. Man erkennt also nicht immer an der Sprache, wie die Menschen sich fühlen. Manchmal bin ich, obwohl ich mich im Deutschen gut ausdrücken kann, viel türkischer als diese Leute. Das klingt vielleicht widersprüchlich.

Die Vermittlerrolle steht mir vielleicht auch deswegen nicht zu, weil ich offen gesagt zu wenig von der »türkischen Seite« weiß und nicht genau sagen kann, wie sie sich anfühlen müsste, um glaubhaft zu sein. Wir Türken in Deutschland sind ja erstmal Deutsch-Türken und wir sind anders als die Türkei-Türken. Das hat sehr viel damit zu tun, dass die Türken, die hier leben, die Türkei zu einer »Türkei der Erinnerung« haben werden lassen. Das Einzige, was ihnen geblieben ist, ist ihr türkischer Name und das, was ihnen ihre Eltern von der Türkei vermitteln. Aber auch ihre Eltern, also die Türken der ersten und zweiten Generation leben in einer stilisierten, in einer »Erinnerungs-Türkei«.

Ich könnte also nur sehr schlecht das repräsentieren, was die Türkei wirklich ist, ich könnte höchstens das repräsentieren, was die Ambivalenz eines Deutsch-Türken ausmacht. Das mache ich manchmal auch gerne, aber nicht »gegen jemanden« oder »für jemanden«, sondern ohne Rücksicht auf die Herkunft, z. B. auch gegen meine eigenen Leute. Ein Vermittler zwischen den deutschen und den türkischen Ansprüchen zu sein ist daher vielleicht einfach, aber es endet meistens ohnehin in Forderungskatalogen und Anpassungsstrategien. Vermittler zwischen Deutschen und Deutschen oder etwa zwischen Türken und Türken zu sein ist viel schwieriger und deckt viel mehr Diskrepanzen auf.

Und das mache ich sehr gerne, denn ich bin am liebsten dort, wo »Gelenke« sind. Ein Gelenk ist eine Schnittstelle zwischen zwei Knochen, aber zugleich auch etwas Bewegliches. Ich begegne den Leuten dabei zunächst neutral und nicht mit Blick auf ihre Nationalität. Ich sehe sie zunächst als Menschen an, vielleicht mit einer unterschiedlichen Herkunft, einem »Migrationshintergrund«, schreckliches Wort, aber auch mit einem anderen »Sozialisationshintergrund«. Dieser spielt ja bei Türken in Deutschland eine sehr viel größere Rolle als die Tatsache, dass ihre Eltern irgendwann ausgewandert sind. Die meisten sind ja hier geboren und haben mit Migration überhaupt nichts zu tun.

Dient die Provokation, die in Ihrer Kunst eine große Rolle spielt, auch als Schocktherapie für eine Öffnung der medial oder politisch oft herbeigeredeten Frontstellung zwischen Deutschen und Türken?

Somuncu: Das ist eine Frage, die ich so nicht beantworten kann, da ich nicht absichtlich provoziere. Ich suche. Wenn Sie Miles Davis gefragt hätten, ob er mit seinem schrägen Ton jemand provozieren will, dann hätte er Ihnen wahrscheinlich seine Trompete auf den

Kopf gehauen. Es geht ja nicht darum, dass ich schräge Töne spiele, um Sie zu belästigen, sondern ich spiele die Töne, weil mir die anderen Töne nicht mehr gefallen, so wie ich nicht Dinge sage, um Sie zu provozieren, sondern ich sage Dinge auf eine Art und Weise, wie es mir am besten gefällt. Dass Sie das provoziert, hat etwas mit Ihrer Hörgewohnheit, mit Ihrer Sehgewohnheit und Denkgewohnheit zu tun.

Meine Aufgabe als Künstler ist es vor allem, Denkstrukturen zu ändern. Dass dieses gelegentlich als Provokation empfunden wird, zeigt nur, wie schwer es immer noch ist, Denkstrukturen zu ändern. Letztendlich mache ich auf der Bühne ja nichts anderes als zu reflektieren. Ich bin bei Weitem nicht so schlimm wie das Fernsehen, aber sobald ich anfange zu sprechen wie der Fernseher, sind die Leute beleidigt. Weil ich sie mit etwas konfrontiere, empfinden sie das als Entfremdung. Auch im Theater erwarten die Leute oft einen ganz bestimmten Katalog von Verhalten: Man spricht schön, man benimmt sich anständig. All das zu verwischen sorgt für Irritation, wird aber oft verwechselt mit Provokation.

Dabei ist das in anderen Kunstrichtungen gang und gäbe, z. B. in der Bildenden Kunst wird schon lange nicht mehr konkret gemalt, abstrakte Kunst ist für jeden etwas ganz Normales. Im Theater sehen wir seit 20 Jahren Nackte auf der Bühne und es ist oft das Einzige, was Regisseuren einfällt, um Grenzen zu sprengen. Ich versuche hier andere Wege zu gehen, ich versuche Alltag, Fernsehen, Vulgarität und Boulevard zu einem Sujet zu machen, das die Leute erreicht, so wie ich es aber auch vertausche, um es verwechselbar zu machen. Das ist für mich nicht Provokation.

Provokation ist zwar manchmal ein Zugang zu diesem veränderten Denken, das ich anstrebe, aber wenn Sie mich nun fragen, ob ich es darauf anlege zu provozieren, kann ich nur sagen, nein, denn ich weiß nicht, wie ich Sie provoziere, weil ich nicht weiß, wo Ihre Grenzen sind. Alles in allem geht es mir um Differenzierung und nicht um universelle Antworten. Ich stelle lieber Fragen.

Welche Rollen nehmen MigrantInnen in den Medien ein? Sind diese Rollen schon vorgegeben?

Somuncu: Auch »Migrant« ist ja schon ein sehr schwer zu definierendes Wort. Migranten sind ja z. B. auch Russlanddeutsche oder Amerikaner. Die Migranten, über die wir hier reden, sind letztendlich die Türken. Und der Türke ist im Moment so etwas wie der »Prototyp des schlechten Ausländers«, mehr denn je vielleicht.

Wir hatten etwa vor einigen Wochen eine neue Studie, die im SPIEGEL verbreitet wurde. Da schreibt der SPIEGEL ohne jegliche Zahlenangaben, die Türken seien die am schlechtesten integrierte Migrantengruppe. Da wird irgendetwas behauptet und in der Tat auf etwas zugearbeitet. Nämlich einer großen Vorurteilsindustrie. Und die agiert hauptsächlich in den Medien und in der Politik. Im »Tatort« gibt es gerade mal einen türkischen Kommissar, das ist dann schon eine Meldung wert – wenn es keine Meldung mehr wert wäre, dann wären wir schon viel weiter. Dann wären wir besser integriert und zwar nicht nur die Türken in die deutsche Gesellschaft, sondern auch die Deutschen in die deutsche Gesellschaft.

In vielen Bereichen in den Medien sind die Türken nur die Kriminellen. Bei vielen Geschichten, die ich im Fernsehen sehe, kann ich nur ganz schnell abschalten. Sobald ich da dann Kopftuchfrauen sehe oder irgendeinen schnauzbärtigen Papa, der am Wohnzimmertisch sitzt und ein Gebetskettchen bei sich hat, merke ich, dass ein Deutscher versucht hat, ein Drehbuch über Türken zu schreiben. Hier sind wir noch ganz weit weg von wirklicher Integration. Das liegt zum einen daran, dass man den Türken als Kunstfigur weiterhin gerne stilisiert, während der Anspruch der deutschen Bevölkerung an die hier lebenden Türken immer noch der gleiche geblieben ist. Sie verlangen nämlich die Anpassung an ein originäres »deutsches Leitbild«. Aber dieses deutsche Leitbild existiert gar nicht. Der Türke kann nicht deutscher sein als der Deutsche sich traut deutsch zu sein.

Deshalb wäre erstmal dieses Leitbild zu definieren. Dieses Leitbild wäre aus meiner Sicht ein multikulturelles. Und es können noch so viele reaktionäre Kräfte behaupten, es gebe in Deutschland keine multikulturelle Gesellschaft, die deutsche Sprache allein schon ist in ihrer Vielfalt von alemannisch, bajuwarisch, keltisch und nordischen Einflüssen multikulturell. Deutschland ist seit Jahrhunderten eine multikulturelle Gesellschaft. Wer sich dieser Tatsache versperrt, der kennt die deutsche Realität nicht.

Wenn wir anfangen könnten, von diesem Punkt aus Integrationsarbeit zu leisten, wenn wir anfangen könnten zu sehen, dass Integration auch heißt, sich von seinen antiquierten Zerrbildern zu lösen, also etwa nicht gleichzeitig Integration zu verlangen und dann das Leitbild eines Deutschlands zu konservieren, das vor dem Zweiten Weltkrieg Deutschland war, müssten wir auch Fragen stellen, die wichtiger wären als z. B. warum die in Deutschland lebenden Türken so schlecht Deutsch sprechen? Sprechen sie denn nicht auch schlecht Türkisch? Hat es nicht auch etwas damit zu tun, dass die in Deutschland lebenden Türken in einem Zwischenraum der Identitätsfindung hängen geblieben sind, weil es lange Jahre weder einen staatlichen Zuspruch gab noch eine Einladung sich zu integrieren?

Jahrelang wurden die Leute doch eher abgewiesen, sie wurden ghettoisiert und das was daraus entstanden ist, ist das, was man heute dann gemeinhin als »Parallelgesellschaft« bezeichnet. Ein absurdes Wort, was auch überhaupt nicht der Realität entspricht. Die größte Parallelgesellschaft, die ich kenne, ist auf Mallorca und nennt sich Ballermann.

Gibt es auch schon positive Vorbilder von MigrantInnen in den Medien? In den USA gibt es beispielsweise eine Diskussion darüber, ob Schauspieler wie Will Smith auch möglich gemacht haben, dass man sich einen schwarzen Präsidenten vorstellen kann.

Somuncu: Das halte ich für Quatsch. Obama ist nicht schon ein guter Präsident, weil er ein schwarzer Präsident ist, das wäre positiver Rassismus. Um ein guter Präsident zu sein muss er erstmal gute Politik machen. Es macht ihn nicht glaubwürdiger, dass er eine dunkle Hautfarbe hat. So wie z. B. auch Cem Özdemir daran gemessen werden sollte, welche Politik er als Grünen-Vorsitzender macht, und nicht daran, was er ist und woher er stammt. Vor 20 Jahren war Tansu Çiller Präsidentin in der Türkei, also lange bevor hier mit Angela Merkel eine Frau Kanzlerin wurde. Aber sie war deswegen keine gute Präsidentin, nur weil sie eine Frau war.

Weder das Geschlecht noch die ethnische Herkunft spielen eine Rolle dabei, wofür man steht. Und ich glaube auch nicht, dass Will Smith oder wer auch immer etwas mit Obamas Erfolg zu tun haben. Das hätte auch vor 20 Jahren passieren können, das sind Ereignisse, die auch etwas mit Zufall zu tun haben. Es hätte auch sein können, dass seinerzeit Al Gore die Wahl gewonnen hätte, dann hätte es heute Obama wahrscheinlich nicht gegeben.

Ist der migrantische »Kanaken-Diskurs«, der durch SchriftstellerInnen wie Osman Engin oder Feridun Zaimoğlu in den 90ern populär wurde, ein erfolgreiches Konzept der Selbstermächtigung innerhalb eines oft ethnisierenden oder rassistischen Diskurses?

Somuncu: Er war mir eigentlich zuwider und ist mir eigentlich immer noch zuwider. In Folge dieser Entwicklung, die Feridun Zaimoğlu ja nicht erfunden hat, gab es schon weit vorher den Ansatz dieser Auseinandersetzung. Ob das nun Filme wie »40 Quadratmeter Deutschland« waren oder Kabarettgruppen wie Knobibonbon oder ob es Günter Wallraffs »Ganz unten« war. Viele haben auch vor Zaimoğlu schon um Annäherung zwischen beiden Kulturen gekämpft und dabei auch Fehler gemacht. Manchmal war es aus einer sehr deutschen Perspektive, manchmal sehr aus einer türkischen, irgendwann fing es an, sich zu vermischen und Teil einer eigenen Kultur zu werden.

Mir war das wie gesagt zuwider, denn dieser Hype, der immer darum entstand, wenn man die angeblich positiven Aspekte der Annäherung entdeckte, diese Labels, die dann vergeben wurden, wie etwa »Ethno« oder »Kanak-Attak«, fand ich sehr anstrengend, weil ich eigentlich nie wusste, was das eigentlich sein soll, aber auch gespürt habe, dass das Label irgendwie nicht funktioniert. Es hat lediglich einer eigentlich sehr undefinierbaren Sache erstmal Heimat gegeben. Und auf diese Welle haben sich sehr viele Leute dann draufgesetzt.

Kaya Yanar z. B. hat diese Ambivalenz perfekt verkörpert, obwohl das, was bei ihm dahinterstand, gar nicht so ambivalent war, denn Kaya ist nicht der Prototyp des Deutsch-Türken. Er spielt eine Rolle, die Abbild einer Sache ist, die er eher aus dem Fernsehen kennt. Bei Feridun dagegen war es anfänglich ein wesentlich intelligenterer Ansatz, aber letztendlich war es genauso wenig reflektiert und ist deshalb auch, so wie bei Kaya, als Vorzeigekultur vereinnahmt worden.

Die Realität war und ist anders. Türken, die eine solche Sprache sprechen (A. d. R.: wie in den Texten von Zaimoğlus Kanak-Sprak), sind die Minderheit. Doch wer kann überhaupt sagen, wie viele Türken in Deutschland ein ganz hervorragendes Deutsch sprechen? Insofern war dieser Weg trotz aller Verlockung für mich auch zu vereinfachend und damit auch ein Verrat an meiner eigenen Identität. Denn immer wenn ich Rollen angeboten bekam, habe ich gemerkt, dass sich die Leute schon längst auf dieses Ethno-Label gesetzt haben und nicht mich, sondern mein Image haben wollten.

Ja, ich habe es sogar oft eher als Hindernis empfunden, Vorurteile widerlegen zu müssen, welche meine eigenen Landsleute mir in den Weg gelegt hatten. Es war zwar ein positiver Versuch, sich aus einer Zuschreibungsfalle zu befreien, aus den Klischees, die andere den Türken gegeben hatten, aber es waren letztendlich nichts anderes als neue, eben mehr eigene Klischees, die man sich sogar selbst gegeben hatte.

Intergration

Betrachtet man die Bereiche Kunst, Kultur, Sport und Medien, so ist eine
zunehmende Repräsentanz von Menschen mit nichtdeutscher Herkunft zu
erkennen. Warum gelingt in diesen Bereichen eine »erfolgreiche« Integ-
ration, während in den zentralen Lebensbereichen wie der Arbeitswelt,
Bildung oder auch auf dem Wohnungsmarkt vor allem von Defiziten,
Problemen und Diskriminierung die Rede ist?

Somuncu: Ich glaube, es ist gelogen zu sagen, dass unsere Integra-
tionsbemühungen gescheitert sind. Vieles, was ich lese und höre,
ist für mich in der Realität gar nicht nachzuvollziehen. Die in
Deutschland lebenden Ausländer werden nicht krimineller, sie werden deutscher. Während die einzig erschreckende Tatsache, die ich
schwarz auf weiß nachlesen kann, ist, dass im letzten Jahr rechtsradikale Taten um 20 % gestiegen sind. Ich habe noch keine Statistik
gelesen, in der Zahlen über kriminelle Ausländer oder kriminelle
Türken derart stark angestiegen sind wie die der rechtsradikalen
Deutschen.
Hier wird aus meiner Sicht etwas konstruiert, aus welchen Motivationen auch immer, das nicht der Realität entspricht. Ich bin
da sehr kategorisch. Meist jedoch geht es um Wählerstimmen. Es
gab z. B. jüngst in Hamburg die wie ich finde absurde Diskussion,
eingebürgerten Deutschen, die eine Straftat begehen, ins polizeili-
che Führungszeugnis zu schreiben, dass sie eingebürgert sind, aus
»statistischen Gründen«. Das heißt, man wird rekanakisiert, wenn
man gegen den Strom schwimmt oder kriminell wird. Das ist eine
Frechheit!
Ich glaube zwar, dass es immer noch gravierende Integrationspro-
bleme mit den in Deutschland lebenden Ausländern zu bewältigen
gibt, viel wichtiger ist es aber, die Ursachen dieser Probleme herauszufinden und nicht, den Behauptungen derer zu glauben, die
meinen, den Durchschnitt dieser Probleme bemessen zu müssen,

indem sie tendenziöse Statistiken in Umlauf bringen. Da sind die Zahlen oft nicht glaubwürdig und die Themen sind oft willkürlich und falsch gesetzt.

Noch etwas ist in diesem Zusammenhang jedoch von großer Bedeutung: Während die hier lebenden Türken von Seiten des türkischen Staates weitestgehend sich selbst überlassen bleiben und sie meistens eher drangsaliert oder mit Forderungen konfrontiert werden, hat man auch von deutscher Seite aus nicht den Familien bei der Integration ihrer in Deutschland geborenen und aufgewachsenen Kinder geholfen. Denn gerade hier bedurfte es dringend eines Dialogs um neue Formen des Zusammenlebens in der Fremde. Diese Arbeit kann heute etwa in Schulen passieren, indem man sich auch in Schulen gezielt mit Migrationsfragen auseinandersetzt, statt sie zu verdrängen. Statt von den Türken ständig zu verlangen, dass sie besser Deutsch sprechen, könnte man ja als Deutscher auch mal ein bisschen Türkisch lernen.

Wo sehen Sie auf der »deutschen Seite« Defizite im Integrationsdiskurs bzw. in der deutschen Integrationspolitik?

Somuncu: Jetzt muss ich Deutschland auch mal in Schutz nehmen. Deutschland ist hier eigentlich doch sehr weit, auch wenn es noch eine Menge zu tun gibt. Es ist bei weitem nicht alles richtig gemacht worden, vieles ist auch falsch gemacht worden. Es gab durchaus auch schon früher Ansätze für eine richtige Integrationspolitik. Sich einmal mit der Kultur derer auseinanderzusetzen, die seit 40 Jahren hier leben, wäre ja kein Schaden. Es wäre ein Zugewinn an Kenntnis und Perspektive.

Dass das nicht gemacht wurde, dass stattdessen immer wieder Angst geschürt wurde vor dem »Fremden«, statt sich den »Fremden« mal anzusehen, den »Fremden« so anzunehmen, bis es zum Teil des »Eigenen« wird. Das ist etwas, was man den Leuten sehr schwer vermitteln kann. Weil eben die Angst vor dem »Fremden« geblieben ist, fühlt sich der Deutsche sehr schnell bedroht von fremden Einflüssen. Es gibt in keinem Land so viele Rollläden wie in Deutschland. Das Wort »die Bürgersteige werden hochgeklappt« ist etwas, was ich nur aus Deutschland kenne.

Diese Ängste zu verstehen und sie abzubauen, wäre ein Schritt in Richtung einer besseren Integration gewesen und zu einer Offenheit, welche die Menschen nicht in die Isolation getrieben hätte, welche sie heute nicht selten auch in die Arme der Fundamentalisten treibt. Religiöse Identität mit nationaler Identität zu vermischen, ist ja auch Ausdruck einer Isolation und eines Rückzugs auf tradierte Werte. Das hätte man verhindern müssen.

Welche Botschaften gehen denn vom Mainstream des deutschen Integrationsdiskurses insbesondere an Jugendliche mit Migrationshintergrund aus?

Somuncu: In meiner Schulzeit wurde getrennt zwischen deutschen und ausländischen Schülern. Wir sind in der Grundschule ausgegliedert worden in eine eigene Klasse mit der Begründung, dass wir dort »doch unter uns« sein könnten. Später hat man sich dann beschwert, dass wir »zu viel unter uns« sind und seit neuestem spricht man von »Parallelgesellschaften«.

Dabei ist das alles sehr leicht zu entschlüsseln: Die Wohnungsämter haben in den 70er Jahren die Wohnungen in den Vierteln, in denen die Ausländer gelebt haben, nach Nationalitäten vergeben. Die Deutschen fanden das gut, wenn alle Türken in einem Viertel lebten. Da sind sie unter sich, »da müssen sie nicht viel Deutsch sprechen, was sie sowieso nicht können«. Was daraus entstanden ist, sieht man ja jetzt. Und diese Viertel waren ja nichts, was sich die Türken ausgedacht haben, sondern das waren zunächst mal Anlagen deutscher Behörden. Ich glaube, dass man diese Fehler nun wieder macht, insbesondere bei Jugendlichen. Man müsste Jugendliche in Kulturarbeit einbinden, man müsste vor allem auch viel mehr Türen zu gemeinsamen Lebensbereichen öffnen, die nicht traditionell türkisch sind.

Aber man muss als Migrant auch lernen, seine Räume einzufordern und zu behaupten. Wenn ich z. B. Rollen spiele, dann werde ich fast nie für deutsche Figuren besetzt. Ich muss es selbst einfordern, sonst würde es immer so bleiben. Mittlerweile bekomme ich auch ab und an mal eine Rolle als Deutscher. Dieses Einfordern fängt schon auf der Schule an. Keine eigene Klasse, sondern zusammen mit den anderen. Kein eigener Religionsunterricht, sondern ein gemeinsames Fach für alle. Das wird allerdings viel zu wenig gemacht und das sind verpasste Chancen.

Es gibt auffällig viele deutsch-türkische Comedians und Kabarettisten. Ist das Zufall?

Somuncu: Das ist kein Zufall. Man muss das vor allem im Zusammenhang mit der Entwicklung unserer Gesellschaft in den letzten 10 bis 15 Jahren sehen. Die Wahrnehmung der Gesellschaft ist immer spezifizierter geworden und doch denken wir immer mehr in Sparten. Man hat z. B. herausgefunden, dass es einfacher ist, Zuschauer zu finden, wenn man sich spezialisiert. Die in Deutschland lebenden Türken sind eine relevante Zielgruppe. Das sind immerhin 3,5 Mio. potentielle Kunden. Und nicht nur in der Unterhaltungsbranche sind die Türken mittlerweile unübersehbar präsent. Das ist heute auch im Buchhandel so. Man sucht händeringend türkische Autoren. Wichtig ist, dass auf dem Titel ein türkischer Name steht, ein türkischer Titel und dass dieses Buch so beworben wird, dass Türken sich damit identifizieren können und das Buch kaufen. Ethnomarketing oder Zielgruppenmarketing nennt sich das.

Fehlt in den deutschen Integrationsdebatten nicht auch ein wenig die Selbstironie oder überhaupt die Ironie als Umgangsform?

Somuncu: Dazu fällt mir spontan ein Bild ein. Ich war vor kurzem auf dem »Ersten Kongress für Interkultur« eingeladen. Unter anderem war die Integrationsbeauftragte Böhmer da, Rita Süssmuth hat mir die Hand geschüttelt, Ministerpräsident Öttinger war da. Dazu haben sie sich natürlich den üblichen Katalog der vorzeigbaren »Quotenkanaken« eingeladen. Diese durften sogar in der ersten Reihe sitzen und was sagen. Bezeichnend fand ich allerdings dabei, dass sie sich zur Untermalung der Veranstaltung eine Musikcombo aus Afrika eingeladen hatten.

Die afrikanischen Musiker haben dann richtig heiße Musik gespielt und die Deutschen saßen dann so da und haben mit den Füßen gewippt. Und als die Deutschen dann ihre Reden gehalten haben, saßen die Afrikaner in der ersten Reihe und haben kein Wort verstanden. Das war dann der »Kongress für Interkultur«. Etwas Lächerlicheres kann man sich gar nicht ausdenken, das war keine Interkultur, das war Antikultur. Ich hätte mir gewünscht, dass man vielleicht zu der afrikanischen Musik getanzt hätte und den Afrikanern übersetzt hätte, was sie sich da anhören sollten.

Haben wir bei der WM 2006 den von Gerhard Schröder gewünschten unverkrampften deutschen Patriotismus erlebt?

Somuncu: Überhaupt nicht. Das war der verkrampfteste und widerwärtigste deutsche Nationalismus, den ich je erlebt habe. Das war die Auferstehung des deutschen Gespenstes. Die Leute haben Fahnen geschwungen, haben aber nicht gewusst, mit wem zusammen sie diese Fahnen schwingen sollen. Viele Fahnen waren ja auch mit Sprüchen in altdeutscher Schrift bekritzelt. Man geriet da beim Zusehen oft in eine sehr ekelhafte Nähe zu Leuten, die ein Deutschland vertreten, das nicht mein Deutschland ist.

Außerdem ist es mir egal, ob ich mir eine Fahne aus dem Fenster hänge oder nicht. Wenn meine Mannschaft gut spielt, dann freue ich mich unabhängig von dieser Fahne für diese Mannschaft. All das, was da vorgegeben wurde von »Gastfreundschaft« und »Zu Gast bei Freunden«, das war hochgradig geheuchelt. Es endete nämlich im Halbfinale (redaktionelle Anmerkung: mit dem Ausscheiden Deutschlands gegen Italien): Danach titelte die BILD-Zeitung: »Spaghetti-Boykott«. Und auch viele meiner Freunde sind dann einige Wochen nicht mehr zum Italiener. Das hatte nicht mehr mit Fußball zu tun, das war die Zurschaustellung einer sehr empfindlichen Seele.

Das fatale bei dieser WM war, dass Diskussionen um Nationalstolz auch noch weichgespült und vermischt wurden mit aktuellen Ereignissen wie z. B. von Innenminister Wolfgang Schäuble, der nach einem rechtsextremistischen Übergriff in Potsdam auf den Deutsch-Äthiopier Ermyas M. verlauten ließ, dass es keine No-go-Areas in Ostdeutschland gebe, um so zu tun, als wären wir »Einig-Fußballland« und hätten keine Probleme mit Rechtsextremen. Das war ein Schlag ins Gesicht all derer, die versuchen, ernsthaft etwas gegen Neonazis zu unternehmen. Es war vor allem eine Tourismuskampagne für Deutschland.

So ist es oft. Auf der einen Seite wird Hysterie geschürt und auf der anderen Seite ignoriert. Der U-Bahn-Überfall in München durch migrantische Jugendliche hat lange Zeit die Medien beherrscht und wurde als absolute Grenzüberschreitung bewertet. Er war sogar Anlass für einen kompletten Wahlkampf, den Roland Koch auf dem Rücken der Ausländer ausgetragen hat. Der nahezu zeitgleiche rechte Überfall auf eine Theatergruppe in Halberstadt lief als Kurzmeldung bei *ARD brisant* und das war's. Hier stimmen die Relationen nicht und das ärgert mich sehr.

Künstlerische Wege

Welche Inhalte hat Ihr aktuelles Programm Hassprediger?

Somuncu: Das ist in der Kürze schwer zu beantworten. Wie ein roter Faden zieht sich durch meine letzten Programme, angefangen mit der Lesung aus »Mein Kampf«, die auch ein Einschnitt war, die auch eine Lösung von traditionellen Theaterformen war, die Frage: »Was ist Faschismus?«, »Wie entsteht er?«, »Was kann man dagegen tun?« und »Wie kann man sich selbst eigentlich in diesen Themenbereichen hinterfragen und positionieren?«.

Bei »Mein Kampf« war das sehr konkret und klar. Da war ein Text, hier waren wir und da waren die Gegner. Aber schon bei dieser Auseinandersetzung merkte ich, dass das sehr stereotyp war und es schnell langweilig wurde, vor Gleichgesinnten Gleichgesinntes zu erzählen, und es eigentlich viel spannender war, zu den vermeintlichen Gegnern zu gehen und mit denen zu reden. Dabei habe ich auch in Kauf genommen, vor der Wegegablung zu stehen und mich entscheiden zu müssen, denn oft war es auch gefährlich und es bestand das Risiko, entweder einen Orden oder ein blaues Auge zu bekommen. Aus diesem Gedanken ist sehr viel Neues entstanden.

Nach dem Ende der Lesungen aus »Mein Kampf«, die sehr anstrengend waren, weil das in der breiten Masse irgendwann als etwas sehr Symbolisches wahrgenommen wurde und ich irgendwann standing ovations bekommen habe, noch bevor ich etwas gesagt hatte, ist mir ein Ruf vorausgeeilt, den ich überhaupt nicht haben wollte. Ich wollte nicht »der Aufklärer« oder der »Entnazifizierer« oder »Tabubrecher« oder »Provokateur« sein. Ich wollte eine Reise in mich selbst machen und Facetten an mir entdecken, die ich vorher noch nicht kannte. Deswegen war es auch spannend, in ehemaligen KZs zu spielen und zu schauen, wie dort die Leute damit umgehen. In der zuweilen sensationslüsternen Verbreitung durch die Medien hat das dann aber auch etwas sehr Profanes hinterlassen. »Da fährt ein Türke in den Osten und liest aus »Mein Kampf« und »Guckt mal, der führt die bösen Nazis vor«. Das wollte ich aber gar nicht, ich wollte vielleicht nur mit denen sprechen und vielleicht fand ich es sogar manchmal gut, was die gesagt haben. Es war viel spannender für mich, herauszufinden, warum ich plötzlich den Nazi vielleicht viel sympathischer fand als den Antifaschisten, den ich unsympathisch und verkrampft fand.

Die spannende Frage war aber doch, warum kennt man das nicht, was man doch seit gut 60 Jahren eigentlich kennen müsste. In den meisten Debatten, die geführt werden – und das sind meist Schlussstrichdebatten –, geht es um die Verarbeitung von Schuld, aber nicht um die Betrachtung der Schuld. Es geht um ein adäquates Zeitmaß zur Bewältigung von Schuld. Mein Ansatz war anders: Ich habe »Mein Kampf« als Ausgangspunkt für diese Auseinandersetzung genommen. Denn die meisten kennen das Buch nicht und deshalb habe ich die Frage gestellt, warum sie das Buch nicht kennen. Die Antwort reduzierte sich oft darauf, dass man es nicht durfte. Und gleichzeitig unterstellte man mir, dass ich mich indirekt für eine Publikation von »Mein Kampf« einsetzen würde.

Im nächsten Schritt habe ich mir überlegt, einen Text zu suchen, der frei publiziert war, und die gleiche Frage noch einmal zu stellen. So kam ich auf die »Sportpalastrede« von Joseph Goebbels, denn die konnte man jederzeit frei nachlesen. Fakt war aber, dass auch diese niemand gelesen hatte. Dahinter schien also doch zu stecken, dass sie auch niemand lesen wollte. Die Auseinandersetzung mit den Inhalten schien sekundär zu sein, die Auseinandersetzung mit den Affekten der Ideologie war für viele interessanter, ob sie die Inhalte nun kennen oder nicht. Für mich aber war die Frage wichtig, warum diese beiden Teile nicht miteinander verbunden waren. Und das Spannende blieb, ob man durch die Verbindung der beiden Teile hätte erreichen können, dass die Ideologie ihre Anziehung verliert.

Und genau das war der Fall: Wenn ich Nazis die »Sportpalastrede« vorlas, hatte das viel mehr Effekt als wenn ich ihnen ständig gesagt hätte: »Das ist schlecht, was ihr tut.« Plötzlich war ein Diskurs zwischen mir und Nazis möglich, der sehr fruchtbar war. Dieser Dialog ist elementar. Ich bin daher z. B. auch strikt gegen das kategorische Aussperren von Nazis bei öffentlichen Veranstaltungen, wie das etwa bei meiner Tour gegen Rechts mit

Claudia Roth oft der Fall war. Ich habe bei jeder Veranstaltung darauf bestanden, dass das Mikro auch dorthin gehalten wurde, wo die Nazis stehen. In Anklam bin ich sogar direkt auf einen der 120 anwesenden Nazis mit dem Mikro zugegangen. Danach haben mir Anklamer Bürger gesagt, dass es das erste Mal war, dass ein echter Diskurs stattgefunden hat zwischen den Anklamer Bürgern und denen von der NPD.

Danach dachte ich, die Richtung wird nun zu einseitig. Wenn ich jetzt jedes Jahr ein neues Programm gegen Nazis mache, dann werde ich irgendwann so eine Art Chefankläger gegen Rechtsradikale in Deutschland. Das ist aber nicht meine Aufgabe, ich bin Theatermensch und spreche eben über Themen, aber ich muss sie nicht ständig transportieren können. Nachdem das Thema »Rechtsradikalismus« im Bewusstsein der breiten Öffentlichkeit angekommen zu sein schien, konnte ich jetzt darauf verzichten.

Für mich war dies dann der Zeitpunkt, meine eigenen Landsleute in Frage zu stellen, weil diese nie in Vorstellungen präsent waren, wo ich sie eigentlich gebraucht hätte. Es wäre doch eine Steilvorlage für alle in Deutschland lebenden Türken gewesen, in meine Vorstellungen zu kommen und mich vor den Angriffen der Nazis in Schutz zu nehmen und Flagge zu zeigen. Das ist aber nicht passiert. Und auch die folgende Auseinandersetzung mit den Marotten der eigenen Landsleute war katastrophal. Letztendlich haben diejenigen, die am meisten von der Toleranz anderer profitieren, selbst am wenigsten Toleranz gezeigt.

Meine vorletzte Fragestellung war dann: Wo entsteht Meinung? Nämlich in der Mitte der Gesellschaft. Ich habe mich gefragt, wie entsteht Meinung, wer erzeugt Meinung, wie wird Meinung zur Überzeugung. Warum glaubt man mehr, als man weiß. Und da setzt nun mein neues Programm »Hassprediger« an, wo ich nun versuche, selbst Meinung zu erzeugen. Ich spreche zu einem großen Teil fremde Texte, ohne dass die Leute wissen, was ich spreche, sie stimmen mir aber meistens zu. Es gibt beispielsweise einen längeren Text, der immer mit viel Zwischenapplaus begleitet wird, der ist von Scientology und handelt von einer Fernsehkritik. Im Weiteren kommen sogar Bin Laden und der Papst und andere vor und am Ende kommt etwas sehr Erschreckendes heraus. Irgendwann verlieren die Leute nämlich den Überblick und man kann sagen, was man will, sie stimmen einem zu. Ich spiele hier mit eingeschliffenen Befindlichkeiten, ohne sie sofort aufzulösen. Noch mal: Es geht nicht um Provokation. Es geht mir um das Auflösen von Denkgrenzen.

Wie sind die Publikumsreaktionen darauf?

Somuncu: Zunächst muss ich mal sagen, dass ich sehr unterschiedliches Publikum habe. Türkische Jugendliche aus der You-Tube-Generation oder 75-jährige deutsche Männer, die sonst nie im Theater sind. Die Reaktionen sind überwiegend positiv und die Leute finden das, was ich mache, zwar hart, aber angemessen. Vor einigen Jahren wäre das den Leuten zu hart gewesen.

Public Enemy bezeichnen Rap als »Black CNN«. Ist Ihr samstäglich erscheinender Video-Blog Hatenight ebenso als eine Art Gegenöffentlichkeit zu verstehen? Um was geht es bei dem Projekt?

Somuncu: Die »Hatenight« ist zunächst einmal eine Gegenöffentlichkeit, die versucht, das Medium Internet mit all seinen Facetten zu nutzen. Auch wenn das Internet nur begrenzt frei zu nutzen ist, denn es gibt ja auch bei YouTube Zensur, so etwa auch bei der »Hatenight«-Folge 20, wo wir immer noch nicht wissen, aus welchem Grund sie zensiert wurde. Vor allem aber nutze ich das Medium Internet, um Dinge auszuprobieren und zu erforschen, wie die Sehgewohnheiten sind, wer was sieht und wie es dann in der Veränderung wahrgenommen wird.

Am Anfang haben wir Fernsehen imitiert und es wirkte wie eine klassische Comedy-Sketch-Show. Unsere größten Fans übten dann nach anfänglicher Euphorie Kritik, was uns dazu geführt hat, zu überlegen, wie wir das ändern können, um zu zeigen, dass es etwas anderes ist als Fernsehen im Internet. Dann hatten wir die Idee, uns selbst zu zensieren. Wir haben angekündigt, nur noch unter Ausschluss der Öffentlichkeit zu senden, was einen Sturm der Entrüstung entfacht hat. Danach gab es eine verschlüsselte Folge, wie auf Premiere, wenn man keinen Decoder hat. Diese Serie hatte die höchste Anzahl an Clicks bis dahin, obwohl nichts zu sehen war.

Die Leute wollen also keine Reproduktion, sondern unverkennbar originären Inhalt. Sie wollen Statement und keine Allgemeinplätze. Da haben wir gemerkt, wie viel Freiheit wir hier eigentlich haben, und sind viel spielerischer und anarchistischer geworden. In jeder Folge greifen wir daher mittlerweile Themen auf, die heikel sind. Auch ich mich selbst. Wir wechseln ständig die Positionen und Sichtweisen. Hinzu kommt: Das Ganze ist ein Nobudget-Konzept. Wir haben also kein Geld, sind aber auch nicht abhängig. Wir experimentieren deshalb munter weiter, zum Beispiel mit Geschwindigkeiten, und versuchen das Medium Internet zu verstehen. Das Internet ist die Zukunft und noch weitestgehend unerforscht.

Sie thematisieren in der Hatenight immer wieder das Thema »Angst« und die Produktion von Angst sowie das Thema »Kontrolle über Medien« und die Verbindung zur Sucht vieler Menschen nach Unterhaltung. Was steckt dahinter?

Somuncu: In diesen Episoden spiele ich eine Figur. Ich spiele einen verbitterten, einsamen Typen, der alles hasst, der vor allem eine nicht mehr schweigende Mehrheit repräsentiert, der auf Dinge reagiert, die ihm geschehen. Bankenkrise, »Dschungelcamp«, Wahlen, Sex und Crime. Und er sagt das auf deutliche, direkte und rücksichtslose Art und Weise. Inmitten einer Welt voller Grauzonen wirkt das wie ein gerader Strich, den man zieht. Erholsam kathartisch, wertfrei und ungerecht zugleich. Das ganze Angstszenario, das um uns gebildet wird, ist vor allem eins: Es ist sehr diffus, und der Typ stellt einfach Fragen, die diese Ängste widerspiegeln und auflösen.

Das Interview führte Andreas Merx.

Erstmalig erschienen im Mai 2009 auf www.migration-boell.de im Dossier *Migrationsliteratur. Eine neue deutsche Literatur?*.
Das ganze Interview unter: http://www.migration-boell.de/web/integration/47_1990.asp

Danksagung

Wir möchten uns bei folgenden Personen bedanken, ohne deren Hilfe die *Hatenight* nicht zustande gekommen wäre: Michael Krause, Sascha Knieling, Sylvan Hardt, Tim Bredenbach, Antanas Dambrauskas, Niko Skinas.